中国服刑人员心理矫治教程

主　编 | 叶　扬
副主编 | 古　璇　史金芳

中国法制出版社
CHINA LEGAL PUBLISHING HOUSE

本书作者名录

主　编：叶扬

副主编：古璇、史金芳

第一编：总论

　　第一、三、六、七、八章：叶扬（广东省高明监狱）

　　第二章：李迪（司法部燕城监狱）

　　第四章：史金芳（浙江省长湖监狱）

　　第五章：狄丽努尔（新疆维吾尔自治区第四监狱）

　　第九章：古璇（广东省佛山监狱）

　　　　　　罗燕玲（广东省佛山市高明区妇幼保健院）

第二编：宏观编

　　第一章：叶扬（广东省高明监狱）

　　第二章：何幽（广东省女子监狱）

　　第三章：郑国华（山西省未成年犯管教所）

　　第四章：第一节：古璇（广东省佛山监狱）

　　　　　　第二节：郑东桂（广东省明康监狱）

　　　　　　第三节：林杨（广东省高明监狱）

第三编：中观编

　　第一章：叶扬（广东省高明监狱）

　　第二章：葛秀红（安徽省蚌埠监狱）

　　第三章：第一节：田腊云（湖南省女子监狱）

　　　　　　第二节：彭铃（湖北省襄南监狱）

　　　　　　第三节：鄞苑（广东省佛山市高明区启明社会工作发展中心）、

　　　　　　　　　　王晓智（广东省佛山监狱）

　　　　　　第四、五节：叶扬（广东省高明监狱）

第四编：微观编

　　第一至第五章：叶扬（广东省高明监狱）

第五编：案例编

　　案例一、案例六作者：武玉荣（内蒙古自治区包头监狱）

　　案例二作者：林杨（广东省高明监狱）

　　案例三作者：庄钟伟（广东省高明监狱）

　　案例四作者：刘炳文（广东省四会监狱）

　　案例五作者：吴俊霖（广东省四会监狱）

　　案例七作者：彭铃（湖北省襄南监狱）

　　案例八、案例九作者：史金芳（浙江省长湖监狱）

前言

Preface

2003年，在原中国心理学会法制心理专业委员会（现名为中国心理学会法律心理学专业委员会）的组织下，全国监狱系统30多位心理矫治工作骨干参加编写、由我主编的《中国罪犯心理矫治教程》公开出版发行，为推动我国监狱心理矫治工作的深入开展添砖加瓦。一晃十多年过去了，我国监狱心理矫治工作日新月异、突飞猛进，取得了更加可喜的成果。同时，新时代监狱服刑人员的心理矫治工作也需要更加先进、科学的精神食粮。因此，我们重新修订了这本书，定名为《中国服刑人员心理矫治教程》。

本书不但有选择性地吸收了前人的心理学研究成果，也大胆编进了作者们自己的创新成果，比如心理通道、心理平衡、心理书画、法治文化矫治理论与技术等。全书以研究对象范围大小为标准，划分为五编。

第一编：总论。共九章，主要内容是服刑人员心理矫治概念、心理调节的理论与技术、心理测验和心理咨询的基本知识等。

第二编：宏观编。共四章，主要从监狱的宏观层面，介绍监狱、女子监狱和未成年犯管教所服刑人员心理矫治的基本内容、方法和要求。

第三编：中观编。共三章，主要从中观层面，介绍不同服刑时期、不同恶习程度和不同犯罪性质的服刑人员的心理矫治基本内容、方法和要求。

第四编：微观编。共五章，主要从服刑人员个体层面，以监狱法提出的守法公民为目标，介绍服刑人员由犯罪心理转化为守法心理的基本内容、规律、步骤、方法和要求。

第五编：案例编。简要地介绍了九个主动申请心理咨询，并取得成功的服刑人员心理咨询案例。

本书第一至第四编书稿由古璇同志初审；第五编即案例部分，由史金芳同志初审。葛秀红同志对第四、第五编书稿的错漏之处进行了校对。全书由我统编、定稿。

本书的主要读者对象是服刑人员，主要内容是心理咨询业务范围之内的，主要学习方式是自学，是服刑人员心理保健的自助读本。当然，作为一部监狱心理矫治工作读本，也可以当作警察开展工作、有关人员进行教研活动，以及社会其他人士了解监狱心理矫治工作的参考用书。

叶 扬

2020年11月6日

于佛山市惠景城

序言

Preface

编写本书的意义

心理活动，人皆有之。心理活动既是大脑的机能，又是外界五彩缤纷的客观事物在大脑中的反映。

人的心理活动就像人的面孔一样多姿多彩，有的人喜欢把心事挂在脸上，高兴时喜形于色，失落时怅然失色；有的人则深藏不露，高深莫测，不轻易暴露自己的真实想法。

心理活动与人的行为表现密切相关，心理科学一直是千百年来人类不断探索的重要科学领域之一。回顾历史，早在2500多年前的春秋战国时期，我国著名的教育家孔子及其学生就开展了人性“本善”与“本恶”的争鸣；同一时期的古希腊医生，也是西方医学的奠基人希波克拉底，则对人的气质类型进行了划分并沿用至今；19世纪80年代以来，英国心理学家高尔顿和美国心理学家卡特尔等，先后研制了心理测量方法，把人的心理和行为量化，建立心理健康常模，对心理指标偏离常模者进行测量和矫治，使许多受心理问题困扰的患者恢复心理健康。

近百年来，心理科学发展日新月异，学派林立，目前，诸多的心理矫治理论方法在世界各国普及应用，造福于人类身心健康事业。

新中国监狱系统的服刑人员心理矫治工作是从20世纪80年代初期起步的，多年来，心理矫治工作得到长足的发展，专业化建设不断地向纵深推进，在维护服刑人员心理健康和提高改造质量方面发挥着重要的作用。

有道是，助人自助，共同成长。心理咨询师协助求助者解决心理问题的过程，正是求助者通过自身努力求变并改善的过程。心理矫治工作的互动性，既有心理工作者在指引、辅导方面的功劳，也有服刑人员在求询、求治及自我教育、自我调适方面的功劳。服刑人员在辅导之下进行的自我探索和心理建设，对于促进环境适应、提高心理健康水平、鼓舞悔改从善的积极性、提升人生意义感等方面，无疑益处良多。服刑人员若能在自我矫治方面下更大功夫，增强自我调适理论与技能的学习力，心理矫治的效果就会事半功倍，服刑中所遇见的困惑和一般的心理挫折，就可以用自助的调适方法得到解决，更好地体现服刑人员的自解、自愈的知识力和意志力。如果可以将监狱心理工作者及其所使用的心理学理论和心理调适技能，比喻成帮助服刑人员渡过难关的拐杖，那么，服刑人员本身就是愿学愿度自己的最好的心理医生。为服刑人员提供一些心理矫治知识与技能，提高其自我调适或疗愈的能力，这正是我们编写《中国服刑人员心理矫治教程》的初衷所在。

为了适应我国监狱系统心理矫治工作发展需要，我们曾根据原中国心理学会法制心理专业委员会2002年8月在兰州的会议中关于编写法制心理学丛书的要求，由叶扬同志主编了《中国罪犯心理矫治教程》，并于2003年出版。该书由全国几十名从事服刑人员心理健康教育和心理矫治工作实践与研究的同志合作编写，内容密切联系我国当时的监狱心理矫治实际工作，深入浅出，通俗易懂，在全国监狱系统发行，产生了广泛的影响。

一晃十多年过去，其间，我国监狱的心理矫治工作经历了初创、制度化、规范化等发展阶段的突飞猛进。为了适应新时代监狱工作的发展需要，在原来的基础上，我们再次合作编写《中国服刑人员心理矫治教程》，从便于服刑人员自助的角度，提供心理健康自我教育、自我调适的方式方法，为促进服刑人员平安服刑、积极改造、提升心理健康水平做些添砖加瓦的工作。

目 录

Contents

第一编

总论

第一章 概论

第一节 服刑人员心理矫治的概念

一、心理矫治

矫治，是矫正、治疗之意。心理矫治是指运用心理学的理论和方法，通过心理教育、心理测试、心理咨询和心理治疗等途径，对有心理问题或心理障碍者进行矫正和治疗，消除不健康心理，恢复心理健康的过程。①

所谓心理健康，是指“人的心理，即知、情、意活动的内在关系协调，心理的内容与客观世界保持统一，并据此能促使人体内、外环境平衡和促使个体与社会环境相适应的状态，并由此不断地发展健全的人格，提高生活质量，保持旺盛的精力和愉快的情绪”。②

二、服刑人员心理矫治的含义

监狱服刑人员作为特殊的群体，与社会常人相比，有其共性，也有其特殊性，表现在监狱服刑人员既有常态心理，也有刑罚体验情境下的特殊心理。服刑人员在服刑期间所产生的心理问题或心理障碍与其原先的犯罪行为及服刑改造表现密切相关，比如某些性犯罪者的性

① 叶扬主编:《中国罪犯心理矫治教程》，法律出版社2003年版，第2页。

② 郭念锋主编:《国家职业资格培训教程·心理咨询师》，民族出版社2002年版，第169页。

变态心理，某些暴力犯罪者的狂躁、偏激，等等，与其原先犯罪心理形成过程及犯罪行为的发生有密切的关系。服刑人员在狱内出现的境遇型心理问题或心理障碍，往往由境遇预想及现实问题所诱发，在认知、社会、家庭、生理因素的综合作用下，增加了复杂性。有的人入狱后因意志薄弱，在身陷囹圄失去人身自由的情况下郁郁寡欢、悲观失望，日积月累造成抑郁问题；有的人因好逸恶劳的习性不改，不愿接受劳动改造而采取自伤自残手段逃避劳动的辛苦；有的人因承受不了服刑后家庭发生变故的压力而自寻短见……

服刑人员心理矫治是指监狱以消除心理问题，增进心理健康，提高改造质量为目标，组织服刑人员开展的心理健康教育、心理测验、心理咨询与心理治疗等心理改造活动。对服刑人员的心理矫治，既包括对普通的焦虑和抑郁等心理问题的矫治，也包括对犯罪心理和犯罪恶习的矫正。

早在20世纪80年代初期，我国就在某些大中专院校开设了罪犯改造心理学、犯罪心理学课程，对服刑人员的犯罪心理加强研究，通过开展业务培训和举办专题报告会等多种形式，向基层监狱民警普及罪犯改造心理学中的知识，帮助新一代监狱工作者了解心理现象，以提高对服刑人员的因人施教工作水平。目前，服刑人员的心理矫治工作内容和形式不断创新和发展，监狱系统地开展心理健康教育课，开展心理测试，举办团体心理辅导活动，开展心理咨询与心理训练。与此同时，监狱心理咨询师职业资格认证培训工作不断加强，使监狱的心理咨询师队伍成为维护服刑人员心理健康的重要专业力量，成为服刑人员的良师益友和贴心人。

三、服刑人员心理矫治的内容体系

本书主要是供服刑人员自学的读本，首先考虑了读者的文化水平和阅读理解能力。服刑人员目前的文化水平与新中国成立初期相比，呈逐年提高的趋势。20年前，服刑人员以小学文化水平为主，目前，服刑人员大部分为初中文化水平，也有高中、专科、本科的服刑人员。随着国家对职务犯罪的细查严打，服刑人员的结构成分也有了较大的变化，其中不乏知识分子和高资历者。因此，写作本书，对高低文化受众要有所兼顾。本书构建了如下体系：

（一）服刑人员心理自助的基础知识

这部分内容主要有：服刑人员心理矫治概论、心理学流派的理论观点、本土心理矫治方法，近年引进和创新的心理学方法、心理测验和心理咨询方法、心理过程管理和人格重建方法等，这是服刑人员进行心理矫治必备的基础知识。

（二）服刑人员宏观层面的心理矫治知识

本书注重心理矫治科学体系的层次性和科学性，从宏观（监狱层面）、中观（各分类服刑人员）、微观（个人）三大层次，逐层揭开心理矫治工作的神秘面纱。宏观部分主要介绍了男子监狱、女子监狱和未成年犯管教所服刑人员心理矫治的特点、规律和要求。

（三）服刑人员中观层面的心理矫治知识

这部分内容对不同服刑时期、不同恶习程度、不同犯罪性质服刑人员的心理矫治知识进行简介，便于开展针对性的矫治活动。其中，对服刑时期的划分模式，是本书主编叶扬同志创新性的探索成果。

（四）服刑人员微观层面的心理矫治知识

这部分内容系统地介绍服刑人员在个体层面的科学矫治模式，介绍矫正犯罪心理与恶习的步骤。这是本书的重点和重大创新点。

（五）服刑人员心理矫治典型案例

立标引路，树立榜样，这是我国监狱教育改造工作的常规操作方法。本书通过对服刑人员心理矫治案例的总结，为后来者提供十分有益的参考样本。

第二章
中国监狱心理矫治实操模式

我国监狱心理矫治工作从无到有，经历了波澜壮阔的大发展，逐步形成了自己的特色，并创建了丰富的模式。

第一节　医疗模式

心理矫治的医疗模式是指监狱心理咨询师与来访的服刑人员，在监狱开设的专门心理诊所（又称心理咨询室）一对一进行的心理咨询活动，与普通医院看病方式相似，所以被形象地称为医疗模式或诊所模式，是最早的心理矫治模式。

在心理咨询开始时，心理咨询师要对来访者进行详尽的心理调查，询问来访者的基本情况和早期的心理经历及困扰的症状，必要时还要进行心理测量。心理测量通常是心理咨询师提出指导语，由来访者在心理问卷上或电脑上完成答卷。在心理矫治中，心理咨询师与来访者采取一对一进行的方式，利于来访者沟通中的隐私保护。比如，情感隐私、性幻想等，可能是来访者平时羞于启齿或不轻易暴露的，但若不触及来访者的一些情感隐私，心理咨询师就难以找到其心理症结所在。因此，在充分信任心理咨询师的情况下，为配合矫治，来访者向咨询师暴露一些隐私，有助于解决心理问题。

医学模式的心理矫治主要是通过清醒状态下的谈话来完成的，这种“谈话”心理矫治中，医访之间建立信任关系很重要，双方都要付出诚挚的努力。

医疗模式的心理矫治程式和技术严谨，耗时较多。

第二节 宣导模式

心理矫治中的宣导模式，是监狱部门对心理诊所的扩展，以求应急处置有情绪问题的来访者。男犯宣泄室和女犯倾诉间，是其最初的结构和方式。以某监狱为例，1995年就设立了男犯宣泄室，它由“发泄室”“静省室”“疏导室”三个房间组成。“发泄室”是红色调的大房间，备有宣泄人、宣泄球、宣泄挂图、宣泄棒等设施。红色易于激发人的亢奋情绪，也能把人的烦躁情绪催发出来，然后使用宣泄棒、戴拳击手套击打宣泄人或宣泄球，将压抑的情绪发泄出来。“静省室”是蓝色调的大房间，地面画有由大到小、一环套一环的黄色的三个圆圈。房中有个黄色的圆点，供来访者宣泄后坐下来静思。一波一波由黄色圆点向外扩大的圆圈，有助于遣散发泄后的负面情绪。“疏导室”类似心理诊所，发泄后的来访者可以躺在放松椅上，接受心理咨询师的催眠引导。这种由心理咨询师全程指导宣泄的措施，就是宣导模式。

某女监于1996年设立了“女犯倾诉间”。考虑到女犯不喜欢“运动宣泄”的特点，所以“倾诉间”突出了“诉说宣泄”的功能，其“疏导室”的心理咨询师退至配角位置，咨询师先不做心理疏导，仅默默陪坐，配合女犯倾诉心曲。女犯的情绪问题多由家事引起，某女监为此首先营造了一个“家庭间”，配备了电视、茶几、沙发床等家庭设施用品，用以激发来访女犯的恋家情绪，心理咨询师鼓励她们诉说家事以宣泄负面情绪。在“家庭间”和“疏导室”之间，也有一个类似“静省室”的“整理间”，设置有假山、瀑布、小径，供来访者理性思考。最后，来访者会来到“疏导室”，由心理咨询师帮助其做情绪调适。

近十年来，随着我国监狱服刑人员心理健康指导中心的普遍建立，个体咨询室、沙盘游戏室、音乐放松室、心理宣泄室、团体辅导室、心理测量室等多种心理功能室配套齐全，心理咨询师更有条件选择适当的矫治模式去为来访者服务。

第三节　团体辅导模式

心理矫治的团体辅导模式，是以小组规模开展的团体辅导活动。这种团体辅导是非医疗模式的，主要针对人际烦恼、人格缺陷、生活困惑、人生迷茫等发展问题。每次团体心理辅导的规模一般不超过20人。比起一对一的心理咨询，团体辅导可以大大提高心理矫治的工作效率。

在一对一的心理咨询中，心理咨询师的主导作用随处可见，来访者较为被动地配合咨询。而在团体辅导活动中，每个参与者都可积极互动，心理咨询师只是活动程序的主持人。解决参与者各自心理问题的办法，竟然出自这个团体寓乐于悟的活动和参与者的相互影响中，参与者在这些过程中会得到启发和领悟。

有个来访者因为自己未能陪护母亲走完人生最后一程而深感内疚，有失眠、心悸等躯体反应，虽经警官谈话教育多次，她的内疚感始终不能释怀。心理咨询师决定用团体辅导的方法来帮助来访者解决心理问题。心理咨询师拉过一把长椅，请团体辅导活动的一位参与者躺在长椅上，脸上蒙上一块白毛巾以扮演来访者故去的母亲。咨询师又请两位参与者坐在长椅两旁，扮演来访者的哥哥和姐姐。然后咨询师请她当众诉说自己的内疚，再分别让扮演“哥哥”和“姐姐”的人来安慰她。在此情境中，所有的参与者都动情地参与了劝导，来访者深受感动。这时，主持人突然说：“听听妈妈的意思吧！”然后突然掀去蒙在“妈妈”脸上的毛巾，让“妈妈”说话。扮演“妈妈”的来访者早已进入了角色，说：“妈妈常年卧床，你端屎倒尿，擦身洗发，从未懈怠，我从未感到不便和痛苦，妈妈是含笑走的。希望你能理解妈妈的心情，你们快快乐乐地活着，就是妈妈最后的心愿！”来访者听着“妈妈”的话，仿佛内心千斤重负落地，顿时释然。

这种团体辅导活动的受益者，不仅是来访者个人，所有参与者都分享了来访者的经验，有了自己的成长。

“破冰拓展”是一种团体辅导的游戏，它是为打破陌生人际关系“坚冰”，避免冷漠人际关系所致的戒备、敌对、冲突等恶性后果设计的。其活动程序是：

1. 主持人随机将参与者组成两队，让他们互相握手问好。

2. 让他们随机组成两人小组，互相介绍“五个我”：我的姓名、优点、缺点、成功、失败。

3.10分钟后，两个“两人小组”合并为一个“四人小组”，互相介绍“五个他”：他的姓名、优点、缺点、成功、失败；选出组长。

4.10分钟后，各组组长到队列前介绍组员和本人。

一般来说，这样一个彼此熟悉起来的新团队，有利于组员们关系破冰，还会产生道德约束力，促使大家迅速拉近距离，和睦相处，人际关系变得轻松愉快，并在引导下做出适宜的举动来。

某监狱计划将百名多年习惯农业劳动而对采煤生产心存疑虑的服刑人员训练成熟练的井下采煤矿工，心理咨询师首先根据这些服刑人员对采煤作业的恐惧程度，将其分成轻度、中度、重度恐惧的三部分人；接着分三批让服刑人员依次下井参观采煤的劳动现场，然后组织团体讨论，利用轻度恐惧服刑人员影响中度恐惧服刑人员，又利用轻度、中度恐惧服刑人员影响重度恐惧服刑人员，初步消减了重度恐惧服刑人员对采煤生产的恐惧程度；重度恐惧服刑人员态度的转变反过来又稳定了轻度、中度恐惧服刑人员的情绪。这种训练避免了空洞说教和强制劳动的不利后果，运用群体动力和从众暗示原理，利用团体中人际相互影响的作用，安全地将一群心怀恐惧和具有挫折反应的农业人员发展为熟练而自信的采煤矿工。

这次团体辅导，某监狱打破了团体辅导不超过20人的经验。实际上，近年来大中院校、企事业单位的心理辅导，都在向大规模发展，所有的经验证明，只要严格地化大为小、配备足够的小组辅导员，团体辅导仍是在若干小组的规模内运作，并不会影响整体辅导的效果。

还可以借助视频网络，在心理咨询师遥控主持下，吸纳亲友和各界人士参与“社会帮教团体辅导”。

第四节　智能模式

心理矫治的智能模式，是监狱凭借智能电话、电脑、网络等智能工具，开展的心理矫治活动。

在监狱管制下，服刑人员有的会患上一系列社会功能退化的“监禁病”：社交恐惧、社会学习能力低下等等。他们中有少部分人在刑满回归日益变化的社会后，不会坐电梯，不会微信支付，不会上网订购，惧怕与人交往，找不到工作，生活寸步难行，若遇坏人引诱，极易重新犯罪。为此，我国监狱传统的做法是“走出去”“请进来”和改造工作“三个延伸”。但到了20世纪中期，监狱遇到了“请不进来”“走不出去”的严重困难，很少有单位能出路费到监狱帮教服刑人员。20世纪90年代，心理矫治的智能模式就是在这种情况下，成为监狱心理矫治的新式平台。

1994年，某监狱的一场团体辅导因参与者思家心切实在难以进行时，辅导的主持人在情急之下，想到了一种可以跨越高墙打破僵局的团辅办法，当场打通了一位参与者远在浙江家乡的亲人电话，结果意外平复了服刑人员的情绪，解决了监狱团体辅导中一个由来已久的难题。

这名服刑人员的处境非常典型，他已有12年没有任何亲友的音信，折磨得他终日寝食难安，头发一把一把地掉，岁数不大已形容枯槁。警官和服刑人员都很担心他，想尽办法安慰他，均无济于事。当时拨通了电话才知道，浙江经济环境好，兄弟姐妹经商均已致富，衣食无忧，都有电话机，只是发愁打不进监狱去问候。这次通话，却连侄子、外甥都联系上了。等该服刑人员放下了电话，已是红光满面，监内辅导取得了出乎意料的好效果。参与者当场分享时说：“长年封闭在监，我们都患有‘信息不明恐慌症’，实际是‘社会支持缺乏症’。今天的监内辅导联动到社会，好比新鲜空气突然流进封闭房间，令人身心舒畅！”

远程网络视频心理咨询和电话心理咨询手段的使用，成为心理咨询工作的一种方式，丰富了监狱的心理矫治工作手段。女警心理咨询师或签约的心理医生也可以借助电话咨询和视频咨询系统参与到对罪犯的心理矫治工作中来。

20世纪90年代末，视频技术渐渐普及，监狱电信辅导也逐渐固定于“网络视频模式”。2020年新型冠状病毒肺炎疫情暴发后，全国监狱开始实行“视频会见、帮教”的方式，音频亲情电话则基本被弃用，形成了新常态。

第三章

不同学派的心理学知识①

第一节 精神分析学派

精神分析学派是由奥地利精神病学家弗洛伊德在1896年创立的。该学派的理论深入人的深层精神世界，为现代心理学展现出一个全新领域，冲击了现代社会意识和社会生活的各个侧面，为人类做出了辉煌的贡献。

一、精神分析的基本内容

（一）关于潜意识和压抑的知识

精神分析的一个基本概念是：作为一切意识行为基础的是一种潜意识的心理活动。在弗洛伊德的早期著作中，认为人的精神生活主要由两个独立的部分构成，即意识和潜意识，中间夹着很小的一部分为前意识。

潜意识有两个含义：一个是指人们对自己一些行为的真正原因和动机不能意识到；另一个是指人们在清醒的意识下面还有潜在的心理活动。作为后一种含义的潜意识包含了各种为人类社会伦理、道德、宗教、法律所不能容许的原始的、动物性的本能冲动，以及与各种与本能有关的欲望，它也是过去经验的大储存库。这些无法得到满足的情感经验、本能欲望与冲动是被压抑到潜意识之中的，但它们并不肯安分守己地待

① 叶扬主编：《中国罪犯心理矫治教程》，法律出版社2003年版，第20—45页。

在那里，而是在潜意识中积极地活动着，不断地寻找出路，追求满足。

前意识介于意识与潜意识之间，其所包含的内容通过努力是可召唤到意识中去的。意识在弗洛伊德的理论中不很重要，只是一个人的心理活动的有限的外显部分。正常人的思维和行为都属于意识系统。

人的心理活动中的意识、潜意识和前意识之间所保持的是一种动态平衡。潜意识之中各种本能和欲望一直都在积极活动。但是，因其是为社会道德、宗教、法律所不能容许的，所以当其出现时会在意识中唤起焦虑、羞耻感和罪恶感，因之个体会自动加以抵抗，进行压抑。压抑的功能是把主体经历的回忆、各种欲望和冲动保存、隐藏起来，不让它们在意识中出现。这些东西虽然不能被个体觉察，却在潜意识中“兴风作浪”，并在人的一生中占有重要的地位。压抑是潜意识的，被压抑的内容也是潜意识的。

曾经从事过犯罪活动的服刑人员，潜意识的冲动会比正常人还要激烈。尤其是服刑人员在狱内经过一段时间的教育之后，潜意识的各种欲望和本能冲动大都被很好地保存或隐藏起来，或者以自我防御机制的形式表现出来。所以，掌握潜意识和压抑的理论，对于了解服刑人员深层次的心理表现是有很大帮助的。

（二）关于人格构成的知识

弗洛伊德认为，人格由本我、自我、超我三部分组成。

1. 本我。本我是人格中最原始的、与生俱来的、野蛮和邪恶的冲动。它代表了潜意识的生物本能和欲望，按照“快乐原则”行事，不顾及后果，追求直接的、绝对的和立即的满足，以释放紧张和焦虑。

2. 自我。自我是现实化了的本能，是人格的意识结构部分，是在与外界环境接触过程中由本我发展而来的，由于现实的陶冶变得渐识时务，不再受“快乐原则”的支配去盲目地追求满足，而是在“现实原则”指导下力争既避免痛苦，又能获得满足。自我在人格结构中代表着理性和审慎。它在同外界现实的相互作用中成长，对外感受现实，在超我的指导下正确认识现实和适应现实，对内调节本我之中本能欲望的宣泄。

3. 超我。超我是从自我发展起来的一部分，是在社会化过程中，将道德规范、社会要求内化为自身良心、理性，对个人的动机、欲望和行为进行管制，诱导自我使之符合社会规范，使个体向理想努力，达到完善的人格。超我就像是内心的司法系统，它遵循“至善原则”，凡不符合超我要求的活动将引起良心的不安、内疚，甚至罪恶感。

人们的意识体验和行为表现，不过是心理结构内部本我、自我、超我之间相互斗争的结果。这种潜意识斗争，乃是性欲和攻击欲望驱力与道德、现实社会和文明约束的斗争。一个人要保持心理健康，要生活得顺利而有序，就必须依赖人格本我、自我、超我这三种力量的均衡协调，一旦不平衡，就容易出现心理失调。

一个完全由“本我”控制的人会是冲动性的，而一个完全由“超我”控制的人则是一个道德至上和完美主义者。“自我”的机能就是使个体在这两者之间保持平衡，强健的“自我”对良好的个性功能是重要的。对于心理成熟者，“超我”是一种道德指导，但这种指导的方向可以从现实来考虑，可以根据我们内心其他的感觉来接受或排斥它，而且要考虑环境提供的可能性。

服刑人员之所以犯罪，有一部分原因是其潜意识的本能冲动（性本能、攻击、侵犯），当这些潜意识的东西在服刑人员的内心深处产生动机与冲突时，就会导致非理性行为（即违法犯罪行为）的发生。而监狱改造工作的重点就是对服刑人员的人格进行再社会化，逐步改变服刑人员不良的人格结构，使服刑人员人格中的本能冲动减弱，自控能力增强，并最终成为守法的公民。事实上，刑罚执行者强制性地让服刑人员接受监管改造，进行法治观念灌输和行为规范养成教育，就是为了加强服刑人员的自我控制能力。而且，在监狱环境中，不允许服刑人员的本能冲动破坏监管秩序和损害他人利益，而是要他们学会守纪与克制。通过一段时期的教育矫治，当服刑人员的本能冲动不适当地表现出来时，就会在其意识层面唤起焦虑，产生羞耻感和罪恶感。因此，服刑人员为了避免惩罚，就要尽可能地压抑不允许表露的本能冲动部分。但长期的压抑又会加重心理负担，出现焦虑、抑郁、烦恼、紧张、多疑等不良的情绪和行为，甚至出现神经症或精神异常，所以监狱就需要开展心理辅导工作帮助他们进行心理调适，通过开展心理健康教育，增强服刑人员的自我调适能力。

（三）关于性欲的知识

性欲是弗洛伊德在潜意识的本我动机中所列的主要欲求之一。他认为，性欲的压抑或畸形乃是造成心理失常的重要原因。在性的后面有一种潜力、动力，常驱使人们去追求快感。人的性心理是从婴儿时期开始的，在弗洛伊德看来，儿童的早期经历对一个人今后的心理发展是至关重要的。

弗洛伊德认为，性心理的发展过程中，如果在某一阶段发生停滞或倒退，就有可能发生心理异常。比如，在口欲期阶段，婴儿通过欲望的满足来建立对世界的安全感和对人的基本依赖，倘若遇到挫折，就容易变得不信任人，缺乏安全感。同时，婴儿通过与其他人（主要是母亲）的关系，肯定自己的界限，由于此阶段自我界限与现实感尚未稳固，遇到挫折便会呈现幻觉、投射、否认等心理防御机制，此阶段被假设为各种精神病发源关键时期；在肛门期阶段，主要是通过学习实现自治、自律，此阶段的受挫常被认为是强迫症的病理根源；性器期阶段的障碍对将来性心理的发展会有较大影响，会造成各种性异常。

二、精神分析的方法

弗洛伊德认为，神经症和精神病是患者潜意识的愿望和社会相矛盾所引起的植根于内部的问题。心理治疗正是要尝试找到问题的潜意识根源，即通过治疗使个体可以现实地适应内心冲动和外部环境。

根据精神分析理论的观点，犯罪行为的产生除了犯罪者所叙述的有意识动机原因外，也与犯罪者潜意识的动机和冲突有关，这种潜意识的动机和冲突正是犯罪者以往矛盾心理的表现。因此，精神分析治疗的目的，就是通过深刻的精神分析，让服刑人员暴露早期体验并使其回到意识中，从而由糊涂到自知、领悟，以正视自身心理的矛盾，理智地对待冲突和焦虑，学会以社会可接受的方式控制自己的行为。精神分析的主要方法（步骤）有：

（一）自由联想

咨询师要求、鼓励、引导来访者将自己内心所想的任何事件或问题毫无拘束地倾诉出来，然后针对有关问题，帮助来访者克服心理上的困难。

（二）梦的解析

在自由联想时，来访者往往会提到做梦的经历，这是一项重要的精神分析资料。弗洛伊德认为，梦代表着个人欲望或潜意识冲突，梦的内容有些是外显的，经过多次联想并加以推导分析，可以发现其意识层面所压抑的问题或线索。

（三）移情分析

所谓移情，是分析治疗过程中，来访者将以往对别人（父母或情人）的情感关系，以扭曲的形式转移到咨询师身上，使本来单纯的咨询与被咨询的关系，转变为亲子间或情人间的感情关系。移情是一种潜意识的表达，虽然在表面上来访者以咨询师为感情对象，但事实上咨询师仅为代替者而已。通过移情分析，咨询师可以了解来访者以往的人际关系及感情经历，并帮助来访者从不真实的感情世界中解脱出来。

（四）阻抗分析

在自由联想过程中，来访者对其痛苦的经历和隐藏在内心中的感情、欲望等，不肯听从咨询师的指示全部陈述出来，致使分析治疗无法顺利地进行，此种来访者不合作的态度称为阻抗。根据弗洛伊德的解释，阻抗是一种防卫反应。潜意识中不合理的欲望浮现到意识层面时会使来访者感到羞愧而焦虑，由此可知，在自由联想中，凡来访者对其生活经验的陈述表示抗拒的，必有原因，极有可能是其心理病因之所在。化解来访者的抗拒，让其把心中的隐秘都说出来的方法，称为阻抗分析。分析之后，可使来访者内心压抑的矛盾与冲突得到缓和，从而缓解其紧张情绪。

（五）阐释

阐释是咨询师根据来访者在前4个阶段的一切资料，耐心而有诚意地向来访者做出解析，让来访者了解自身所表现的一切有更深一层的意义，从而领悟到心理困扰的产生原因。就精神分析的目的而言，阐释的过程就是治疗。

以上是弗洛伊德精神分析治疗方法对服刑人员心理矫治的借鉴意义。

弗洛伊德本人并没有将精神分析的方法运用到犯罪人的矫治上。最早将精神分析的方法运用到犯罪人矫治上的是美国精神病学家威廉·希利和瑞士精神病学家、精神分析学家艾奇宏。特别是艾奇宏，用爱的奖赏来促使未成年犯罪人变成社会所接受的人，其教育方法获得了很大的成功。艾奇宏认为，未成年犯罪主要是由于缺乏爱、缺乏认同，没有真正形成正常的超我或自我理想而引起的。所以，对犯罪少年和儿童进行治疗的核心，就是为他们提供幸福、快乐的生活环境，使他们在这种环境中对成年人（教育者）重新产生依恋、信任和认同，从而重建自我理想，形成正常超我。艾奇宏亲身实践了自己的主张，对违法犯罪的少年儿童热情相待，同情、理解他们，坚定地遵循惩罚无益的原则，对儿童的攻击行为充满耐心。由于艾奇宏不是以严厉的惩罚和报复手段，而是以舒适的环境、友好亲切的态度对待他们，所以这些少年儿童初次遇到艾奇宏时，可能会把他看成软弱可欺的人，但随着时间的推移，他们逐渐对艾奇宏产生了信任、尊敬，甚至产生了爱。当他们最后对艾奇宏产生认同时，就能把自己融入集体，不断取得进步，进而发生根本性转变。

第二节　行为主义心理学

一、行为主义心理学的基本内容

行为主义学派是继精神分析学派之后出现的又一大心理学学派，被称为西方心理学第一势力。行为主义学派由美国心理学家华生于1913年创立并广泛影响世界。行为主义认为，人类行为是通过学习而来的。行为主义学派只关心当前的行为问题，着重探讨日常生活中的人类行为是如何产生的，而不像精神分析那样着重于分析潜意识的冲突。

行为主义学派的基本观点可归纳为：

第一，在研究内容上反对将意识作为心理学的主要研究对象，主张研究外部行为的纯客观的自然科学；

第二，在研究方法上摈弃意识心理学的主观内省法，代之以客观观察法、条件反射法、测验法等；

第三，把刺激（S）与反应（R）看作有机体行为的共同因素，并以S→R作为解释行为的基本原则；

第四，坚持环境决定论，忽视内发性动机和个体的自由意志，强调外在控制的训练价值。

行为主义包括经典的条件反射原理、操作条件作用原理、模仿学习原理。早期的代表人物有桑代克、巴甫洛夫、华生、斯金纳，后来有沃尔甫、艾森克和班杜拉等人。

行为主义对心理学发展的主要贡献在于使心理学走上客观的科学研究道路，使动物心理学与儿童心理学，尤其是实验心理学取得重大成果，促进心理学广泛应用于社会生活。但是行为主义存在客观主义与还原论（生物学化、机械决定论）的倾向。20世纪50至60年代后期，随着人本主义和认知心理学的兴起，行为主义逐渐衰退。

二、行为主义心理学方法

行为主义的着眼点是可观察到的外在行为和可具体描述的心理状态，强调病人通过学习提高自我控制能力，通过控制情绪、调整行为及内部生理活动来矫正异常行为，治愈疾病。20世纪初，巴甫洛夫在实验室里证实了条件反射现象，建立了行为科学发展的基础。华生受此影响，进一步说明人的行为不管是正常的或病态的、适应性的或非适应性的，都是经由学习获得的。他和他的同事经由实验室制造了一个9个月的婴儿对于小白鼠和其他毛茸茸的物体的恐惧。其后，另外一位临床心理学家琼斯运用学习原理治好了一个惧怕白兔的小孩，用后人的术语说，就是利用脱敏法治愈了恐惧症。以后各种行为治疗的方法和技巧被开发和运用，行为治疗逐渐成型。

（一）行为治疗的特征

1. 行为治疗的理论基础是条件反射，确认个体的一切行为全是经过条件反射学得的习惯性反应。只是条件反射分为古典条件反射和操作性条件反射两种。

行为主义学派认为，所谓心理异常者，事实上亦即行为异常。而行为之所以异常，只不过是个体经过条件反射学到不良习惯而已。

2. 基于以上的确认，行为治疗的目的在于消除个体的不良习惯，而消除不良习惯就叫行为治疗。

3. 消除不良习惯，就得重新学习。重新学习就是在某一特定刺激情况下，重新建立刺激与反应之间的关系，将刺激所引起的不适应的反应，以另一适当反应代替。重新学习的过程，可以按古典条件反射过程，也可以按操作性条件反射过程进行，根据不良习惯的性质和治疗目的而定。

4. 行为治疗的目的在于改变个体在现实行为表现上的不良习惯。此种习惯性行为是可以观察测量的，比较前后观测到的结果，即可确定行为治疗的效果。因此，行为治疗所强调重视的，只是现实习惯性行为实质上的改变，而不重视个体以往的生活史，也不像精神分析治疗法那样强调内在压抑的释放或冲突的解决等问题。

（二）行为治疗的主要方法

行为治疗所指的并不是单一的方法，而是多种方法的概称。行为治疗是根据巴甫洛夫条件反射原理、斯金纳等人的操作性条件反射理论、班杜拉的社会学习理论，通过正负强化的奖惩方式进行训练，改变和消除不正常和不良的行为，学会和养成新的健康行为的方法。

下面介绍几种主要的方法：

1. 系统脱敏疗法。

系统脱敏疗法，又称交互抑制法，由美国学者沃尔普创立和发展。这种方法主要是诱导求治者缓慢地暴露出导致焦虑、恐惧的情境，并通过心理的放松状态来对抗这种焦虑情绪，从而达到消除焦虑或恐惧的目的。如果一个刺激所引起的焦虑或恐惧状态在求治者所能忍受的范围之内，经过多次反复的呈现，他便不再会对该刺激感到焦虑和恐惧，治疗目标也就达到了。这就是系统脱敏疗法的治疗原理。系统脱敏疗法适用于焦虑和恐惧症的治疗。它有几种具体的操作方法：

（1）快速脱敏法，或称真实生活脱敏法。此法的主要特点是用造成恐惧反应的实际刺激物代替对它的想象。治疗者陪伴着病人通过一系列令病人感到恐惧的情境，直到病人抵达原先最害怕的情境而不再紧张为止。这种方法比较适用于广场恐惧症和社交恐惧症病人。例如，对于一个害怕拥挤和怕同陌生人接触的恐惧症病人，可以让他在治疗者的陪同下于清晨外面人少时乘车到闹市区，到达后先让病人在车内坐几分钟，如果不感到焦虑，可鼓励他下车到商店门口走走，直到病人敢于进入拥挤的商店购物而无焦虑反应为止。

（2）接触脱敏法。这种方法特别适用于特殊物体恐惧症，例如对蛇和蜘蛛的恐惧症。接触脱敏法也采用按焦虑层次进行的真实生活暴露方法，与其他脱敏方法的不同之处是增加了两项技术：示范和接触。让病人首先观看治疗者或其他人应对引起病人恐惧的情境或东西，而后让病人一步一步地照着做。如果病人害怕的是一种东西，如蛇，那就让病人观看过治疗者触摸、拿起和放下蛇的示范后，先从事一些与接近、触摸蛇有关的其他活动，而后逐渐接近蛇，触摸它，直到敢于拿起它而无紧张感为止。

（3）自动化脱敏法。根据同病人的一系列交谈的结果，治疗者将所识别出的病人的焦虑情境（如喧闹嘈杂的声音、拥挤的人群或爬行中的蛇）录音、录像，而后利用这些制备好的音像资料对病人进行治疗。

运用脱敏疗法的基本步骤有：

（1）建立恐惧或焦虑的等级层次。①找出所有使求治者感到恐惧或焦虑的事件；②将求治者报告的恐惧或焦虑事件按等级由低到高的顺序排列。

（2）放松训练。一般需要6—10次练习，每次历时半小时，每天1—2次，以全身肌肉能够迅速进入松弛状态为合格。

（3）系统脱敏练习。一般分为3个步骤进行：

①进入放松状态。首先应选择一处安静适宜、光线柔和、气温适度的环境，然后让患者坐在舒适的座椅上，让其随着音乐进行肌肉放松训练。训练从手臂、头面部、颈部、肩部、背部、胸部、腹部到下肢部依次进行，过程中要求患者学会体验肌肉紧张与肌肉松弛的区别，这样反复长期的训练，使得患者能在日常生活中灵巧使用，任意掌握放松的程度。

②想象脱敏训练。让患者想象某一等级的刺激物或事件。若患者能清晰地想象并感到紧张时，停止想象并全身放松，之后不断重复以上过程，直到患者不再对想象感到焦虑或恐惧，那么该等级的脱敏就完成了。以此类推，做下一个等级的脱敏训练。一次想象训练不超过4个等级，如果训练中在某一等级出现强烈的情绪，则应降级重新训练，直到可适应时再往高等级进行。当通过全部等级时，可从模拟情境向现实情境转换，并继续进行脱敏训练。

③现实训练。这是治疗最关键的地方，仍然从最低级开始至最高级，逐级放松进行脱敏训练，以不引起强烈的情绪反应为止。为患者布置练习作业，要求患者每周在治疗指导后自行强化训练，每周2次，每次30分钟为宜。

2.强化疗法。

强化疗法是建立在操作性条件作用原理之上。例如，某一行为若得到奖赏，那么以后这个行为重复出现的次数和频率就会增加，反之，得不到奖赏或受到惩罚，行为出现的次数和频率就可能减少。

（1）塑造法。是通过强化的手段矫正人的行为，使之逐步接近某种适应性的行为。塑造过程中，采用正强化的手段，一旦适应行为出现，立即给予奖赏和鼓励。塑造法的实施，要注意制定适当的目标行为，并选择好奖赏和鼓励的方式，同时要注意及时强化，即适应行为出现和奖赏在时间上要接近。与塑造法相反，有时可以实施惩罚法，当有坏行为或不适应行为出现时，给予一定的惩罚来抑制不适应行为的再次发生。

（2）代币治疗。这是一种利用正强化原理来促进更多适应性行为出现的方法。行为疗法在服刑人员矫治工作中运用最广泛的就是代币制疗法。即服刑人员在监狱如果有特别的表现，就依其情形付给代用币一枚或数枚。例如，某服刑人员阻止他人自杀而立功，监狱就给予该名服刑人员数枚代用币，他可以用这代用币购买到自己所需的物品，使其愿望获得满足。代用币对服刑人员构成一种刺激，使其为取得代用币而力求有良好的表现，久而久之，就可养成实施正常行为、改善不良行为的习惯。我国监狱普遍推行的百分考核制度，用以分计奖的方式，其基本精神与代币制的原理基本一致，百分考核与累进处遇制度结合起来实施，能收到较好的行为养成效果。

（3）消退法。这种方法依据了负强化的原理，对于不适应的行为不予注意、不予强化，使之渐弱以至消失。该方法可以和塑造法结合使用。

（4）厌恶疗法。这种方法实际上是利用了正惩罚的原理，当不适应的行为出现时，就给予使其厌恶的刺激，以此来消除对方不适应的行为。厌恶疗法对于治疗某些性变态行为、酒精或药物依赖等有较好的效果。

3.学习理论。

在行为主义理论中，属于新行为主义的社会学习理论与犯罪学的关系最为密切。新行为主义的代表人物班杜拉等人创立了社会学习理论模式，通过解释攻击行为，阐述了犯罪产生的原因。

班杜拉认为，攻击行为不是人们与生俱来的，而是后天习得的。获得的途径有三种，即观察学习、凭直接经验的学习和生物学因素。他认为，凭直接经验的学习固然重要，但是许多行为的发生是个人观察他人行为的结果，从而产生替代性学习造成的。大多数对攻击行为的观察学习发生在以下三种社会联系中：（1）家庭影响。家庭成员的示范和鼓励是攻击行为形成的一个最基本原因；（2）人们所属的亚文化及与这种亚文化的重复性接触；（3）那些被广泛使用的宣传工具所提供的具有充分形象的范例，如影视传播中的暴力镜头。

关于行为发生的机制，班杜拉认为，个人与环境究竟如何交互作用才会导致行为的变化，依赖于人的认知因素。环境、个人、行为是三个相互影响、彼此联结的因素，不能将行为简单地看成是环境所决定的。

4. 角色扮演。

角色扮演多用于改变来访者的不良行为和进行社会技能的训练。在个案治疗和小组治疗中，这种方法都比较常用。在角色扮演中，来访者要认识到要以怎样的角色来表现其行为，与他人发生联系，并进行实际行为的预演和排练。由治疗者或小组其他成员对其行为进行判断，给予反馈，然后进行角色扮演、模仿和学习新的行为。

5. 自信训练。

用于帮助来访者恰当地与人交往，表达自己的情绪、情感。自信训练特别适用于那些在人际交往中缺乏自信、不敢拒绝别人、不能表达自己的愤怒或苦闷，也很难表达自己积极情感的人。通过训练，可以使他们表达或敢于表达自己的正当要求和意见或自己内心的情感体验。训练过程包括确定问题（让来访者说明自感懦弱、没有信心的人际行为）、增强动机（帮助来访者认识训练的意义）、定义适当的行为（和来访者共同探讨某情境下的适宜行为）、进行训练（采用角色扮演或其他办法使来访者学习适应性的行为反应方式）等步骤。

（三）行为治疗在服刑人员心理矫治中的应用

行为治疗并非对任何服刑人员均有效果。其对反社会性程度较浅的服刑人员矫治效果显著，而对反社会性程度较深的服刑人员则很难奏效。行为疗法对未成年犯的矫治特别有效，这不仅在于未成年犯反社会性程度浅，而且在于未成年犯易受环境的影响，如果未成年犯管教所能够创造适合未成年人学习社会行为的环境，就会收到潜移默化的效果，使未成年犯在刑罚机构中养成实施良性行为的好习惯。

在成年犯中，依其反社会程度的不同，可以进行分类矫治。累惯犯的反社会程度重，而初犯偶犯的反社会程度轻，所以，对后者开展行为治疗可收到较好的效果，而对前者则难以收到预期的效果。此外，行为疗法对酒精成瘾者或性欲异常者，效果也不明显。

自20世纪60年代以来，行为矫正技术被广泛应用于改变未成年犯罪人、成年犯罪人以及精神病人的不良行为，矫治方法或技术也在实践中不断发展。

第三节　人本主义心理学

一、人本主义心理学的基本内容

人本主义心理学是当代心理学三大流派之一，被称为西方心理学的第三势力。人本主义心理学从现象学和存在主义中吸取哲学基础，提倡从人的主观意识本身出发，反对采用行为主义的环境决定论和精神分析的无意识动机决定论来说明意识。它倾向于从整体上理解人的动机与人格，特别重视人的意识所具有的主动性和自由选择性，认为人的意识能超越传统的、现实的、文化的界限，因而具有创造性和无限发展的可能性，它还认为人能根据自己的意向，确定自身存在的意义。基于这些原则，人本主义心理学家发展了有关自我、自我实现等方面的一系列理论和技巧，对人格心理、心理治疗等领域产生了相当大的影响。

人本主义心理学的代表人物之一，就是来访者中心疗法的提出者罗杰斯。他强调人的主观性，认为人生来就具有自我实现的倾向，这是一种基本的动机性驱动力，是成长与发展的天性。他认为人基本上是诚实的、善良的、可以信赖的。这些特性是与生俱来的，而某些恶的特性则是防御的结果，并非出自本性。他认为有机体都有一种天生的基本趋势，要以各种方式去发挥其潜在能力以推动有机体生长、前进、成熟。在合理、良好的环境里，一个人总能靠这种天生的力量从小到大发育成熟，成为一个健全的、机能完善的人。这也是各派人本主义心理学家共同的基本观点。在人的成长中，不利的环境条件使人的这种趋势受到歪曲和阻碍，形成冲突，人就会感到适应困难或表现为各种反常的行为。

人本主义心理学第一次将人的本性与价值提到心理学研究的首位，阐明需要层次理论及高级需要和动机的重要价值，提出主观经验范式与客观实验范式的构想，倡导以人为中心的心理治疗、组织管理和教育改革的新模式。但人本主义心理学仍存在过分强调人性中生物因素的自然主义倾向，另外由于人本主义心理学缺乏实证检验与支持，故有人认为其为哲学和诗人心理学。由于人本主义心理学在研究对象上坚持重视对优秀人物的研究，故没有专门对犯罪问题的研究和论述。

二、人本主义心理学的方法

人本主义心理学通常指罗杰斯创建的以人为中心疗法（或来访者中心疗法），即促进和协助来访者依靠自己的力量解决问题，着重于调动人的主体内在的潜能进行自我治疗。

治疗包括创设一种赞同、共情领悟和坦诚的气氛，缓和阻抗并允许所有情感和内心体验的探求，强调来访者内心的意识反映。它主张来访者只要接受其此时此地的想法，就可以在温馨宽容的气氛中对人类自我发现的能力更有信心；最好不要去解释来访者所隐讳的东西，但可以修改他们的叙述，这样，他们在咨询中就越来越可以表达出真正的经历。来访者的责任是准确地理解和表达自己，而这种能力也在咨询中不断提高。

来访者中心治疗是一种非指导的治疗方法。这种治疗的着眼点是促进来访者成长，具体地帮助来访者进行自我探索，促进其自我概念向着更接近自我的经验、体验的方向发展，认为来访者有权为他自己的生活做出选择，尽管他选择的目标可能与治疗师的看法很不相同。如果来访者对自身的问题有所领悟，他们更可能会做出自己明智的选择。非指导治疗重视个体心理上的独立性和保持完整心理状态的权利，指导式治疗重视社会规范。指导式治疗倾向于对来访者的问题进行工作，一旦症状消除或问题得以解决，治疗就算成功了。非指导治疗的着眼点在于来访者本人而不是其心理问题，一旦来访者对自己与现实的关系有了充分的理解之后，他就能选择适应环境的方法，随着其领悟力的提高和经验的增长，他将更有能力去应付将来可能出现的问题。

人本主义心理治疗的特点是：

（1）坚信人具有完善技能和自我实现倾向；

（2）重视来访者的主观世界；

（3）来访者主导治疗过程；

（4）建立朋友、伙伴般的咨访关系；

（5）注重尊重、关怀、同情、宽容、理解、鼓励和支持。

人本主义治疗目标在于人性的实现和人格的改变。

随着时间的推移，来访者中心疗法也在不断地发展。20世纪60年代以后，原先一对一式的个人咨询向着以相遇小组为形式的集体咨询发展，即利用团体力量来解决心理问题和改变不良行为。在这种小组中，成员们可以自由表达他们的情感，彼此随意地交流；相互保持温暖、谅解的气氛和理解、接受的态度。小组的召集人不以专家身份出现，或者其本身就是有经验的小组成员，称为促进者。通过小组的活动，大多数成员变得能认识自己，能理解别人，揭下自己所戴的假面具，较少使用防御机制，成为成熟的、具有独立人格的人。

罗杰斯的来访者中心疗法创立后，很快在服刑人员矫治领域得到普遍的应用。在矫治实践中，矫治者帮助服刑人员发现存在的问题，进而学习如何建立适宜的态度和行为方式，以达到良好的适应状态。这种方法大量地使用于对未成年犯罪人的矫治活动中，并在美国、日本等国家产生了较好的效果。人本主义心理治疗的许多原则对我们今天的服刑人员心理矫治仍具有指导意义，如平等原则，尊重、接纳与积极关注原则都是受人本主义心理治疗的影响建立的，是在罪犯心理矫治中要严格遵守的原则。

第四节 认知心理学

认知心理学是现代西方心理学的一个新流派。它起始于20世纪

50年代中期，60年代之后迅速发展。认知心理学强调在解决问题、推论、决策和其他认识活动中所涉及的智力活动。

一、认知心理学的基本内容

在早期的行为矫正治疗实践中，往往不顾来访者的内心想法，单纯改变外在的可见行为，效果并不一定都好。一个智力正常的成年人，他的情感体验、情绪表现和外在行为与这个人对外界事物的认识、处世态度密切相关。简言之，一个人的思想和内心体验在很大程度上影响甚至决定着他的外部行为。因此，认知疗法是继早期行为矫正治疗后的必然发展方向。

认知疗法也受到了认知心理学的影响。认知是心理学上的一个专有名词，从微观上讲指的是外部刺激进入大脑之后的内部加工过程。通过对这些内部加工过程的研究来解释人的心理活动和心理过程，进而研究一些复杂的行为，如概念形成、问题解决、语言、情绪等。从宏观上讲，认知指的是个体对某个事物或某个对象的认识与看法，这一点更接近日常用语中认知的含义。认知心理学认为人的情绪、情感及动机、行为主要决定于人的认知活动。由此，认知疗法强调认知过程对情绪、情感、动机和行为的影响，主要通过改变人的认知活动并结合行为技术来矫正不良的情绪和行为，故又称为认知行为疗法。也就是说，认知疗法将来访者的不良情绪及行为看成其不良认知和思维方式的结果。所谓不良认知，是指歪曲的、不合理的、消极的信念或思想，它们往往会导致情绪障碍和非适应性行为。治疗的目的就在于矫正这些不合理的认识，改变看法和态度，从而使来访者的情感和行为得到改变。

认知疗法还受到20世纪五六十年代兴起的人本主义心理学的影响。各派人本主义心理学家有一个共同的观点，他们都相信人有自发调整自己的倾向，具有自我成长和自我实现、自我完善的潜能。

二、认知心理学的方法

认知疗法是指经解说与指导的再教育的方式，纠正来访者原有的对人、对己、对事的错误思想与观念，帮助其重组认知结构，使来访者“觉今是而昨非”。

认知疗法强调认知过程在决定行为中的主要作用，认为人的一切有目的的行为和一般情绪都由认知发动和维持，认知上的歪曲与局限，易导致情绪与行为适应不良。因而治疗病态行为和情绪的关键在于矫正错误的认知过程及由此形成的错误观点。

认知疗法有三个基本假设：一是行为和情绪是通过认知过程发展起来的；二是在学习理论基础上建立起来的治疗程序，能有效地影响认知过程；三是心理医生应当作为一个诊断家和教育家，发现病人适应不良的思想或认知过程，并且通过安排一定的学习来改变它们。

认知疗法与传统矫治方法的区别在于它强调认知的首要作用，而传统心理治疗更多地强调情绪；另外，它不关注潜意识驱力和潜意识防御，认为绝大部分心理问题不用深入追寻埋在潜意识之中的内容根源便能解决。它与行为疗法的区别在于其对心理现象给予更重要的地位，认为传统的行为主义太狭隘，不考虑心理现象，致使许多问题不能解决。对于很多服刑人员来说，错误的认知，既是犯罪的重要原因，也是导致其个性偏差的重要因素。

认知疗法及认知心理学关于心理矫治的理论对服刑人员心理矫治具有非常重要的借鉴价值。

（一）情绪障碍的认知理论

认知行为治疗的理论基础之一是贝克提出的情绪障碍认知理论。贝克认为，人的情绪障碍不一定都是由神秘的、不可抗拒的力量所产生的，相反，它可以从平常的事件中产生。例如，错误的学习、依据片面的或不正确的信息做出错误的推论，以及不能妥善地区分现实与理想之间的差别，等等。因此，每个人的情感和行为在很大程度上是由其自身认知、处世方式或方法决定的，也就是说一个人的思想决定了他的内心体验和反应。情绪障碍的认知理论指出了很多心理障碍者对问题的特殊看法，这些特殊的看法、观念或思维模式将直接影响其情绪状态或心境。下面列举了一些人常见的问题和看法：

问题	看法
惊恐发作	即将死于这些焦虑症状
社会性焦虑	我常会做一些看起来非常愚蠢的事情，遭人排斥、受人羞辱
抑郁	我是一个懦弱无能的人，前途渺茫
妄想	人们费尽心思打探我的事情
愤怒	别人都很坏或不友善，对我不公平，占我便宜，他们应当受到惩罚

贝克对认知过程中常见的认知歪曲做了总结，归纳为以下5种形式：

（1）任意地推断，即在证据缺乏或不充分时便草率地做出结论。

（2）选择性地概括，即仅根据个别细节而不考虑其他情况便对整个事件做出结论。

（3）过度引申，即在单一事件的基础上做出关于能力、操作或价值的普遍性结论。

（4）夸大或缩小。

（5）全或无的思维，把生活看成非黑即白的单色世界。

贝克认为，人的情绪和不良行为正是这些不良认知导致的结果。治疗的重点在于转变、纠正不良的认知，支持、建立正确的认知方式和适应性的功能，鼓励来访者反思内在的导致障碍的思想、行为和情感。具体有：（1）识别自动性思维。（2）识别认知性错误。（3）做真实性检验。（4）去中心化。（5）反思苦闷或焦虑水平等。

服刑人员抑郁时，常常是内外交困（内部表现为对自己、对世界、对未来产生悲观看法；外部表现为行为孤僻和人际关系差）。通过对自己看待问题的方式进行反思，服刑人员能够学会检验自己的看法，并学会以新的方式和新的角度看问题，避免产生消极的自我观念（如“我是个废物”的观念），能够使服刑人员更好地处理外部问题。认知疗法的主旨，在于教会这些服刑人员反思自己的态度与观念，帮助他们意识到思维方式是如何使他们陷入沮丧的（特别是造成失败感）。改变他们对自己所面临问题的看法，使病症得到缓解。他们如果进一步改变对自己的根本看法，将增强对自己情感的把握能力，从而减小陷入抑郁和焦虑的可能性。

（二）合理情绪疗法

该疗法于20世纪50年代由艾利斯在美国创立。他认为，人既可以是有理性的、合理的，也可以是无理性的、不合理的。合理的信念会引起人们对事物的适当的、适度的情绪反应，而不合理的信念则相反，会导致不适当的情绪和行为反应。当人们按照理性去思维和行动时，他们就会是愉快的、富有竞争精神的人。情绪是伴随着人的思维而产生的。情绪上或心理上的困扰是不合理的、不合逻辑的思维造成的。人具有一种生物学的和社会学的倾向性，倾向于存在有理性的合理思维和无理性的不合理思维。即任何人都不可避免地具有或多或少的不合理的思维与信念。思维借助于语言而进行，不断地用内化语言重复某种不合理的信念，就会导致无法排解的情绪困扰。

情绪不是由某一诱发性事件本身引起的，而是由经历了这一事件的个体对这一事件的看法、解释和评价引起的，这一理论又被称作ABC理论。在ABC理论中，A是指诱发事件；B是指个体在遇到诱发事件之后相应而生的信念，即个体对这一事件的看法、解释和评价；C是指在特定情景下，个体的情绪及行为的结果。通常，人们会认为情绪及行为反应是直接由诱发性事件A引起的，即A引起了C，但合理情绪理论认为，诱发性事件A只是引起情绪及行为反应的间接原因；而B，即人们对诱发性事件所持的看法、解释、评价才是引起人的情绪及行为反应的更直接的原因，因为情绪是由人的思维、信念所引起的。所以，艾利斯认为，每个人都要对自己的情绪负责，当人们陷入情绪障碍时，是他们自己使自己感到不愉快，是他们自己选择了这样的情绪取向。

治疗的第一步，要找出来访者的不合理思维方式和信念，讲清不合理信念与情绪困扰之间的关系；第二步，要向来访者指出，他应当对自己的情绪状态负责；第三步，通过实施与不合理信念辩论为主的治疗技术，帮助来访者认清其信念之不合理，进而放弃这些不合理的信念，使之产生某种认知层次的改变；第四步，要帮助他们学会以合理的思维方式代替不合理的思维方式，以合理的信念代替不合理的信念，最大限度地减少不合理的信念给他们的情绪带来的不良影响，以改变认知为主的治疗方式来帮助他们减少或消除情绪障碍。

针对服刑人员，可设计很多认知练习作业，让服刑人员列举出自己常见的不合理信念，然后与不合理信念进行辩论，对自己所有的不合理信念一一进行质疑式的辩论，最后写出通过治疗后达到的新的情绪及行为治疗效果。

例如，针对服刑人员可以设计如下情景：设想你的家人曾写信说十月中旬来见你，但现在已经到十月下旬了，家人还没有来，你的感受如何？服刑人员可能有多种反应，焦虑、气愤、伤心、失落或者是解脱感，这完全取决于这些服刑人员如何设想家人没来见你的原因。

A	B	C
没有见你	家人一定是出事了，例如车祸	焦虑
	家人忘记自己的承诺了	愤怒
	家人不重视我，所以忘记了	悲伤、失落感
	家里一定在忙着收秋，等农闲了就会来看我的	平静或解脱

让服刑人员针对这些情况找出自己是否存在不合理的思维方式，指出理性的思维方式应该是什么。总之，首先，要让服刑人员学会换位思考，即寻找其他可能性，避免钻牛角尖，学会从不同的视角来看待同一问题。其次，要让服刑人员学会用理性思维来拯救自己。在下结论前，仔细考察，掌握更多的线索；多视角地看问题，不要受情绪影响而草率地下结论；学会对某一观点或行为做出优缺点的评析。最后，用长远的眼光看问题，一步一个脚印，总会达到目标。运用理性的、求证的方法是应当大力培养的思维品质。

第四章

认知领悟疗法知识

第一节　认知领悟疗法的基础知识

认知领悟疗法是根据精神分析的基本原理结合中国社会和病人的具体情况设计而成，由中国心理治疗专家钟友彬先生首创，又称为“钟氏领悟疗法”，属于精神分析系统，具有和精神分析基本类似的病理观。

一、早年经验是致病的重要条件

（一）早年经验在人格形成中的普遍意义

在精神分析学家和心理学家提出幼年经验的重要性以前，人们早已注意到幼年期的经验对人的情感、作风和行为模式的影响，中国人常说：“三岁看大，七岁看老。”英国人也有句谚语：“儿童是成人的父亲。”这些谚语都带有重视幼年经验的意味。幼年时，儿童受环境和关系密切的人潜移默化的影响，成年后，在兴趣、爱好、作风和行为各方面，常可看出幼年时期的影子。这是人们所熟知的。自幼被溺爱、形成强烈“自我中心感”的人，如不受有效的再教育，很难成为一个为别人着想、利他主义的人。孟子年幼时，他的母亲为了寻找对他有良好影响的教育环境，选择有教养的邻居，曾经三次迁居。这说明，在中国，很早以前就很重视幼年经验对人的影响。

20世纪，生物学家和心理学家们开始对动物尤其是鸟类进行早期"印刻"的研究，证明在动物个体生命的一个特定时期，某种特定刺激能建立起一个固定的行为模式。在人类成长过程中，也有一个特定时期，机体对某种环境影响极为敏感，叫作敏感期或关键期。许多行为包括语言学习、个性特点的形成都有它的关键期。尽管这项研究还不是很充分，但已经能说明在人的生命过程中早期经验的重要意义。在此时期，如缺乏适宜环境的影响，就可引起病态反应，阻碍以后的正常发育。这说明幼年经验在正常人成长中具有普遍的意义。

（二）固着和初期焦虑是心理障碍的内部原因

弗洛伊德在提到神经症的发病机制时，曾指出力比多（弗洛伊德自创的词，指推动性欲的力）引起的固着和退行，以及俄狄浦斯情结的重要性。弗洛伊德认为人出生后就有性欲，在到达青春期性腺成熟以前，性欲是幼稚的、不成熟的，目的在于求得"器官快感"。在由口腔期、肛门期、性器期、潜伏期发展到青春成熟期的过程中，一部分幼稚的性冲动可能停止在任何一个阶段。这种停止叫作固着。力比多固着的阶段也是人曾经得到满足并感到快乐的阶段。弗洛伊德发现，即使是偶然的快感经验也可形成固着。

在性欲发展到性器期（3—5岁），幼儿对异性父母产生眷恋，这种性爱情感如果不能妥善解决，未能把性爱对象逐渐转向父母以外的异性身上，未得到满足的、对异性父母的性爱感情被压抑到潜意识中，成为成年后神经症的患病根源。

后来的精神分析学家们不同意把致病的早期经验都概括为性的内容。他们发现成年人的神经症症状的核心是焦虑。所谓焦虑是不知原因的或不可理解的恐惧情绪。例如，一个成年恐惧症病人对鲜花或小猫表现出极度恐惧，这种恐惧是成年人不能理解的，这就是焦虑。成年来访者的病态焦虑都有其幼年根据或前例。幼年期的前例焦虑叫作初期焦虑。和固着一样，初期焦虑也是神经症的内部原因。幼年焦虑或初期焦虑是怎样形成的呢？大致有以下原因：1.失去父母或哺育者的保护，处于无助状态；2.与关键人物的分离，失去安全感；3.父母的影响；4.身体各种疼痛性威胁如疾病、外伤、饥饿、手术及其他身体不适；5.其他可引起恐惧或情绪困难的事件，如断奶、入学、弟妹降生等等。部分力比多的固着、俄狄浦斯情结和初期焦虑是成年后引起心理障碍的内部根源。

二、性心理的退行和初期焦虑的再现是心理障碍的发病机制

弗洛伊德认为，成年人的性欲受到阻拦或剥夺，增高了的性兴奋无法得到宣泄或满足时，就要另寻出路，部分或全部地退回已经过了时的固着点，寻求过去的对象，以幼年的方式来求得解决。这个机制叫作退行。然而，幼年式的性活动直接在成年人身上表现出来，必然和成年人的社会行为规范相违背，为社会所不容，也必然会受到社会的批评、指责甚至制裁。至于对异性父母的性爱在意识上出现，更是自己不能容忍的。精神结构中代表理性和审慎的自我如果力量强大，便可把这些幼稚的性冲动压抑在潜意识中，使自己不能觉察。但是，如果这时因某种原因，例如遇到成年人的心理困难，自我的力量被削弱，不足以完全压抑这些幼年的性冲动，就形成两种力量的对峙状态，即神经症性心理冲突，使人感到痛苦和焦虑。神经症心理的固着和俄狄浦斯情结都处在潜意识中，冲突双方不在一个意识平面上。所以，来访者感到焦虑，却不知为什么。为了避免焦虑，自我只好运用精神防御机制把幼年性冲动化装、改制为外表看来和性无关的神经症症状，在意识上表现出来。可以说，神经症的症状是神经症心理冲突相妥协的产物。

后来的精神分析学家们认为，成年人神经症的焦虑表现并不是当前遇到的挫折和冲突直接引起的，而是面对这些困难无法应付时，幼年的初期焦虑被引发了出来。因此，其焦虑恐惧的对象并不是成年人遇到的困境本身，而是一般成年人看来不值得焦虑恐惧的事物，来访者自己也不知道为什么。幼年期真正恐惧的对象已经被遗忘了，而留下来的“漂浮着的焦虑”落到了成年人并不会感到恐惧的事物上。这就是心理动力学治疗家对神经症心理发病机制的解释。

早期经验不但是致病的内部原因，甚至还决定着心理障碍的临床表现。成年人遇到难以摆脱和应付不了的困境包括性的挫折而不

能适应时，便可能不自觉地退行到幼年期，用幼年性活动方式来解决成年人的困难，满足成年人的性欲。临床上就形成露阴癖、窥阴癖和挨擦症等性心理障碍行为。这些心理障碍来访者的早期性经验即力比多的固着点多在4—12岁，尤其以7—8岁为多。有过这类早期性经历的人在年龄稍长时，在某种情况下，意识上忆起了这些经历，由于所受教育和个性特点不同，一部分人便对自己幼年性行为产生不成熟的自责心理，便会妨碍心理的正常发育，形成恐惧症。而强迫症多是在人遇到困境无法适应时引发的早期恐惧体验。这些幼年恐惧体验发生时间要早一些，可能在四五岁以前，一般不易回忆起来。

由于上述几种心理障碍在发病时，人已成年，身体和心理发育已成熟，因此，与早期经验相对应的幼稚情感及幼稚的行为模式和成年的情感及成年人的行为模式同时存在。换言之，在病态情感和行为方面是幼年式的，而其他各种活动则是成年式的，构成一个自相矛盾的、奇怪的临床表现。这就是认知领悟疗法对性心理障碍、强迫症和恐惧症病理心理学本质及发病机制的观点。

三、潜意识心理活动是症状形成的必要前提

早期经验在人成年后多被遗忘，人们在心理障碍发生前遇到的挫折和困难都是意识到的，但这只是导致发病的诱因。真正病因是早期经验。然而，这个病因和发病的过程是来访者自己不能觉察到的。换言之，发病过程是在潜意识中进行的。这是发病的前提条件。例如露阴癖病人，曾有过快感的幼年性经历早已被忘掉，进入潜意识。成年后，在遇到心理困难或性的挫折时，在意识水平上，他们不可能有意地用幼稚的性行为这个手段来解决当前的困难。发病后，他们执着地做出不受欢迎的性行为，受到严惩也不能改正。这种幼稚性行为是怎样产生的？为什么如此顽固？是什么力量在驱使他们这样做？他们自己也不知道。强迫症病人也是如此，他们反复洗手，无休止地核查，浪费许多时间和精力，使他们深感痛苦。尽管也可找出一些理由，但这些理由连他们自己也认为不十分合理。那种盲

目的恐惧和冲动是什么？为什么有这种奇怪的恐惧感，病人也说不清楚。这都说明，症状形成的原因在潜意识中，症状形成的机制也是在潜意识中。

发现动力的潜意识是弗洛伊德的一大贡献，承认潜意识在症状形成过程中的重要意义也是精神分析和其他心理治疗理论系统的重要区别之一。

四、两种心理模式的形成

认知领悟疗法将人在成长发育中的年龄分为四种。

（一）实际年龄

从一个人出生时计算，到目前年龄的实际年月日，也可以称为法定年龄。如某人实际年龄18岁2个月零25天。

（二）生理年龄

指人的生理发育程度，包括身体各方面（外形、身高、体重）、各器官的功能。生长过程中，不同年龄的生理发育表现不同。例如十一二岁到十四五岁前后，来到青春期。性腺发育成熟，出现了第二性征。男孩开始长出胡须，嗓音改变，肌肉逐渐发达，出现遗精。女孩开始乳腺发育，皮下脂肪增加，月经来潮，等等。

（三）智力年龄

智力是获得知识、运用知识以及解决问题时必须具备的条件，包括学习能力、理解判断能力及概括和推理能力等等。在正常的抚育下，人的智力发育也是和实际年龄相对应的。当然也有特殊的情况，会有个别人的智力年龄低于或高于他的实际年龄，比如七步作诗的曹植。

（四）心理年龄

思维能力和情感情绪等心理活动也是随着年龄增长而发育并和年

龄相适应的。有时我们在临床咨询上也可以把心理年龄理解为一条和法定年龄呈完全正相关的上升曲线。心理年龄的发展从左下向右上随着法定年龄的增长而持续发展，当然我们的心理年龄在发展的过程中可能并不是一帆风顺的，比如幼年时期的创伤，甚至青春期的重大事件都可能在这条发展轨道上形成固着点。我们也可以把这种固着点理解成轨道上的换轨接头或疤痕。随着人的实际年龄的增长，心理年龄的这趟列车就会在这个轨道上相应地向上行进。可是当人遇到和幼年或青少年遭遇的创伤事件相类似的事件的时候，这趟心理年龄的列车就会遇到阻力，瞬间下滑到这条轨道上的固着点，并让这个固着点相对应的心理年龄再现，接管当事人的言行，于是有了心理问题或疾患。

思维是以感觉和知觉为基础的高级认识过程，是运用分析和综合、抽象与概括等智力操作，对感知的信息加工和推理的过程。它反映事物的本质和内部联系。人的思维能力的高低有赖于对客观事物的概括、判断和推理的水平。婴幼儿的思维能力是初步的，随着大脑的发育，思维能力逐渐发育和成熟。

情绪是人对客观事物的态度和体验，是对生活中受到的刺激和需要是否得到满足而产生的心理活动。新生儿只有简单的情绪表现，没有深层的情感体验。随着年龄增长，情绪表现才有细致的分化并出现深层的情感体验。情绪发展的水平与人的生活经验和智力水平都有密切关系。情绪的表现和调节也与年龄相对应。人到青年，情绪年龄才达到成熟。

在此基础上，人的心理应对模式主要分为两种。

（一）成熟的心理模式

成年人对事物的分析是以客观事实为依据，能分清幻想和现实，不会把想象当成事实。能以逻辑思维的方法来判断事物的本质，揭示事物的因果关系，并用语言来表达。成年人的情感已有细致的分化并能调节自己的情绪活动，在行动上能遵守社会行为规范。此时，心理年龄达到成熟水平，可称为成年人成熟的心理模式。

（二）幼稚的心理模式

幼童往往对听到的、看到的和想到的事物加以远离事实的想象，并把想象的内容当成真事。对事物的分析以想象为依据，分不清幻想和现实，由此产生的情感反应和行为也不是以事实为依据的。另外，幼童的情感还没有细微地分化，不能稳定地控制自己的情绪表现。在行动上还不懂得哪些是社会允许的，受到称赞的；哪些是社会禁止的，受到指责的，当然就不能自觉遵守社会道德和行为规范。

五、认知领悟疗法的病理心理机制

认知领悟疗法的理论强调每个人的童年经历都会形成“幼稚的心理模式”，大多数人随着年龄的增长逐渐趋于成熟，形成“成熟的心理模式”，就能够很好地适应成年人工作、生活和学习。但是因为某种原因和特殊经历，这种“幼稚的心理模式”没有向成熟发展，一直延续到成年，或者在成年后因为某种诱因从“成熟的心理模式”退回到“幼稚的心理模式”，那么就会对成年人产生影响，出现一般心理问题（如家庭婚姻问题等）和各种心理障碍（如神经症、性心理障碍等）。

认知领悟疗法的治疗侧重于分析症状的“幼稚性”，治疗的重点不是放在回忆、挖掘幼年症结或初期焦虑的具体事件上，而是和来访者一起对症状中显露出来的童年情绪和思维行为模式，用启发式谈话反复讨论分析，使其逐渐认识并领悟到自己的症状是幼稚的、儿童式的，“病根”是成年人仍然停留在“幼稚的心理模式”上。当来访者知道症状的根源后，站在成年人立场上看清自己症状的幼稚性，就会产生顿悟的效果，顽固的症状就会在短时间内明显减轻或消失。

总之，心理疾病都是不同的“幼稚的心理模式”在成年人身上的展现。我们运用认知领悟疗法治疗强迫性障碍、社交焦虑障碍和性心理障碍（露阴癖、窥阴癖、恋物癖、挨擦症及某些异装症）等各类心理问题或疾患时都取得了显著的效果。

第二节 认知领悟疗法的基本方法

一、治疗原理

正统精神分析的治疗原理就是要来访者获得领悟。其实，除了早期的行为矫正法，其他各种心理疗法都要使来访者得到某种领悟。但什么是领悟？怎样取得领悟？对这些问题，各个理论系统的方法都有自己的观点。

正统的精神分析认为，神经症（主要是强迫症、恐惧症和歇斯底里）的症状是幼儿性欲的替代性满足。幼年性欲的固着早已被压抑到潜意识而被“遗忘”了，病人自己不能知道症状所代表的欲望是什么。通过分析治疗，解除了压抑，揭穿了防御机制的伪装，露出幼年性欲的本来面目，使潜意识的内容变为意识的，填补了这段早期记忆的空白。病人一旦明白了症状的真正意义，就会有“恍然大悟”的感觉，症状也就因失去存在的意义而消失。这种由潜意识到意识，由不知道到知道的心理状态，便是精神分析所说的领悟。正统精神分析所指的领悟内容都和幼年性经历有关。

认知领悟疗法不把重点放在回忆、挖掘幼年症结或初期焦虑的具体事件上，而是和病人一起讨论、分析症状的幼稚性。用启发式的谈话，反复和病人讨论，使他们逐渐认识并领悟到他们的病态感情和行为都是幼稚的、儿童式的，“病根”在幼年，当前要用承认的眼光和态度重新审视并评价这些情感和行为。多数病人照样可有“恍然大悟”的感觉，症状也能减轻或消失。病人在治疗前对症状的幼稚性毫无所知，经过治疗认识到病态感情、观念和行为原来如此幼稚可笑，这种转变也是精神分析式的领悟。

不论用自由联想技术、梦的分析还是反复回忆，要取得领悟都要花很长时间和昂贵的费用。但认知领悟疗法常常在很短时间内甚至几次会见后，便可使病人获得领悟，大大地缩短了治疗时间。

认知领悟疗法和认知疗法不同。当今世界上流行的各种认知疗法，都是行为矫治法的发展。早期的行为矫治法仅仅注意病人外部可观察到的行为变化，忽视内心体验和认知的改变对行为的影响。实践证明，用这样的方法来矫治一个智力正常的成年人的心理障碍，是不易取得真正持久的疗效的。认知疗法弥补了行为矫治法的不足，注意到了病人内心认识改变的重要性，但没有看到病人病态观念、情感和行为的幼稚性，不重视病人早期经验在病理心理学上的重大意义，把重点放在纠正病人“错误”的、“不合理”的认识和情绪上。然而，所谓“合理”和“不合理”，都是指成年人对事物的评价标准，所以，在认知疗法的实施中，医生要和病人进行“辩论”，让病人意识到并“改正”其逻辑错误，从而消除由错误认知引起的情绪和行为。认知领悟疗法着重于让病人深刻认识其病态情绪和行为的幼稚性，领悟到这些情绪和行为是一种幼年儿童的心理和行为模式，从而“放弃”这些幼年模式，用成人的行为来代替，使心理成熟起来。

二、适应证

认知领悟疗法是在治疗强迫症、社交恐惧症和性心理障碍的临床实践中总结出来的，这几种心理障碍是主要的适应证。近年来，这个方法适用于进食障碍、顽固性疼痛、焦虑症、厌食症、贪食症等各类神经症和心理问题的治疗，也取得了良好疗效，说明适应证正在扩大，在对人格障碍的治疗、精神分裂症康复期的辅助治疗、双相障碍的缓解和康复期的辅助治疗的探索中也取得了一定疗效。

三、治疗方法和步骤

一般采用咨询师和来访者面对面的会谈方式，一对一会谈（尤其涉及个人隐私时）。

每次会谈时间一般为50分钟，首次咨询可以适当延长，但最多为90分钟。会谈间隔时间由咨询师和来访者共同商定，可相隔几天到两周。一般情况下，首询周可以一周两次，状态略稳定后也可以两周一次。每次会谈后，根据来访者的具体条件，要求他们尽可能写出书面“作业”，包括重复咨询师所讲的内容，对咨询师谈话的理解、体会和意见，并针对自己的症状去分析，最后提出问题。这样可节省会见的时间，并能促使来访者思考。

初次会谈时，让来访者及家属报告症状的发生和发展历史，症状的具体内容和以前的治疗情况。首询需要告知来访者心理咨询要遵守的相关原则，说明心理咨询的性质，鼓励来访者的求询意愿。一般来说，咨询师要仔细、认真地倾听来访者的叙述。但有的时候，来访者述说得过于详细、烦琐，为了节省时间，澄清问题，可适时插问，尽可能在1小时内把病史了解清楚。与此同时，进行精神检查和必要的体格检查。在确认为认知领悟疗法的适应证以后，即可向病人做常规的、简单的说明，说明症状的性质，指出症状可防可治。但心理治疗和其他躯体疗法如服药、打针、理疗或手术不同，那些疗法只要求来访者简单合作，即使是被动地接受也可以。而心理治疗则不然，要求来访者必须和医生密切合作，把真实的病情和内心的想法讲出来，对医生的提示、解释，要联系自己的病情认真思考。不应勉强同意医生的解释，不理解的地方要认真提出来和医生讨论。疗效的好坏和自己的努力有很大关系。“师父领进门，修行在个人”这句谚语很适用于心理治疗的过程。应当指出，治疗要尽可能坚持到底，最好不要中断。

一般来说，治疗的重点步骤主要有：

（一）建立咨询关系和完善资料阶段

本阶段一般需要1—2次咨询。首次咨询因为获取来访者信息的需要，可能持续90分钟，主要采用倾听等心理咨询的基本技能。在获取来访者基本信息并和来访者建立了初步的咨询关系之后，咨询师需要做相应的检查、评估和诊断，并和来访者一起确定咨询的具体目标、长期目标和最终目标。咨询师需要和来访者一起围绕咨询目标制订咨询计划。在首次咨询的末尾，咨询师即可向来访者说明认知领悟疗法的基本理论、方法原理和咨询框架。咨询师可以向来访者解释人的四种不同年龄的概念，让来访者思考幼年经历和症状之间的关联，并布置家庭作业。

（二）分析症状的幼稚性

通过提问和讨论分析症状的幼稚性。例如，帮助强迫症来访者逐渐认识到他们症状的核心是幼稚的恐惧情绪和幼稚的思维方式。这种恐惧情绪导致求助者不断地想象，以及为了摆脱想象出的可怕结果而做出的行为（如害怕被污染而反复洗涤，怕出错误而反复核查，等等），在健康成年人看来，这些都是没有充足理由、完全没有意义和不必要的，甚至是可笑的，不符合成年人的经验和逻辑，只有几岁的孩子才那样认真对待，真正相信和感到恐惧，正如一个两岁的小孩子在家里害怕大灰狼来咬他的鼻子而认真地用手捂住鼻子，甚至吓哭了一样。因为这一切都不是事实。对性心理障碍的来访者，引导他们认识到性心理障碍行为实际上是“用幼年儿童的方式方法宣泄成年人的性欲”，去解决现实中遇到的困难。

（三）分析幼稚的心理模式

当求助者通过咨询师的解释和共同谈论与分析，对症状的幼稚性有了初步认识以后，咨询师即可向他们解释病的根源在过去，甚至在幼年期。幼年期某些经历尤其是情感的激动或创伤，虽已被“遗忘”或大部分被“遗忘”，但没有消失。在成年后遇到挫折或冲突时，就会再现，影响人的情感、思维和行为，以致一些人不自觉地用幼年期的态度来对待成年人看来不值得恐惧的事物，或用幼年儿童的性取乐行为来解除成年人的心理困难，而自己觉察不到。在各次会谈过程中，结合具体情况，可以让来访者回忆幼年期容易忆起的有关经历。这项工作不作为重点，但是，有相应的幼年期经历作为佐证，可使来访者更快地提高认识。重点在于通过对症状的幼稚性分析和结合幼年期强烈的情感或精神创伤经历，使来访者进一步体会到形成心理问题和心理障碍的根源是幼稚的心理模式。

（四）促使来访者领悟和成熟

对临床表现的归纳表明，在来访者的情感、思维和行为中，一部分是与实际年龄相符合的成年部分，另一部分则是与实际年龄不符合的幼年部分。咨询师帮助引导求助者和自己成年的情感、思维和行为部分联结起来；站在成熟的心理模式立场上，认清并领悟到自己心理症状的幼稚模式，求助者和咨询师共同识破、分化和攻击幼年部分，不使幼稚的感情、思维和行为模式继续支配来访者。

当然，以上这些讨论和解释都是初步的、一般性的，在每一个病人身上是不完全一样的。在个案实例中，读者可看到解释和讨论的具体内容以及随着来访者认识改变和逐步领悟，症状减轻和消失的实际过程。

如果来访者能坚持到最后，病情达到治愈水平，在结束治疗时，可让来访者写出总结性体会，以巩固治疗效果。

第五章

沙盘游戏矫治知识

沙盘游戏疗法是瑞士荣格分析心理学家多拉·卡尔夫在20世纪60年代提出的。20世纪90年代始传入我国，广泛应用于对儿童的心理教育及对成年人的心理咨询与心理治疗中。沙盘游戏治疗在我国监狱系统的罪犯心理矫治工作中也得到较好的应用。

第一节　沙盘游戏治疗的基本知识

沙盘游戏可以让来访者在参与沙盘游戏的过程中营造安全、自由的环境，利用沙、水的形态象征及各种沙具的摆放来阐释内在想表达的意象，并能在游戏中产生自我疗愈的力量。

一、沙盘游戏治疗的理论背景

多拉·卡尔夫的儿子，同为出色的沙盘游戏治疗师的马丁·卡尔夫博士的观点是："沙盘游戏，是一种心理治疗和自我体验的方法。这个方法有三个源流：荣格的分析心理学、洛温菲尔德的世界技术（也称为世界游戏法）和东方的思想哲学。我的母亲将它们整合在了一起。"

（一）沙盘游戏与荣格理论

沙盘游戏最主要的理论基础就是荣格的分析心理学。荣格心理分析的目的是被分析者的心理整合发展，这种发展转化需要潜意识的配合。在心理分析过程中，潜意识的特殊结构及其与意识的动力关系，都会发挥积极作用；转化还依赖于潜意识结构的积极调整，这种潜意识结构，在分析开始时影响并控制着意识自我；这种调整性的变化，发生于一系列的原型结构和心理分析师与被分析者相互作用的动力关系之中。为了促进这种变化，并且使其成为一种意识过程，心理分析师试图在意识自我和潜意识之间建立一座坚实的桥梁。为了更好地探索个体的潜意识材料，荣格发明了一种积极想象技术，通过一定的自我表达吸收来自梦境、幻想等潜意识内容，在潜意识与意识之间建立一种交流。在积极想象的过程中，自性的各个方面逐渐整合，成为一体，对立双方的统一和融合作用最终促使心理转化。

作为荣格的学生，卡尔夫非常熟悉荣格的心理分析理论，沙盘游戏疗法在某种意义上就是一种积极想象技术的应用。在一个安全、安静的环境中，通过塑造和布置沙盘边框内的沙子、沙具，来访者就可以建立一个与自己内在状态相对应的世界。通过自由、创造性的游戏，潜意识过程就以三维的形式显现出来。这样，在来访者的沙盘中，意识与潜意识的对峙、交流就开始了，之后通过一系列的游戏过程，潜意识的能量逐渐释放，意识与潜意识的对立逐渐转化，最终达到和谐一致，人格整合，也就是荣格所说的治疗的最终目标——达到自性化阶段。沙盘游戏疗法成为沟通意识与潜意识之间的桥梁。

（二）沙盘游戏与中国文化

卡尔夫幼时学习过汉语，她发现东方的哲学思想对她有很大的吸引力。卡尔夫在其代表著作《沙游在心理治疗中的作用》一书中，把中国宋代理学家周敦颐的太极图作为理解沙盘游戏治疗运作的重要理论基础，并且发挥与阐述了其中的综合性哲学思想。卡尔夫说，她在研究中国思想时，遇到了（周敦颐的）太极图，觉得与其关于沙盘游戏治疗的思想是相互应和的：首先，象征无极的圆圈，好比出生时的自我；其次，由于阴阳运作而产生五行的圆圈，正蕴含了自我的表现过程，包含了形成意识自我与人格发展的心理能量；再次，太极图的第三个圆圈，可以比作自性化过程的开始；最后，太极图的第四个圆圈，正反映了心理分析中的转化，是一种生命的周而复始的象征。

（三）沙盘游戏与世界技法

1954年，卡尔夫参加洛温菲尔德在苏黎世的讨论，深受启发，也由此开始寻找一种能够有效帮助儿童心理分析的方法与途径。于是，卡尔夫跟随洛温菲尔德学习，她把洛温菲尔德的“世界技术”与荣格分析心理学相结合。为与“世界技术”相区别，卡尔夫用了“沙盘游戏”来命名自己的理论与实践。

二、卡尔夫的整合性思想

（一）自性及其发展的意义

自性包含意识与潜意识的整体性，以及呈现这种整体性的事实。儿童自性化分三个阶段：

1. 母亲—儿童合一阶段。人在出生的时候和母亲是一个整体，受到母亲自性的保护。新生儿的所有需求，都呼应了母性的本能，包括滋养和温暖等，都是由身体母亲来提供。卡尔夫称其为母亲—儿童合一的阶段，在该阶段中，通过母性本能的爱，儿童体验着一种无条件的保护和安全。

2. 母亲—儿童分离阶段。一年之后，儿童的自性，也即儿童整体性的核心，便开始从母亲那里分离。儿童越来越多地从与母亲的关系中，从母亲的关心和温暖的表现中，来获得对于安全感的体验，从该体验中获得信任。

3. 儿童自性的稳定阶段。在安全感的基础上，出现儿童心理发展的第三个阶段（3岁左右），在这一阶段，自性的核心在儿童的潜意识中获得了稳定的位置，开始用完整性的象征来表现自己。

（二）自由与保护的作用

自由与保护，为来访者重新体验到自性的存在，感受到其自性存在的意义，提供了一个途径。自由和保护的空间尤其重要，这也是卡尔夫赋予沙盘游戏疗法的重要意义和作用。为来访者提供一个自由与保护的空间，是激发来访者内在力量的前提，是所有辅导和治疗的条件中最基本的。自由与保护，安全与安全感，是人成长和发展所需要的内在的和谐与平衡。而沙盘则创造了这样一个自由与安全的环境，使人的心理问题或者创伤经验，不再被隐藏和压抑，而是通过沙盘游戏，获得表现和转化。

（三）自性化与整合性

卡尔夫认为，在自由与保护的沙盘游戏过程中，来访者会重新获得体现自性的机会，发挥出内在自性的作用，获得一种心理的整合性发展。这与荣格所强调的心理分析的目的——自性化过程及其发展是一致的。卡尔夫认为，我们可以把分析心理学所努力实现的过程，也即荣格称之为自性化的过程，理解为去认识人类整合性的过程，在整合性中包含着一种超越相互对立的态度，以及整合对立双方的努力。在卡尔夫看来，整合性本来是人类所具有的一种内在心理特性，3岁左右的儿童，都会自发地表现出这内在整合性的倾向，通过他们的语言、绘画和游戏等等。

沙盘游戏的整合性作用，或者说沙盘游戏中的整合性意义，可以表现在这样几个方面：意识与无意识的整合、身体与精神的整合、内在与外在的整合、自我与自性的整合。卡尔夫指出：借助沙盘以及玩具模型，来访者创建起与其内在心理状态相呼应的外在沙盘图画；通过自由和创造性的游戏，来访者的潜意识过程，以一种三维的形式在图画的世界中以视觉的方式得到呈现，经过由此而塑造的一系列的意象，荣格所描述的自性化过程会被激发和实现。

同样地与整合性相反的分离，则会导致心理的冲突，意识与潜意识的冲突，身体与精神的冲突，自我与自性的冲突等。冲突也会产生异化，产生诸多的心理问题与心理疾患。卡尔夫确信，在沙盘游戏的过程中，来访者很快就会知道，我们每个人都是可以接近整合性的，只要理智能找到回归有意义生活的道路。来访者的心理内容或内在意象，在沙盘中被实在地塑造与表现。可以说，我们心中的精神性存在，找到了它自己的形体。实际上，在沙盘游戏的过程中，塑造意象的活动本身，可以是一种深层的心理和情感体验。而且，在此过程中能够获得整合性的体现。

第二节　沙盘游戏治疗方法

一、沙盘游戏的基本设置

沙盘游戏室放置按特定比例制成的沙箱、水源、装有各种类型缩微模具的架子，这些缩微模具包括人、动物、建筑物、桥梁、交通工具、家具、食物、植物、石子、贝壳等。

标准沙盘的尺寸为57cm × 72cm × 7cm，里面涂成蓝色。设置两个沙盘的空间，其中一个用作干沙的沙盘，另一个用作湿沙的沙盘。湿沙沙盘还要准备水罐或盛水器，以备来访者的需要。

摆放沙盘游戏模型的架子位置要协调，并方便来访者挑选和拿取使用。标准的沙盘游戏治疗一般需要1200多个沙盘游戏模具，要按照基本的类别适当摆放。这样一般需要3个沙盘游戏模型架。

在这样一种环境和要求中来设置来访者和治疗师的位置，要注意采光和舒适度，以及感受安全性的效果。从来访者的角度考虑，应该备有使其方便拿到的纸巾，和需要时可以拿到的“沙发枕头”。

另外，还要备有相机或照相设备，用以在来访者走后将其摆放的沙盘画面拍摄下来。这些照片将记录来访者在一段时期的沙盘游戏治疗中所呈现的一系列的沙盘布景，既可以作为沙盘游戏督导或分析治疗的依据，也可以反映来访者在沙盘游戏治疗过程中的变化和效果。

沙盘游戏治疗的时间，仍然按照心理分析的基本设置，可以每周1次或2次，甚至是3次，视来访者的具体情况而定。每次50分钟。

一般的沙盘游戏治疗室都需要钟表，但钟表的摆放需要做某种特别的考虑。不要用很大的挂钟，避免使来访者有时间的紧迫感或压力；最好是使用两个小的钟表，一个可以让来访者看到时间，另一个则要考虑治疗师的方便，使其不经意间便能看到。在实际的治疗过程中，若是来访者看到治疗师去看时间的话，就可能对分析的效果产生某种不利的影响。

二、沙盘游戏操作过程及步骤

第一步，向来访者介绍沙盘游戏的沙和水的使用方法，介绍各种模具的类别和摆放位置，让来访者感到安全、自由，让他明白有充分的条件可以选择任何模具来做任何形式的创造。

第二步，治疗师帮助来访者以一种自发游戏的心态来创造沙盘世界以及自由地表达内在的感受，帮助来访者唤起“童心”。

第三步，来访者开始摆放沙盘，此时所奉行的是“非言语的治疗”原则，治疗师尽可能保持一种守护性和陪伴性的观察和记录，并努力让来访者自己和沙盘交流。

第四步，沙盘摆放结束后，治疗师开始陪同来访者对沙盘世界进行探索，努力对沙盘世界进行深入的体验和经历，在适当的地方给予共情，以及在必要的情况下给出建议性、隐喻性或提问性的诠释。

第五步，对沙盘世界进行拍照，这样做的目的是为整个沙盘游戏治疗疗程留下记录，也是对心路历程的一种纪念。

三、把握和解读沙盘作品

沙盘摆放完成后，沙盘治疗师不需要即刻向来访者解释，只是在数月或者数年以后做些延迟性解释和交流。

不解释、不分析是沙盘治疗师需要秉持的态度。在沙盘摆放过程中，治疗师一直以静默的方式参与其中，为来访者提供安全与保护的空间。卡尔夫认为，治疗师对整个沙盘中出现的一系列象征，也就是沙盘中所浮现的主题要有所理解，这种理解能够促进与来访者产生信任关系，这种关系本身就带有疗愈的作用。治疗师并不需要把他的见解用语言表述给来访者听。就像之前所提到的，在这里更重要的是，在受保护的空间里对象征符号的体验。

沙盘游戏是一种非语言的、心与心的交流工具，虽然不需要治疗师对沙盘进行分析，但是治疗师要对沙盘作品的象征符号有所了解，体会在来访者摆放沙盘的过程中的感受，根据研究，理解和解读来访者的沙盘作品，应从沙盘的三个主题去把握：沙盘游戏的主题，是对沙盘游戏模型所表现的象征性意义的总结。“主题”呈现了来访者在沙盘游戏中表现或传达的基本意义，也反映了来访者的内在心路历程。

（一）受伤的主题及其表现

混乱的表现：表现为分散与分裂，没有形状和规则，任意和随意性较大。

空洞的表现：来访者使用极少的沙盘游戏模型，或者只使用那些没有生命感觉的沙盘游戏对象，给人一种沉默抑郁，对任何事物都失去了兴趣与感觉的印象。

分裂的表现：整个沙盘显得分散，各部分之间没有任何连接，呈现出分裂的迹象。

限制的表现：一般是本来表现为自由形象的沙盘模型，在沙盘中显得陷入了困境，或者是被关押了起来。比如，鸟被关在了鸟笼里，沙盘中的人物被立起的沙墙围了起来。

忽视的表现：一般来说，沙盘中的角色显得孤独和孤立，失去了本来可以获得的帮助和支持。比如，一个婴儿被放在高高的椅子上，而母亲却在隔壁的房间里睡觉。

隐藏的表现：一般指来访者把沙盘游戏中的物件隐藏在某一对象的背后，或是直接把某些对象用沙子掩埋起来。比如，把一支枪隐藏在一座房屋背后；或者把一个巫婆埋在树下的沙子里面。

倾斜的表现：一般指通常是直立或站立的沙盘游戏模型与对象，被来访者有意地摆放成倾斜或者是坠落的姿势。

受伤的表现：一般指已经受到伤害的形象或正在受到伤害的形象。比如，一个身缠绷带的人躺在担架上，表明已经受伤；一个人被放在恐龙的嘴里，表明他很可能受到伤害。

威胁的表现：沙盘中所呈现的险恶情景或者可怕事件，以及沙盘角色在受到威胁时呈现的无力感和无助感，都是沙盘游戏受伤主题中的“威胁的表现”。比如，一群凶猛的野兽包围着一个无助的小孩。

受阻的表现：沙盘中本来表现出了一些新的生长和发展的机会与可能，但是这种机会与可能受到了明显的阻碍，甚至出现了危险或潜在的威胁。比如，沙盘中的一只小船在驶向一片新的水域，但被一支军队包围，有可能受到围攻。

倒置的表现：沙盘中的“倒置”有两种表现方式，一种是明显地把所使用的沙盘模型头脚或是上下颠倒放置；另一种是在摆放或搭建某种造型的时候，有意或无意使用了倒置的对象，或者是把对象倒置。比如，使用沙盘积木搭建楼房的时候，其中出现了颠倒。

残缺的表现：包括沙盘作为整体的残缺或缺失，比如，沙盘中摆放了一些鱼，但没有任何水的痕迹；以及使用残缺的对象，比如破损的汽车、断裂的桥梁，或人物的部分肢体等。

陷入的表现：指把沙盘游戏模型，尤其是动物类或交通工具类的模型，都深深地插入沙子中，呈现出很难行动与受困的感觉。比如，马的四条腿都深陷在沙子中，或是把汽车用沙子掩埋了一半。

攻击的表现：“攻击”可以表现为打斗或是打仗的场面，或者是明显的破坏行为，比如恐龙大战的场面。

（二）治愈的主题及其表现

旅程的表现：沙盘中出现明显的运动迹象或线索，比如顺着某一条道路或者是围绕某一个中心的运动，都是沙盘游戏治愈主题的“旅程的表现”。

能量的表现：沙盘中呈现出活力、生气和运动等，都属于能量的表现。比如，树木、作物等有机体开始生长，建筑工地开工，机器开始运转，汽车呈现出启动或运动状态，轮船开始航行或飞机从跑道上起飞，等等。

连接的表现：反映在各对象之间的连接，或者是对立对象的结合上。比如，在地面和一棵大树的旁边出现的梯子，便属于这种连接的表现；或者是在象征天使和魔鬼的对象之间出现的桥梁，便属于对立双方沟通与结合的可能。

深入的表现：所谓“深入”，意味着一种深层的探索或发现。比如，发现了掩埋的宝藏，清理与挖掘河道，与水井有关的对象和工作，甚至更为直接往深处探索，等等。

诞生的表现：如婴儿的出生、鸟类的孵化，或者是花儿的开放等，就来访者的心理成长而言，诞生主题及其表现，也与内在儿童的发展与成长有关。

培育的表现：“培育”包含着孕育，以及对新的生命与生长提供滋养或帮助。在沙盘游戏中，若是出现像母亲哺育孩子、护士照顾病人以及相互支持的家庭成员、和谐的团体聚会、提供食物的车辆或者食物等，都是“培育”的主题表现。

变化的主题：可以有很多不同的呈现方式。比如，任何创造性地使用沙子和其他意象的行为，都可能预示着积极的变化。

灵性的表现：沙盘游戏中所出现的带有宗教和精神性质的象征，都可以看作灵性或心灵属性的表现，如超自然的生物、神像或神灵等。若是沙盘中出现佛或是观音正在关注一对新婚的年轻人，那么也包含着灵性和精神的意义。

趋中的表现：指的是在沙盘的中心或中间区域，出现了一些整合的倾向，呈现出协调、平衡与和谐的感觉。比如，男女的结合、对立面的统一等。曼荼罗的圆形轨迹，也是典型的趋中的表现。

整合的表现：在趋中的表现和曼荼罗的圆形之外，沙盘中出现的有组织的结构，用各种不同的物件搭建起来的整体性的建筑，呈现的主题故事，以及沙盘中所呈现出来的整体性剧情或情景等，都属于整合的表现。

（三）转化的主题及其象征

受伤与治愈之间的转化：来访者在通过沙盘游戏呈现问题时，往往是通过受伤主题来表达的，但也会包含潜在的治愈线索。因而我们可以这样理解，若是一个沙盘中受伤主题十分突出，那么，其治愈主题必然是被深深地掩藏了起来。

蝴蝶、青蛙、蛇和蝉被称为四大转化的象征。蝴蝶从虫卵到幼虫，然后从幼虫到虫蛹，经过结茧的过程，蜕变为蝴蝶，获得一种全新的生命形态，常被用来比喻或形容心理的转化。青蛙也有类似的生命形态的转化，从水中的蝌蚪，转化为水陆两栖的青蛙；蛇则是由于蜕皮的过程而呈现出转化的意义；蝉蛹落入土地中，往往会经历几年乃至十几年的地下生活，然后破土而出，等待蝉变，生出飞翔的翅膀，常被誉为“羽化成仙”。

转化主题中的连续作用：沙盘游戏的转化主题，往往也是通过来访者个人故事的连续性及其发展，或者是当把不同阶段的沙盘放在一起的时候，所呈现出来的那种过程中的转化来表现的。因而，在这种意义上，沙盘游戏中转化的主题，也就不仅是一次沙盘的呈现，而且是包含了几次沙盘或系列沙盘中的连续性表现。

结束沙盘中转化的意义：结束沙盘本身能够反映出整个沙盘游戏过程的结果，往往会呈现或表现出“转化主题”。同时，若是把来访者的结束沙盘与其初始沙盘，以及其整个沙盘游戏过程中的阶段沙盘相比较的话，则更能反映出沙盘游戏治疗的转化意义。卡尔夫相信，不管是儿童还是成年人，都会在沙盘中呈现自性的意义和作用；而自性及其象征的出现，都可以看作与转化主题有关的内容。自性的呈现往往也意味着自性化过程的开始，在许多沙盘游戏个案的结束中，也都能够在不同程度上表现出自性化过程的开始及进展。

沙盘游戏治疗是一种技术，需要在实践中体现其心理分析的意义；对于沙盘游戏治疗的学习，也需要在实践中获得体验，在体验中加深理解。我们用“安其不安”“安其所安”“安之若命”来阐释心理分析所包含的三种水平的意义，相对于心理治疗、心理教育和心性发展。实际上，这三者又是统一的整体，分析与治疗相辅相成，并且包含着心性发展的意义和作用。而这种整体的心理分析的意义，也能在沙盘游戏治疗中获得体现。

第六章

心理书画艺术治疗理论与技术

书画是书法和绘画的简称。改革开放以来，随着我国社会经济腾飞，大国崛起，人民群众追求美好物质和精神生活的愿望愈加强烈，审美情趣和精神生活需求普遍提高，中国书画艺术正从过去少数精英人群偏好的象牙塔走向大众生活，成为广大人民群众喜闻乐见的艺术活动。自古书画家多长寿，在中华文明上下五千年的漫长历史长河中，书画活动用于心理保健的历史，源远流长。但是，由于科学发展的局限性，现在人们从史料中查找到的，都是一些极为个别的、零散的书画艺术心理保健案例，未能形成系统的书画艺术保健理论和技术。我们从2011年开始的本项探索，则对此进行了系统研究，取得了可喜的创新成果。心理书画艺术一词最早由叶扬提出，他也是心理书画艺术疗法的创建人。

第一节　心理书画艺术分类

根据参与对象心理健康状况的不同，心理书画艺术分为三大类。

一、心理保健书画艺术

（一）心理保健书画艺术的特点

参与对象主要是心理健康人群，进行心理书画艺术活动的目的主要是放松心情，释放心理压力，提升艺术文化修养，增进心理健康。

练习书画是一项全身运动，像打太极拳，通过各个环节的协调来影响人体生理活动，达到调节身心、强身健体的目的。这种群众性的保健性书画活动，不受限于职业艺术圈，一切书画爱好者都可以参与，可以成为群众喜爱的文化活动。在实践中，欣赏书画作品，可以使人赏心悦目，心情愉悦，心理平衡。另外，艺术作品具有一定的持久性，比较不容易被扭曲记忆，可以让人经过一段时间后仍然再完整地回顾、欣赏或比较，从中产生新的发现及洞察，触动更深一层的感觉。

心理书画艺术活动一般从书法开始，一定的书法笔功则成为绘画的基础。历史上很多画家本身也是书法家，比如，大家都熟知启功的书法一流，其实他的绘画也有很深的造诣。

（二）心理保健书画艺术的活动形式

心理保健书画艺术形式多样，主要有：第一，部门或单位集体性或集中性的群众性的心理书画艺术保健活动。比如，节假日期间，单位以调节身心健康为目的的书画爱好活动，全员都可以自愿报名参加。第二，专项团体性书画心理保健艺术活动。比如，部门或单位中某一类书画爱好者聚集在一起开展的心理书画艺术保健活动，如楷书爱好者或水彩画爱好者等，或者是感到工作有压力的一群人聚集在心理保健中心，一起开展书画活动等。第三，个别心理书画艺术活动，一般根据个人申请在心理服务专业场所内进行。

二、心理咨询书画艺术

（一）心理咨询书画艺术的特点

心理咨询书画艺术活动根据个人申请和自愿原则，在心理咨询专业场所内，在心理咨询师指导下进行，参与对象主要是有一般心理问题或严重心理问题，属于心理咨询对象范围的来访者，主要目标是解决在心理咨询业务范围内的心理问题，恢复心理健康。在这里，心理书画艺术活动被用作心理咨询的技术手段。

作画时可以自由发挥，通过认知探索和情感表达等，结合心理咨询师的分析与疏导，释放压抑，放松心情，消除心理问题，恢复心理健康。书画活动过程和方式也不受限于传统艺术的条条框框，可以自由发挥，以自由创作为主。在专业的心理咨询活动过程中产生的书画艺术称为心理咨询书画艺术，作品常带有心理问题的意象表达。

（二）心理咨询书画艺术的适用对象

主要适用于消除噩梦，平复心理创伤，消除焦虑、抑郁情绪，解决适应与发展性问题等。

三、心理治疗书画艺术

（一）心理治疗书画艺术特点

心理治疗书画活动根据个人申请和自愿原则，在心理服务专业场所内，在专业人员指导下进行，主要参与对象是心理（精神）障碍人员，主要目标是对精神障碍进行治疗，恢复心理健康。在画作时同样可以自由发挥，通过内容表达、情绪投射和将潜意识问题意识化等途径，结合从事矫治人员的分析与疏导，达到治疗目的。书画活动同样不受限于传统艺术的条条框框，可以自由表达，在治疗过程中以自由创作为主。在专业的心理治疗过程中产生的书画艺术称为心理治疗书画艺术，作品常有精神病性的意象表达，并成为潜意识释放和治愈的路径。

（二）心理治疗书画艺术对象范围

心理治疗书画艺术主要适用于精神分裂症、焦虑症、抑郁症、双相情感障碍、偏执性精神病和精神活性物质所致精神障碍等心理障碍的治疗。在药物治疗基础上，可以用作辅助治疗。①

这三种类型的心理书画艺术的相互关系是：（1）心理保健书画艺术是基础，也是关键，是面向广大心理健康人群的艺术活动，参与者众。（2）心理咨询书画艺术是重点。随着社会经济的突飞猛进，体

① 叶扬：《精神分裂症罪犯心理书画治疗案例》，载“司法行政（法律服务）案例库”网站2018年3月21日，第367号。

制改革提速，社会竞争激烈，生活节奏加速，文化多元，价值观念变迁等，人们遇到的心理问题愈加复杂多样，越来越多的人忍受着心理问题的折磨，需要形式多样的心理帮助，心理书画艺术活动则为他们提供了一种全新的非语言的、能将潜意识问题视觉化而又十分愉快地解决心理问题的选择方案。（3）心理治疗书画艺术是难点。目前在全世界范围内，无论哪个国家、民族、地区，不管社会经济发展程度如何，在一定范围内的精神病发生率依然是不可避免的。心理治疗书画艺术是心理障碍的一种十分有效的非药物治疗方法，具有重要的理论和应用价值，但是，随着精神卫生法的深入普及，对心理治疗的技术规范越来越严格，新的治疗方式开展难度大，因此是难点。

这三类书画艺术运行特点是，最终都回归到心理保健书画艺术上。有心理问题的人员，在心理问题解决后，如果继续通过书画活动调节心理平衡，其实就是一种已经恢复了心理健康的人进行的心理保健活动；同样，心理障碍人员的精神病性症状和一般心理问题解决以后，如果再通过书画活动调节心理平衡，也是一种已经恢复了心理健康的人进行的心理保健活动。因此，心理保健书画活动是基础。

综上所述，心理书画艺术是在心理服务的专业场所内，在专业人员指导下进行的书画活动。在这一实践过程中，心理书画既是技术，也是艺术。其作为解决心理问题的手段和方法，是技术，也称疗法；在这一过程中所产生的书画作品，具有艺术价值，因此，也是艺术，并且具有鲜明的特色，比如求助者根据梦的情境画出来的画，不但是精神分析的重要材料，有的也具有很高的艺术价值。

心理书画艺术作品多具原创性，在形成过程中具有无师自通的创造性，不受制于传统的艺术圈。

简而言之，心理书画是在心理服务过程中产生的艺术。

第二节　心理书画艺术咨询与治疗基本原理

心理书画艺术基本原理概括为：艺术、想象、对称和平衡。其中，艺术是基础，想象是特色，对称是要求，平衡是目的。

一、艺术是基础

心理书画是艺术。在中国文化史上，绘画是一个重要组成部分，如陆机所言："宣物莫大于言，存形莫善于画。"中国传统绘画注重达意畅神与线条造型，以结构组织为主，色彩明暗相辅，在满足人们视觉享受的同时，更能启人心智、怡人神情、平衡心理。传统西方绘画则是在画面上常用各种方法技巧，如远近法、薄雾法等，强调物体的质感，或精深地画出立体感，或引起空间的错觉，与中国传统绘画有着本质区别。心理书画艺术在形成和发展中广泛汲取了中华传统书画艺术精华，并形成艺术特色。

二、想象是特色

想象，是人在头脑里对已储存的表象进行加工改造形成新形象的心理过程。想象是对于不在眼前的事物想出它的具体形象、设想，是人在大脑中对凭借记忆所提供的材料进行加工，将过去经验中已形成的一些暂时联系进行新的结合，从而产生新形象的心理过程。它是一种特殊的思维形式。而想象力是人在已有形象的基础上，在头脑中创造出新形象的能力。它是人类特有的对客观世界的一种反映形式。它通过想象力能突破时间和空间的束缚，达到"思接千载""神通万里"的境域。心理书画艺术使人在自由宽松的环境下充分发挥想象力，任意表达自己的愿望，具有强大的创造性和生命力。

书画能让人发挥出巨大的想象空间和潜力，具有很好的保健作用。一般而言，书画多数是有意想象，有意想象是有意识地在书画上表达个人意象，是愿望的表达；而精神病人在发病期间所作的书画多是潜意识中的无意想象，无意想象则多是投射，在书画上表现的是潜意识的意象，是压抑的释放，通过这种释放达到治疗效果。

想象在心理书画中的特殊意义，一是联想，二是象征。前者是由书画联想到心理问题；后者是由书画传达心理上的象征意义，具有极为丰富的中国传统文化底蕴。象征在绘画咨询活动中得到广泛应用。

东、西方绘画艺术的争论多在写意与写实之间。与传统书画比较，心理书画重在意象和写意，但不排斥写实。

三、对称是要求

对称是普遍现象，比如人的双眼、双耳、双手和双腿等。对称具有外观上的美感和功能上的平衡与增强作用，比如，人缺失一只眼睛或耳朵就显得不协调，走钢丝绳时摆动双手可起到重心和力的平衡作用，对心理平衡更具有积极的暗示和联想等特殊作用。暗示是大众心理现象，大部分人皆有之。暗示可以是他人暗示，也可以是自我暗示，绘画则属于自我暗示。

双相情感障碍人员的心理书画作品中，常见对称表达的手法，比如画面上对称的两座山、两棵树或两只船等。从大量双相情感障碍患者的心理书画艺术作品分析中可以发现，画中对称（或双重）表达，是他们绘画中出现的特有现象，也是典型特征。笔者通过随访得知，该类型患者在如此绘画之后都感到心情特别舒畅。这表明绘画的对称表达有助于恢复心理平衡。寻求对称与平衡，正是心理书画艺术保健的一个内在机制，以此实现心理的平复。

四、平衡是目的

根据心理平衡理论，从心理健康大循环系统的动态角度，实现心理平衡有两个基本维度：消除心理障碍系统中的成分，或者提升心理健康系统的水平，都可以实现心理平衡发展。①

心理书画艺术活动恰恰同时具有这两种功能，既具有心理障碍的自我改善功能，又可以从心理健康系统的维度着眼，提升心理健康水平，从而系统地推动心理的平衡发展。而后者恰恰是目前其他类型的研究所忽视的。

此外，精神分析和认知理论等多种流派学说也支持心理书画艺术

① 叶扬：《心理平衡疗法》，载《广东司法警官职业学院学刊》2003年第4期，第35—38页。

保健理论与技术的建立。心理活动过程中的内容和情感表达、投射等都是书画平衡心理的重要机制。

第三节　心理书画艺术咨询与治疗评估技术[①]

一、心理书画评估的概念

投射原理很早就被用于心理测验。根据心理投射原理，人们的心理问题，以及被压抑的潜意识，可以通过投射的方式反映到画面上。这一过程不仅暴露了人们心理问题的种类、性质及严重程度，同时也为心理评估提供了依据。俗话说，文如其人，同样，书如其人，画如其人，书画是人内心的真实写照。根据书画者投射或表达到书法或绘画作品上的内容、形象、意境、象征意义等，对其心理问题或心理疾病进行科学评估的过程，就叫作心理问题或心理疾病的心理书画艺术评估。其特点：一是直观性，心理问题直接表露在画面上，便于观察，是非语言评估技术，特别适于不善言辞的人、少年儿童，甚至聋哑人使用。二是广泛性，绘画者可以自由表达自己内心世界的任何想象。三是灵活性，绘画可大可小，可用各种绘画工具和画法等。

二、心理书画评估的维度与原则

（一）评估维度

1.从评估的时空角度分为静止信息和绘画过程中的动态信息两个维度。静止信息包括：线条粗细和流畅性、使用颜色的种类与比例、构图、景物之间的关系、绘画的主题和内容、画面的大小、对称性、人物和景物的位置等。动态信息包括：描绘物体的顺序、笔画的力度、作画的时间、伴随的情绪、停顿的次数和时间等。[②]

---

① 服刑人员心理书画艺术评估课题组：《心理书画艺术评估技术在服刑人员心理矫治工作中的应用研究》，载《中国监狱学刊》2019年第2期，第84—89页。

② 童欣：《绘画心理分析》，机械工业出版社2017年版，第38页。

2.从评估的内容分为心理发展程度、认知水平、情绪种类与程度、家庭和社会人际关系、家庭与组织的气氛与凝聚力、人格发展、性取向、婚姻质量等多个维度。[①]

（二）评估原则

心理书画作品具有评估价值，根据心理书画评估诊断来访者心理问题时有如下原则：

1.注意作品的整体观察和细节分析相结合；

2.注重作品的静态特征和动态观察相结合；

3.注重作品的文化背景与来访者的个人成长史相结合；

4.注重绘画测验与临床晤谈、现场观察等检测指标相结合。

三、心理书画评估技术

心理书画评估技术不但注重单幅绘画的基本特征分析，比如焦虑症和抑郁症人员绘画的基本特征是什么，也注重绘画过程中画面和心理变化的相关性分析，并从动态过程的连续性上评估来访者心理问题的发展变化方向。

（一）根据心理反应特点进行的评估

1.愿望表达性心理书画艺术评估。

表达是常见的心理现象，也是一种技术。表达是直接的，可以重复。表达的背后都有愿望。比如，孤身一人漂泊在外，思家念亲，就在画作中画了家乡的房子、大树或小河等。

2.投射性心理书画艺术评估。

投射是在心理测验中最早使用的一种心理技术，又称投射性心理测验。投射是间接的，同一内容不可重复。投射的背后都有故事，是潜意识的表露。精神分析有一种防御机制叫投射，指把自己的性格、

---

① 邱鸿钟编著：《艺术心理评估与绘画治疗》，广东高等教育出版社2014年版，第78—79页。

态度、动机或欲望，投射到别人身上。弗洛伊德于1894年提出此概念，用以分析及了解来访者的内心世界。精神分析认为，投射是个体自我对抗超我时，为减除内心罪恶感所使用的一种防御方式。辛弃疾有一首词中的“我见青山多妩媚，料青山见我应如是”，及庄子与惠施“临渊羡鱼”的故事，都是说明投射作用的例子。其实质，是个体将自己身上所存在的心理行为特征推测成在他人身上也同样存在。比如，假若自己是个满怀信心、常带微笑的人，就容易将某人也想象成同样的人并画出来。

3.精神病性的心理书画艺术评估。精神病人将妄想、幻觉中的情境画出来，同一般人的表达和投射是有严格区别的。比如，一名精神分裂症来访者申请心理书画治疗时的作品，在他的画作中，人鸟一体，十分夸张，这其实是潜意识的表露。根据绘画，结合面谈和观察情况，可以判断来访者是否有精神病倾向。

（二）根据绘画内容进行的评估

1.对梦的心理书画艺术评估。

用绘画表达梦境有多种类型，可以是一般的梦境，也可以是噩梦中的意境。绘画过程会暴露噩梦内容和成因，这是评估和咨询的重要依据。

2.心理创伤的心理书画艺术评估。

有过心理创伤经历的绘画者，可以是有意识地通过艺术形式（变换场所、方式、主角）再现创伤，也可以是无意识（潜意识）地暴露创伤。画面中常出现断、残、破等现象。具体为：

第一，画面中出现枯木、枯苗、枯草等枯萎现象。

第二，画面中出现房屋和器具等破损现象。

第三，画面中人物出现断臂和断腿等缺损现象。

经面谈了解和分析，出现这些现象有两种情况：一是有意识地表达创伤主题；二是潜意识的，作画时他们并非刻意要这样做，却无意中将这些情境表达了出来，进而使创伤造成的压抑竟然得到了有效释放，起到心理咨询作用。

3.焦虑的心理书画艺术评估。

焦虑的特点是莫名其妙地恐惧不安，或对未来的不确定性的担心和害怕。画作中，常有呈爆炸或浓重的烟雾状态的意象，重彩浓墨，与抑郁患者单调的画面形成鲜明的对照。浓烟或大雾都具有很快消散的特点，焦虑患者希望有云开日出那种心旷神怡的感觉或状态。即他们最需要的是通过绘画活动实现情绪的放松，消除心理失衡状态。在绘画咨询时要结合心理疏导，引导他们通过绘画活动，学会心理放松的方法，提升心理健康水平和个性品质，并培养良好的生活习惯。

4.抑郁的心理书画艺术评估。

抑郁的特点是思维迟缓，情绪低落，运动减少，向后看、自责、自罪、悲伤。画作通常显示出单调、缺乏生机活力的意象。常有枯枝、残花、败柳。画作中一般有太阳出现，有渴望阳光、温暖之意。比如某抑郁症来访者绘画作品《树》，是一棵断了大半截的树，旁边有个非常大的太阳，投射出心情悲伤和渴望得到关怀、温暖的意象。如果是画面漆黑或乌云密布，看不到阳光的抑郁症来访者，则可能是缺乏求生愿望的重性抑郁症人员。

5.双相情感障碍的心理书画艺术评估。

双相情感障碍人员的心理书画作品中，常见“对称表达”的意象，比如画面上对称的两座山或两只船等，这不仅具有艺术上的美感，还有将潜意识意识化的咨询与治疗作用。从大量双相情感障碍患者的心理书画分析可知，“对称表达”是他们绘画中的特有现象，笔者通过随访得知，该类型人员在如此绘画后，都感到心情特别舒畅。对称或双面的表达正是心理书画艺术咨询与治疗的一个内在机制，以此实现心理平衡。根据绘画过程中的谈话了解，这类人长期生活在内心的矛盾冲突中，常为左右为难的情绪所困扰。

6.偏执性障碍的心理书画艺术评估。

偏执性精神病人员的画作通常显示单一、刻板的意境，画者会反复画某一主题，试图尽量精准表达，追求完美，有时画作重复和雷同。比如，某偏执性精神病人员申请心理书画艺术治疗时，在一个疗程的5次绘画中，竟然连续3次画了单一的红旗。

7.精神活性物质滥用所致精神障碍的心理书画艺术评估。

精神活性物质是指来自体外，可影响精神活动并可导致成瘾的物质。患者常表现为物质成瘾，比如近年来有增多趋势的吸毒成瘾。这类人员的绘画画面一般比较浓重，与焦虑症患者的绘画有相似之处。区别是，这类人员绘画过程中常出现以肉、水果、鸡蛋和饮料等食物为主题的绘画，这表明由于精神活性物质滥用所致精神障碍而造成的体内营养不良，是其重要特征之一。

根据上述画面的基本特征和绘画者的自述，结合心理咨询（治疗）师的经验和判断，则可以对来访者发生了何种心理问题或心理疾病倾向进行评估。

这些评估是经验性评估，不是标准化评估，只作为开展绘画咨询过程中的参考或辅助工具。

四、心理书画评估要求

（一）心理咨询（治疗）师的书画素质和实操技能

心理书画艺术评估对心理咨询（治疗）师的要求是，不但要有心理咨询（治疗）的专业知识，还要有一定的书画知识、技能和评估技术，以及丰富的工作经验。评估活动要在心理矫治专业场所内进行，执行严格的心理服务操作规范和评估标准。

（二）对来访者的要求

来访者要具备两个基本条件：一是具有一定的书画基础或创作愿望；二是能积极配合。在评估开始时心理咨询（治疗）师要向他们讲明评估的目的和要求，即用好指导语，使作品能真实反映他们的内心世界。

评估性绘画一般要求绘1—3幅，并结合面谈，使双方认为心理问题已经得到准确评估为宜。

第四节　心理书画艺术咨询与治疗技术

一、心理书画活动场所

心理书画艺术活动主要在心理服务专业场所内，在专业人员指导下进行，执行严格的心理服务操作规范。

二、心理书画活动的导入

活动开始前，要向来访者讲明心理书画的目的是放松心情、减轻心理压力、平衡心理；要发挥导向、放松和积极心理暗示作用，增强活动预期，提高效果；要简明扼要地介绍心理书画活动的基础知识和基本要求；绘画以原创为主，自由表达，尽量不模仿旧画。在绘画过程中，心理咨询（治疗）师要结合来访者的提问或绘画反映出来的突出问题对其进行适时得当的解释和疏导。

三、心理书画创作基本形式

心理书画艺术活动根据要求不同分为自由创作和命题创作两种基本形式。一般以前者为主，在心理评估或多人合作的情况下，多采用后者，指定主题。一般在咨询与治疗的初始阶段或第一疗程中，以自由创作为主；此后，根据需要进行命题创作。命题绘画内容包括人物、树木花草、房屋建筑、自然山水、地理风貌、动物等来访者喜欢的或不喜欢的事物。

一般绘画有水彩和油画等多种形式，材质可采用图画纸、水彩纸或宣纸等。绘制3—5幅作品为一疗程，可在1—2周内完成。

四、心理书画活动过程安排

一般一个疗程为连续3—5次书画活动为宜。如果绘画次数过少，则对咨询与治疗过程中的效果变化很难观察与评估；绘画可以连续进行，也可以隔天进行，但间隔一般不宜超过1周。根据观察，连续进行绘画要比间隔进行的效果好；长程绘画咨询与治疗则以每周1—2

次为宜。由于来访者绘画能力、资源不同，何时结束绘画以来访者意愿为准，不强求特定的绘画次数。绘画结束时，心理访谈、疏导、分享和鼓励十分重要，可以提高和巩固咨询效果。

绘画活动可以个别进行，但以团体的方式开展效果会更好。在同类心理问题团体内的交流和分享，可以增强效果。团体咨询与治疗一般由6—10人组成，时间为3—5天，绘画5—8次为一个疗程，一般不少于3幅，以便于观察绘画过程中心理的变化情况。

团体辅导要求概括为：集中辅导，独立绘画，合作分享，共同成长。绘画开始时由心理咨询（治疗）师集中讲解辅导，提出基本要求；参与绘画的人员每次（半天内）独立完成1—2幅画作，主题和绘画方法自定，将作品交心理咨询（治疗）师时，就作画的主题、内容表达以及与自己心理的关系等进行交谈，并针对暴露的问题选择自愿接受心理疏导；每次结束时有集中分享时间，自愿分享绘画成果和感悟，心理咨询（治疗）师现场点评；后期安排半天时间集体命题、绘画，增进人与人之间的沟通、协调和交往联系，体验合作成果，达到共同成长的目的。

五、绘画效果的区分度

从画面上分析，心理问题越严重或越突出，绘画的区分度就越高，心理障碍人士的绘画区分度比有一般心理问题的绘画人士的高；有心理问题人士的绘画区分度又比心理健康人士的高。

（一）心理健康人士的心理书画艺术

这类人士的作品内容、布局和设色与普通人的画作无明显区别，有大众化特点，多是反映绘画者个性化的绘画风格、审美情趣和文化艺术修养特征等。

（二）有心理问题人士的心理书画艺术

这类人士的作品内容、布局和设色与普通画作有区别，常具有反映心理问题的意象，比如反映焦虑与抑郁问题、噩梦和心理创伤情景的意象等。

（三）心理障碍人士的心理书画艺术

这类人士的作品常有精神病性表达，有的画面上具有幻觉或妄想特征。

六、心理书画艺术咨询与治疗的核心技术

通过心理书画活动将噩梦和创伤情境再现，将心理问题暴露，都能使心理问题得到有效改善，这是心理书画艺术咨询与治疗的关键环节和核心技术，即以病治病、以毒攻毒技术。

（一）噩梦情境艺术再现与消除技术

这一技术，又称以画（梦）析梦技术。梦是人在睡眠时产生想象的影像、声音、思考或感觉。在日常生活中，人们常被噩梦困扰。根据弗洛伊德的精神分析理论，梦是愿望的达成，有利于人类的生存。梦境可通过直观的、曲折的、隐喻的、象征的方式反映个人愿望。而噩梦对人的困扰很大，噩梦连连者，通过心理书画艺术咨询，将噩梦情境在画面上用艺术形式表达出来，以画解梦，并辅以心理咨询（治疗）师的疏导，则能达到很好的咨询（治疗）效果，及时消除噩梦。

在心理书画艺术咨询与治疗实践中，噩梦典型画面的呈现不是在绘画一开始时就出现的，一般在一个疗程中的第二、三次绘画时才会呈现出来。

（二）创伤情境艺术再现与消除技术

这一技术，又称以画（创伤）治创伤技术。创伤情境再现不是画面简单的重复，创伤者通过绘画艺术再现创伤情境，并重新设想科学或最佳的现场处置、拯救和治愈方法，以获得新的体验、愉悦感，进行情境和心理重构，从而抚平创伤、平复心理，这是通过绘画平复心理创伤的重要机制，即以画（创伤）治创伤技术。绘画对有挫折经历

或心理创伤的人员的心理咨询或治疗具有重要意义。

（三）精神病性暴露与消除技术

这一技术是典型的以画（病）治病技术。主要由心理障碍人员将其妄想或幻觉等情境，通过绘画形式暴露出来，使造成心理障碍的关键因素——潜意识变得意识化，实现以画（病）治病，这也是心理障碍绘画治疗的重要机制。潜意识的背后都有压抑或情结。心理障碍人员通过绘画暴露其潜意识，疏解其压抑。帮其解读画中透露的潜意识意图，就可以起到“看见是解脱的开始”“将潜意识进行意识化”，从而消除心理疾病的作用。

研究结果表明，潜意识在画面中的暴露具有一次性特点，同一潜意识画面无法在以后的绘画矫治中重复呈现。即潜意识可能具有多样性和复杂性，但同一潜意识的意象，在心理书画上的投射不具重复性。当然，作为职业画师的模仿除外，其可以反复画某一相同的画作。在实践中还有一种现象，一些精神病人在发病期的绘画具有惊人的创造性，但是，一旦病情稳定后，则画作索然无味。这也许就是一些有精神病的名画家久治不愈的心理学原因之一。

通过绘画，可以将求助者的噩梦和创伤情境再现，使其精神问题暴露，即便画出的情景看似十分可怕，但是通过抒发情感、心理表达或投射，也能起到很好的咨询与治疗作用，这就是心理书画艺术研究中发现的以病治病、以毒攻毒的核心技术。

七、心理书画艺术咨询与治疗步骤

通过心理书画活动实现心理平衡，在一个疗程中，一般经历两个基本阶段：心理问题暴露（消除）阶段和心理重建阶段。前者以书画作为桥梁将心理问题暴露在画面上，特别是内心深处的潜意识，达到见即解脱的效果，分为心理问题初步呈现和深层暴露两个基本步骤；后一阶段通过绘画表达心理重建的意境，分为心理重构和整合两个基本步骤。

（一）心理问题暴露（消除）阶段的步骤

1.心理问题的呈现步骤。

在第一、二幅绘画中，当事人一般将自己的心理问题初步呈现。比如，焦虑者的画作中，常表达呈爆炸或浓重的烟雾状态的意象，重彩浓墨，与抑郁人员画面的单调形成鲜明的对照。浓烟或大雾都具有很快消散的特点，焦虑患者都希望有云开日出那种心旷神怡的感觉或状态。即他们最需要的是通过绘画活动实现情绪的放松，平复心理失衡状态。

这种呈现不但有利于当事人的绘画治疗，也为咨询（治疗）师了解当事人的心理问题提供了依据。

2.关键性心理问题的暴露步骤。

一般情况下，在第一阶段会出现反映心理问题的关键性绘画，深层的问题暴露出来，比如，做噩梦者的噩梦情境画面、心理创伤者的创伤情境画面等。暴露内心深处的、关键性的心理问题是需要勇气的，因为造成心理问题的事件多是令人痛心疾首或不堪回首的，因此，关键性心理问题暴露，在一个疗程中，一般出现在第二、三次绘画之中，前面的一至两幅绘画只是铺垫。这种深层次问题暴露对咨询与治疗起到关键性作用，能将当事人内心深处的痛苦之最表达或投射到画面上，实现心理咨询与治疗的突破，让噩梦缠身或深陷心理创伤泥潭者走出重围。

（二）心理重建阶段的步骤

1.心理体系的重构步骤。

通过上述两个步骤实现了心理问题暴露和消除的任务之后，不破不立，破字当头，立在其中，立什么呢？就需要心理体系的重构。重构内容一般是与消除的关键性问题相对应的，但心理问题牵一发而动全身，将导致整个心理系统的重新构建。重构的主要方式是愿望表达，重点首先是过去未了愿望的表达，其次是当下愿望的表达，最后是将来愿望的表达。通过绘画的表达，使心目中最美的画卷跃然纸上，自觉地实现这一目标。在这个过程中，特别是将过去未了的愿望，通过绘画表达出来，能更加有效地促进心理重构。

2.心理结构的整合步骤。

整合的目的是进一步提升前面的绘画咨询与治疗效果，增强心理体系的稳定性。整合是心理系统内部体系结构的整合，通过绘画表达出来。绘画结束前他们往往希望得到心理咨询（治疗）师的点评，团体成员的分享，从而巩固绘画活动效果。在第二阶段，当出现一幅与第一阶段开头时意境大致相同的绘画作品时，则是心理趋于稳定，整合良好，可以结束这一疗程的标志。

一般情况下，绘五至六幅画为一疗程。

第五节　心理书画艺术咨询与治疗效果评估

一、绘画者自评

每次绘画结束后进行访谈，讨论来访者绘画的主题、画此幅画的初衷以及作画后的感受等。通过前后两次访谈内容的比较，有经验的心理咨询师，则可以观察到绘画效果的变化。

二、心理咨询师或矫治师评估

内容包括画面分布、内容、线条粗细、色彩种类和浓淡等，这要根据经验进行判断，比如，心理动力小、悲观绝望的人绘画时会将笔墨靠边角，留出大部分空间；偏执的人绘画会显示刻板、重复多次、追求完美的特点；躁狂的人绘画常海阔天空、自命清高。画面内容及其在矫治过程中的变化，是评估心理书画效果的重要内容之一。

三、心理测试

绘画开始和结束时分别对作画者进行标准化心理量表测验评估，比如用《90项症状清单》（SCL-90）评估心理健康水平在绘画前后的变化。而由于心理书画本身就有心理评估功能，在非实验情境下，作为一般的临床应用可不进行标准化测验。

四、问卷调查

绘画结束时对绘画者进行满意度测评，分为效果很好、效果比较好、效果一般和效果差四级，做无记名测评。

第六节　心理书画艺术咨询与治疗活动要求

一、心理咨询（治疗）师的书画素质和实操技能

心理书画对心理咨询（治疗）师的要求是，不但要具备一定的心理咨询专业知识，还要具备一定的书画知识和技能，以及丰富的工作经验。

二、求助者的书画爱好和自愿申请

求助者要具备两个基本条件：一是有书画爱好、有绘画能力或愿望；二是个人自愿申请通过书画活动对心理问题进行调节。具体包括两类调节需求：

（一）心理健康人员的书画活动（保健作用）

主要用于心理压力释放和紧张情绪放松，以及心理和文化素质提升等。

（二）有心理问题或心理障碍者的书画咨询与治疗活动

通过书画对心理问题进行评估和咨询（矫治），主要包括心理评估、目标确定以及咨询的方式、次数、时长、效果评估和收费（指社会有关专业机构，监狱心理服务则不收费）等内容。

三、全民性心理书画艺术保健活动

以释放心理压力和放松情绪为目的的全民性心理书画艺术保健

活动，主要对象是心理健康的一般人员，书画活动时间、场所、方式方法灵活多样，既可以节假日在单位或部门开展，也可以在某一个小组内进行，个别的则在心理咨询场所内，在心理咨询（治疗）师的指导下进行。通过书画这种无声的语言表达内心的欢乐与忧伤，调节心理平衡。

第七章

心理平衡疗法理论与技术

第一节 概述

心理平衡历来为中国人所重视。自从1992年世界卫生组织在《维多利亚宣言》中提出健康的四大基石——“合理膳食，适量运动，戒烟限酒，心理平衡”理念以来，心理平衡正逐步成为世界各国共同关心的热点话题。然而，由于处在起步阶段，国内外对心理平衡的解读多停留在经验总结阶段，缺乏深究。

叶扬从20世纪80年代初期开始，专门研究守法心理平衡理论与技术，建立了犯罪与改造（守法）心理大循环系统理论[①]，为我国当代科学的法制心理学建设做添砖加瓦工作，研究成果广泛应用于工作实践。[②]

随着研究工作的深入，笔者发现，心理平衡原理不但在法制心理领域，在当下心理失衡已经日益成为我国社会大众普遍关心的热点问题的时代背景下，在普通人群心理保健中，也同样具有重要参考价值。作为探索，2003年叶扬发表了《心理平衡疗法》研究成果[③]；同年，在叶扬主编的《中国监狱劳教工作警官心理健康读本》一书

① 叶扬:《犯罪与改造工程》，中山大学出版社1992年版，第1页。

② 叶扬主编:《中国罪犯心理矫治教程》，法律出版社2003年版，第20—74页。

③ 叶扬:《心理平衡疗法》，载《广东司法警官职业学院学刊》2003年版第4期，第35—38页。

中[①]，叶扬专门撰写了《心理平衡疗法》一章（第15章），应用于我国司法警察心理保健工作实践；2004年叶扬撰写《心理平衡疗法的理论与实践》一文，于中国心理学会法制心理专业委员会（现名为中国心理学会法律心理学专业委员会）第11届学术研讨会上交流此文，这篇文章也被收入由我国著名法制心理学家罗大华教授主编的论文集中[②]；2016年被立为广东省阳江市哲学社会科学规划课题（编号：YJ2016B17），2017年9月21日通过验收，获优秀等级。从此，叶扬提出并创建的心理平衡理论与技术的影响日益扩大。

一、心理平衡概念

心理平衡是指人们能适应生活、学习和工作需要的正常心理状态。具体是指人的知、情、意过程的畅通、协调一致；人格完善；心身平衡；心理状态和心理结构平衡；主观与客观环境协调，具有良好的心理平衡和社会适应能力；等等。在更深层面上，心理平衡应包括五个层次：

心理平衡是一种状态；

心理平衡是一种理念；

心理平衡是一种境界；

心理平衡是一门科学；

心理平衡是一种文化。

心理失衡在统计学上是对常模的负向偏离，偏离程度越大失衡就越大。在日常生活中，其常指心理状态的失衡，多是短暂性的。比如，情场失意、竞争落败等，一般不会造成严重的心理创伤。心理状态失衡经过1—2个月的调节，一般可以自行平复。本书则不局限于心理状态层面的分析，还从心理结构层面全面地对大家普遍关心的心理平衡问题进行深层次的实证分析，以提出更加科学的心理平衡方法。

---

① 叶扬主编：《中国监狱劳教工作警官心理健康读本》，法律出版社2003年版，第219页。

② 罗大华主编：《法制心理学的新起点》，吉林人民出版社2004年版，第243—251页。

二、心理平衡类型划分

心理平衡分为心理状态平衡和心理结构平衡两种类型。相应地，心理失衡也分为心理状态失衡和心理结构失衡两大类型。

（一）心理状态失衡

心理状态失衡是暂时性的心理失衡，是偶发的、短暂的，容易平复，是普遍存在的。

大部分心理状态不平衡现象可以通过自我调节平复，但是也有特例，如个别青少年因失恋或高考落榜第一时间想不开而自寻短见、报复他人等，问题就比较严重，因一时的冲动或过激酿成严重后果。

（二）心理结构失衡

心理结构失衡是在心理结构系统中，心理障碍因素大于心理健康因素，产生系统性或结构性的不平衡。这种不平衡是系统的、长期的、稳定的，一般凭当事人自身的能力难以平复。大部分罪犯具有反社会心理倾向，更是冰冻三尺非一日之寒；部分暴力犯罪人员有冲动型人格障碍，由于形成过程复杂，都需要经过艰难的矫治过程才能起效，有的甚至终生难改。比如，因在某街道上停车发生争执，刑满释放人员韩某将对方婴儿车中年仅2岁的小孩当街摔死，被判死刑。经了解，韩某曾多次犯罪，大部分时间在监狱里度过，反社会倾向和冲动性都十分明显。

心理失衡的表现形式多种多样，包括由攀比引发的心理不平衡、由期望值过高引发的心理不平衡、由好胜心引发的心理不平衡、由嫉妒引发的心理不平衡、由过分苛求引发的心理不平衡、由一般挫折引发的心理不平衡等。

三、以心理平衡理论为基础的心理健康标准

（一）心理健康概念

所谓心理健康，是指“人的心理，即知、情、意活动的内在关系

协调，心理的内容与客观世界保持统一，并据此能促使人体内、外环境平衡和促使个体与社会环境相适应的状态，并由此不断地发展健全的人格，提高生活质量，保持旺盛的精力和愉快的情绪”。[1]

（二）心理健康标准

关于心理健康的标准已有不少研究成果，郭念锋于1986年在《临床心理学概论》一书中提出心理健康的十条标准；许又新（1988）提出心理健康的三条标准；马建青（1992）从临床表现方面考察，提出心理健康的七条标准等。[2]本书采用叶扬从心理平衡的角度提出心理健康的五项标准[3]：

1.知、情、意过程的畅通、协调一致。

2.人格完善。

3.心理状态和心理结构平衡。

4.心身平衡。

5.主观与客观环境协调，具有良好的心理平衡和社会适应能力等。

是否具有心理自我调节和平衡能力，是心理健康的重要内容之一。心理平衡者在遭遇一般性挫折或其他影响生活、学习和工作的事件时，能及时、有效地恢复心理平衡，避免心理创伤。比如，大学生失恋，一般可以自我平复心态，失恋了就自杀的个案是极少数。人本身具有强大的心理自我调节能力。

四、心理健康大循环系统理论

心理健康大循环系统理论的建立，是本书的创新点，是心理平衡的重要理论基础。根据辩证唯物主义观点，心理健康是相对于心理障

---

① 郭念锋主编：《国家职业资格培训教程：心理咨询师》，民族出版社2002年版，第169页。

② 郭念锋主编：《国家职业资格培训教程：心理咨询师》，民族出版社2002年版，第170—173页。

③ 叶扬主编：《中国监狱劳教工作警官心理健康读本》，法律出版社2003年版，第3页。

碍而言的。心理健康大循环系统理论从心理健康和心理障碍两个维度，及其相互转化关系，研究心理平衡的理论与技术。

（一）心理障碍形成过程基本模式

在现实生活中，心理健康的人转变为心理障碍患者，原因可能千差万别，有生物、心理和社会因素，程度也各不相同，有一般心理问题、心理障碍或重性精神病等。但是，最基本的过程都是由心理健康状态经历心理平衡点，由量变到质变，进而转变成心理障碍患者（图1）。如果以心理平衡点为中心，可将这一复杂过程分为两个基本的变化阶段，心理平衡点以前是心理正常阶段，此后为心理异常阶段，心理平衡点是理论上的分界线。由此可以建立理论模式：

图1　心理障碍形成过程基本模式

（二）心理障碍消除过程基本模式

与心理障碍形成过程相反，心理障碍患者经过自我调节、心理咨询、心理治疗和心理康复等途径，最终消除了心理障碍，又一次实现由量变到质变过程的飞跃，逐步转变成为心理健康的人，过程也可能是十分复杂的，有的甚至经历多次反复，甚至遍访名医。其基本的理论模式见图2：

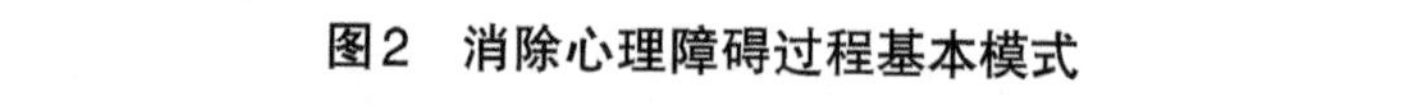

图2　消除心理障碍过程基本模式

（三）心理健康大循环系统理论

上述两个相对独立又相互联系的过程首尾有机地连接，形成了心理健康大循环系统（图3）。即心理健康的人在一定条件下心理健康状况由量变到质变，逐步转变成心理障碍患者，心理健康状况经历了由心理健康（正常）到心理障碍（异常）的否定过程。这个人经过自我调节、心理咨询、心理治疗和心理康复等过程，变化过程也可能十分复杂，甚至是漫长的，历尽艰难，最终消除了心理障碍，恢复了心理健康，由此而形成了心理健康大循环系统的基本模式：

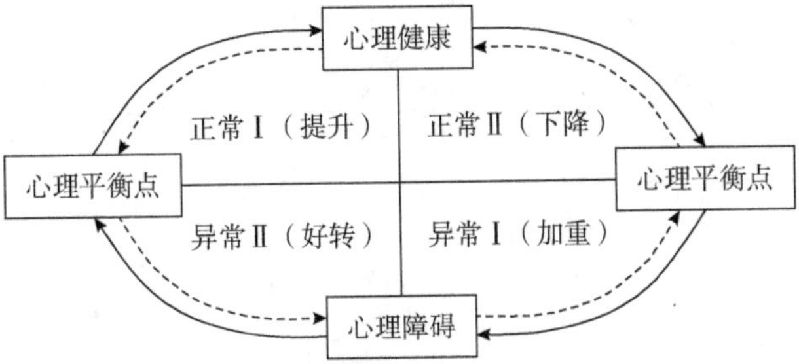

图3 心理健康大循环系统模式

如果将这一循环系统放到数轴上进行量化分析，则更加直观（图4）。在数轴上，将心理正常Ⅰ、正常Ⅱ都放在纵轴正上方，是正值；将心理异常Ⅰ、异常Ⅱ都放在纵轴下方，是负值。并且，在数轴上，正值从0开始（正常Ⅰ开始端），达到最高值后开始下降，下降到0时达到临界（正常Ⅱ末端）。同样的表示方法，心理异常Ⅰ、异常Ⅱ也是从0开始，经历负数，最后又回归0，由此经历了一个大循环周期。如果将图4中的异常Ⅰ、异常Ⅱ翻转，则分别与心理正常Ⅰ、正常Ⅱ重合变成椭圆形，即图3的模式。

所谓心理平衡工程就是科学调控心理健康大循环系统，从动态上消除人的心理障碍因素，提高心理健康水平，实现心理平衡发展。

心理健康大循环系统是心理发展变化的必然规律，循环过程中心理的否定是唯物辩证法的否定，是心理不断发展的过程，不是简单的循环往复。对这一系统进行有效控制，预防和消除心理障碍，提高心理健康水平，是一项全新的心理平衡系统工程。这一理论的提出，将极大地丰富我国本土心理学的理论与技术。

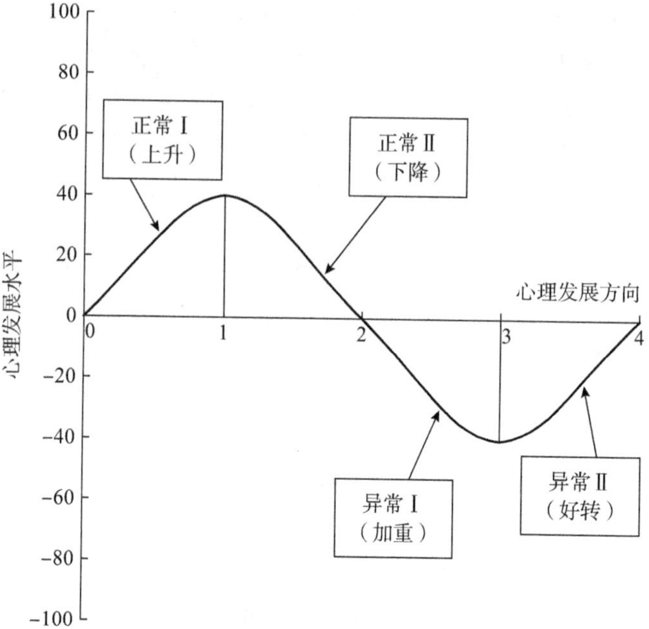

图4　心理健康大循环系统的量化模式

第二节　心理平衡模式

在心理服务工作实践中，不论从心理健康大循环系统中心理障碍（异常）和心理健康（正常）两个维度同时或分别进行科学调控，都能实现心理平衡。

一、消极心理平衡模式

（一）消极心理平衡的概念

消极心理平衡是相对于积极心理平衡而言的以减少消极心理成分为出发点的心理平衡模式，又称消极心理平衡疗法，不是行动或态度上的消极对待。这种模式主要着眼于心理问题的解决，恢复心理平衡，提高心理健康水平。

简言之，就是就事论事，对症下药。这是传统的心理咨询中最常用的方法，即所谓“头痛医头，脚痛医脚”。

这种模式的优点是，求助者容易接受评估结论和咨询方案，实施过程中见效快，疗程短，花费少。不足之处是治标不治本，容易出现反复。

消极心理平衡模式是一种相对的心理咨询理论与技术的价值取向，并不是作为上的消极，从心理问题处着眼，可获得积极的咨询效果。

（二）消极心理平衡的主要对象

主要适合文化水平较低、求医愿望不强、心理问题较重、持续时间长，特别是有创伤情结的求助者。比如下面这个例子：郑某自幼聪明，读书成绩常排列班中第一、二名，读初中时曾与同班一名漂亮女同学恋爱，因为是初恋，很投入，但最后被同班另一名男同学“横刀夺爱”。这还不罢休，对方还拉拢社会上几个“烂仔”将他痛打一顿，他深受打击，产生创伤，从此不敢上学，到处玩耍。家人在某市区开商场，收入不错，但是，他对正常的生意不感兴趣，心理不平衡，选择了通过打架、偷抢别人的东西等形式来发泄内心的痛楚，以此来平衡他的失落感，结果越陷越深，最后走向堕落。这类个案因果关系明确，持续时间长，求助者文化程度相对较低，运用消极心理平衡方法矫治时一般能收到比较好的效果。

（三）消极心理平衡的技术要点

1.重既往，从过去的经历中找出形成心理问题的核心因素，分析心理问题形成的特点，把握主导症状，即找准心理问题“灰暗点”。并对心理问题的严重程度进行评估，确认是心理问题还是心理障碍。

2.查明原因，引导当事人对心理问题的觉察、反思和醒悟，消除创伤情结或根源，达到心理平衡的目的。比如，青年陈某多次因偷窃入狱，他成为以盗窃为业的刑事惯犯累犯，究其原因却十分简单。小时候陈某父亲说钱包里少了10元钱，怀疑是正在读小学的陈某所为，事实上根本就不是那么回事儿。但是，父亲不给陈某解释的机会，问题就一直在陈某心里压抑着，并且越来越难受，为了报复父亲，也为了宣泄心理的不平衡，陈某学做小偷，并一步步发展成为惯偷。在这个案例中，父亲的无端怀疑造成的心理压抑和创伤是原因，成为惯偷是结果。陈某在心理咨询师的帮助下，了解这些因果关系，领悟心理问题的形成机制，心理问题就得到矫治。

消极心理平衡从中医角度就是治已病，即从症状（心理问题）入手。《黄帝内经》认为，上工治未病（医生治尚未发作的病，不但不易成名，还常出力不讨好），中工治欲病（病来如山倒，难治），下工治已病（看起来药到病除）。消极心理平衡一般能收到药到病除的效果，最易被接受。

消极心理平衡模式关键是找准症状。人的心理症状在发作时往往不止一种，有时抑郁、焦虑和强迫症状等同时存在。因此，必须根据经验找出主导症状，比如，焦虑的人一般晚上入睡时在床上翻来覆去睡不着，抑郁的人则易早醒，等等。

（四）消极心理平衡的基本要求

1. 首先找出心理问题，可以通过自查，也可以通过他人的帮助；问题产生的根源可能是有记忆以来的经历，也可能是近期经历重大或主要事件；可以用回忆方法，也可以是用记事方法，结合日记，将各类事件记录下来备用。

2. 分析消极行为、事件的危害，特别是到了犯罪边缘的行为，应作为反省的重点。

3. 分析突出或重大事件形成的主观、客观或生物、心理和社会原因，根据心理学原理，求助者一旦在恶习行为与原因之间产生意识层面的醒悟，心理问题或症状就会减轻，心理会恢复平衡。

4. 实现守法心理重构，主要是学法、懂法，培养依法办事的观念和行为习惯模式，做守法公民。

二、积极心理平衡模式

（一）积极心理平衡的概念

与消极心理平衡模式相反，这是一种以增加心理健康成分为价值取向的心理平衡模式，又称积极心理平衡疗法。从增加心理健康成分入手，可以抑制消极心理成分，调节心理平衡，同样可以提高心理健康水平，实现心理平衡。这是当代心理咨询和心理治疗的发展方向。

有些家长育儿的成功经验是：好孩子是夸奖出来的，孩子越骂越蠢。曾国藩曾经说过：劝人不可指其过，须先美其长。这就是选择了积极的引导方法，更加有利于人改正错误。同样是面对失败或挫折，消极悲观者感觉陷入万劫不复之境，积极乐观者则将其看作人生通向成功的新起点，积极与消极，悲观与乐观，最终的命运截然不同。

积极心理平衡模式相信人具有解决自身心理问题的能力，充分调动求助者自身的积极性，深挖其自身的积极心理资源，并充分利用。让求助者不但将心理平衡过程变成解决心理问题的过程，也变成自我成长进步的过程，一举两得。同时，不涉既往，可以避免求助者因回忆既往突发或重大不幸生活事件带来的二次伤害和痛苦。

（二）积极心理平衡的主要对象

主要适用对象是文化水平较高、求助愿望强烈、心理问题发生时间短、程度较轻的求助者。特别是个性乐观、性格开朗的求助者，对积极心理平衡模式更加适用。相反，对个性内向、消极情绪强烈的求助者，多宜采取消极心理平衡模式。当然这是相对而言，并无绝对，有时在同一心理咨询过程中两种模式都会用到。

（三）积极心理平衡的技术要点

1.正向。正向思维是一种与“负性”相反的思维方式，是现代心理咨询提倡的价值取向，学会正向的思维模式，提倡积极的信念、积极的价值观念、积极的思维模式，从而培养积极向上的个性倾向，达到心正路直、心宽路阔、心乐病除、无往不胜的效果。路在脚下，成败由人，人的关键是心：人心和心态。个性影响前途命运，心态左右身心健康，积极、正向的心态有利于心理平衡。

2.预期。人为什么会自杀？个中原因十分复杂，共同点是绝望。例如，某中年农民，一家三口辛辛苦苦将一批猪养大，拉到市场卖出后得款1500元，原本是一件高兴事，却变成一场悲剧。原因何在？当那个中年农民卖猪得款后，他的儿子要他买一根冰棒，这本是一件小事，可是父亲掏钱时被在市场流窜的小偷察觉，结果不久钱被偷了。中年农民回家后坐不定，吃不下，睡不好，最后把怨恨发泄到儿子身上，把儿子带到山上，从悬崖上踢下去，儿子被活活摔死。他的妻子知道钱被偷，儿子被摔死的消息后，承受不了这么大的打击，一气之下上吊死了。这个中年农民钱没有了，妻子和儿子都死了，自己也绝望了，看不到明天，喝下一瓶农药自杀了。

在心理干预过程中，要让企图自杀者绝处逢生，最好的药引是希望。积极心理平衡模式提倡平衡心理、点燃希望的基本理念。让求助者在希望中平衡心理，在平衡心理中拥抱新的希望，在咨询过程中充满积极预期，充分发挥主观能动性作用。

3.探索。人类要征服自然，征服世界，首先要战胜自己。如果自己都战胜不了，又何以在竞争中取胜？人有时会自以为是，是因为不了解自己和环境，认识自己是人生最大的难题。认识自己的方法之一是探索。探索，指多方寻找答案的过程。在心理平衡的过程中，进行积极的认知探索，思考在经历心理问题的过程中自己是如何走过来的，从而觉察、警醒自己，领悟人生真谛，从容面对荣辱得失，实现心理平衡。可借用生命线和分析树等科学方法，发现潜能，激发潜能，提高积极探索的效率。应相信，探索者的路就在自己脚下。

4.体验。体验是指通过亲身实践所获得的经验。体验在营销中广泛使用。在心理平衡中体验有两种方式：一是对自己生活中成功的事件的体验，获得成就感，增强自信心；二是对今后假设成功的事件的体验，比如心理问题得到彻底解决，提升心理动力。成功体验能增强人的成就感、快乐感和幸福感，增强自信，提高心理健康水平。

积极心理平衡与积极心理学既有联系，也有区别。积极心理学是心理学领域的一场革命，也是人类社会发展史中的一个新里程碑，是一门从积极角度研究传统心理学内容的新兴科学。积极心理学作为一个研究领域的形成，以塞利格曼等于2000年1月发表的论文《积极心理学导论》为标志。它采用科学的原则和方法来研究幸福，倡导心理学的积极取向，以探究人类的积极心理品质、关注人类的健康幸福与和谐发展。积极心理平衡与积极心理学都具有积极的取向，区别是前者只是心理调节的方法，后者是学科。

（四）积极心理平衡的基本要求

运用这一技术的基本要求是：

1.找出自己积极的心理资源，自己的优点、亮点、闪光点，自我激励，增强自信。

2.对自己过去守法行为的回忆与体验，对守法光荣的前景进行憧憬，拥抱希望，增强信心。

3.以守法的规范严格要求自己，做守法公民。

第三节　各临床相的心理平衡技术

心理健康大循环过程分四种基本临床相（见图3），其中，心理正常状态分两相：正常Ⅰ和正常Ⅱ；异常状态也分两相：异常Ⅰ和异常Ⅱ。各相的特点是：

一、正常心理临床相的特点与要求

（一）心理正常Ⅰ

这类人属于心理健康人群，其心理健康水平处在不断提升状态（见图4）。对这部分人心理保健的任务主要是，系统地进行心理健康教育，增强心理保健意识，掌握心理保健基本知识和方法，组织开展经常性的心理保健活动，做到心理健康的警钟长鸣，居“康”思危，不断增强心理素质，提高心理健康水平。

（二）心理正常Ⅱ

这类人心理健康水平还处在正常范围，但是，由于心理压力大或遇到突发性事件，心理健康水平已经呈现下降趋势，即平时所说的“亚健康”状态。他们如果不能及时进行自我调节，或者得到同事或心理咨询师的帮助，可能会产生心理健康问题，甚至严重的心理问题。这部分人情况比较复杂，尽管心理健康状况总体在正常范围，但是，已经出现严重分化：心理健康人群；心理不健康，出现一般心理问题或严重心理问题人群。对于这类人员，除强调他们自身的心理调节外，必须及时对有心理问题人群开展心理咨询和心理治疗服务，使其消除心理问题，确保心理平衡。

二、异常心理临床相的特点与要求

（一）心理异常Ⅰ

这类人是心理异常人群，处在心理障碍不断加重的状态，如果不能自我调节，又不及时进行心理咨询和心理治疗，最终可能成为严重心理障碍患者。这部分人的心理健康状况最不乐观，心理出现异常并处在加重状态。根据《中国精神障碍分类与诊断标准（第3版）》（CCMD-3），以及精神卫生法规定，要由精神科进行专业诊治，病情稳定后可进行心理治疗或心理咨询，消除心理障碍的心因性因素。

（二）心理异常Ⅱ

这部分人是心理康复人群，仍属心理异常范围，但是经过心理咨询和心理治疗，心理障碍呈现不断好转、逐渐康复状态。在心理治疗的同时，要开展心理康复训练，巩固和提高心理健康水平，恢复社会功能，预防复发，提高生活质量。

各心理临床相的特点、任务和主要对策概述于表1：

表1　各心理临床相的特点、任务和主要对策

维度	心理正常		心理异常	
临床相划分及特点	正常Ⅰ	正常Ⅱ	异常Ⅰ	异常Ⅱ
	心理健康，心理健康水平处在不断提升状态	心理健康，但心理健康水平呈下降趋势，如果不能及时自我调节或得到心理帮助，可能产生心理问题	心理异常，处在心理障碍不断加重的状态，如果不能自我调节，又不进行心理咨询和治疗，最终可能成为严重心理障碍患者	心理仍属异常范围，但是经过心理咨询和心理治疗，心理障碍呈不断好转、逐渐康复状态
任务	增进心理健康	预防心理问题	消除心理障碍	心理康复训练
主要对策	教育	咨询	治疗	康复

心理问题四种临床相的科学划分，为心理保健、心理咨询和心理治疗工作的针对性开展提供了科学依据。

第八章

心理通道理论与技术

外界刺激对心理过程的影响并不是均衡的，有大小和顺序之分，影响最大的是认知过程，其次是情感过程，再次才是意志过程。由此揭示了外界影响由认知到情感，再到意志过程的心理通道基本规律。叶扬根据多年实证研究结果提出的理论假说是，心理障碍是心理通道受阻或堵塞的表现，通则不痛。心理矫治的重要任务之一便是对此进行修通，按顺序分为消除心理问题外部诱因（A）、认知过程修通（B）、情感过程修通（C）和意志过程修通（D）四个基本步骤，简称ABCD技术。这里所指的修通是解决心理问题的全过程，而不是传统心理学中的环节。

第一节　概　述

一、心理通道的概念

心理是大脑的机能，也是客观现实的反映，时刻受到客观环境因素影响。调查结果表明（叶扬，2003）[①]，外界刺激对心理过程的影响并不是均衡的，有大小和顺序之分，影响最大的是认知过程，心理咨询中大部分是认知问题，其他心理问题也大多是由认知问题引起的；其次是情感过程；再次才是意志过程。由此揭示了外界影响由认知到

① 叶扬主编：《中国监狱劳教工作警官心理健康读本》，法律出版社2003年版，第219—230页。

情感，再到意志过程的心理通道基本规律（图5）。

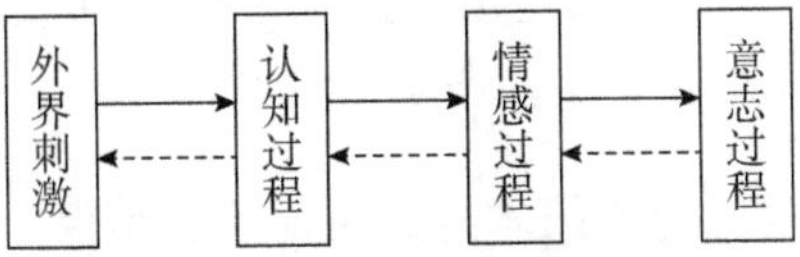

图5　心理通道模式

根据这一理论，心理障碍是心理通道受阻或堵塞的表现，通则不痛。与传统的中医理论“痛则不通，通则不痛”殊途同归。心理的“痛”主要表现在认知混乱、情感不适、行为失控等，这些都是心理过程中发生的问题，是心理通道受阻或堵塞的表现。

俗话说，知足常乐，意思是自知满足，则心常快乐。从心理学角度，知就是认知，乐即情绪乐观、欢乐、快乐，是情感过程，常乐则是让乐观成为人生态度、个性习惯。知足常乐是由认知过程的知足到情绪过程的快乐，进而形成乐观的个性（常乐），是典型的心理通道走向。

心理通道规律就存在于我们的现实生活中，最典型的事例是，当人们在路上行走时，如果突然从路边蹿出一条凶猛的毒蛇，人在第一时间感知到蛇的贸然出现和致命危险性是认知过程，由此而产生毛骨悚然、紧张或恐慌的情绪是情感过程，进而采取对毒蛇进行当机立断的攻击或退避三舍，是意志过程。从认知、情感到意志过程，就是这一事件的心理通道走向。

心理通道是人们进行心理活动过程的基本走向，具有普遍性。

二、运用心理通道理论解决心理问题的基本步骤

根据多年的研究结果，心理通道修通过程根据先后顺序，分为四个基本步骤（简称ABCD技术）：

A步骤：消除心理问题外部诱因。

B步骤：认知过程修通。

C步骤：情感过程修通。

D步骤：意志过程修通。

这四个步骤既是相对独立的，又是相互联系的。前一步骤存在的心理问题的解决不一定需要后续步骤的再干预。但是，后续步骤的干预，是以前面的步骤干预为基础的。

三、心理通道理论与技术的适用对象和特点

（一）适用对象

主要适用于有明显诱因引发的心理问题，包括近因和远因。前者主要是近期的生活事件，后者则是过去经历的事件。

比如，某小学三年级男孩，因在学校经常打架被父母带来做心理咨询。起因是其父小时候经常被其爷爷打骂体罚，其爷爷有“棍头下出好仔”的观念。其父无法反抗，心理长期受到压抑，现在也对自己儿子传承了这种教法，经常打骂儿子，父母的这种做法让儿子十分委屈，但又无法改变，长期压抑在心头，结果他在学校打架闹事来出气。这个案例中，运用心理通道理论分析可知：

1.外因（A）：外部诱因是其父辈不良的教养方式。

2.认知（B）：儿子对其父的教养方式感到不可接受，给予消极、否定的认知评价。

3.情感（C）：由于现实无法改变而烦躁不安，形成心理压抑，又无法自己调节或得到及时的心理帮助。

4.意志（D）：结果，在学校通过与同学打骂泄气，平衡心理。他从自己的不良行为中获得了好处，但违反了纪律。

这一案例第四点是结果，前三点都是前因，有明确的前因后果关系。

（二）特点

1.动态性。

心理通道理论是叶扬创立的心理健康大循环理论与技术的重要内容之一。这一研究发现了心理的系统性、循环性、动态性、双重性和阶段性等规律，并如前文所述，建立了图3的模型。

这个系统的循环是通过心理通道运行的，即在心理过程的动态运行中实现心理循环过程。对这一大循环系统进行科学调节是一项系统

的心理工程，心理通道理论与技术是该心理工程的重要技术之一。

2.联系性。

心理通道理论认为，各个心理过程中发生的问题，与其他过程是有联系的，一是因果关系，二是相关关系。将心理问题放到心理大循环系统中来科学解决。

3.整合性。

心理通道的修通是心理工程中解决心理问题的过程，而不是传统心理学中解决心理问题的环节。其注重意识和潜意识层面的多层次分析。在研究方法上主要运用的是当代认知和行为心理学中的实证研究方法，并注重多种技术的整合。

第二节　消除心理问题外部诱因（A步骤）

一、诱因的概念

所谓心理问题诱因，简言之，是指诱发心理问题的因素，与心理问题的发生存在因果关系。

在心理咨询学中，将导致心理问题的原因分为生物、心理和社会三大类，由于生物和心理原因可以放到心理过程修通的其他步骤中进行讨论，这一节重点分析外部诱因对心理过程的影响。

根据目前的研究，大部分心理问题的发生，都存在明显的诱因。比如，大家普遍关心的心理危机有三大特点：第一，有诱发心理危机的重大诱因。第二，心理问题总爆发，但又不能做任何一种心理疾病诊断。第三，凭自己的能力不能平复。有重大诱因是构成心理危机的基本条件之一。在心理干预工作实践中，消除直接诱因是解决各种心理问题的有效方法之一。并且，消除心理问题诱因是心理通道修通的第一步，简称A步骤。

二、心理问题外部诱因分类

（一）直接和间接诱因

1.直接诱因。直接诱因主要是当事人遇到不可预料的天灾、人祸，以及其他突发变故等事件，对人心理产生的直接影响。这些事件多数是在目前条件下不可控的，比如地震、海啸等。

在突发重大灾害事件面前，处变不惊，适时得当的处置可以减轻对心理的负面影响，比如遇到被别人造成重大伤害的情况时，直接报警、及时医治和获得心理帮助等，可以最大限度地降低伤害程度。

2. 间接诱因。这主要是指听到或看到的间接事件对心理的影响。比如，看到或听到严重危害社会治安的杀人和强奸等重大刑事案件，激起内心对犯罪分子的深恶痛绝，结果夜不能寐。

（二）近因和远因

心理问题诱因也可分为近因和远因两大类。前者是目前发生的影响心理的生活事件；后者则是既往发生的事件的阴影，对目前特定条件下的心理问题的诱发作用，好比一朝被蛇咬，十年怕井绳。

（三）根据诱因影响的后果分类

1. 近期渐进性环境影响诱因。影响是整体性的，一般是新环境对人产生的渐进性影响，最常表现为对新环境适应不良。心理是客观的反映，人们往往触景生情，营造良好的居住、工作和生活环境，去发现美、创造美，发挥心由境生的熏陶作用，则可以促进心理健康。

2.造成应激性反应诱因。主要是遇到重大突发事件、天灾人祸时，产生的急剧情绪反应，不多见。

3. 造成持久性影响诱因。比如幼年丧父、中年丧妻、老年丧子等沉重打击。

三、消除心理问题诱因的方法

（一）预防

这是最理想的方法。防微杜渐、防患于未然。预防包括人防、物防和技防等。类似于要防止煤气炉爆炸造成的物质和精神伤害，可以经常对其进行检查维护。

（二）行为阻隔

这是无可奈何的办法。比如，在传染病流行期间，如果事发突然，发展趋势难以预料，为了防止感染，减少心理恐慌，应做到少去商场、市场，不参加未经政府或单位批准的聚会、聚餐，非工作需要避免与患者近距离接触，根据应急管理规定进行隔离，等等。这样可以有效降低传染概率，减少恐慌心理。

（三）事后分析

这是亡羊补牢的办法。心理咨询师引导当事人了解心理问题的原因，分析心理问题与诱因之间的因果关系，使当事人反思、觉察和醒悟，明白心理问题事出有因，不是空穴来风，从而减少心理问题，并吃一堑长一智，前事不忘，后事之师。

当事人的心理问题如果是由外因诱发的，经过上述干预后，通过阶段性心理干预效果评估，如果已经平复，则可结束干预。反之，则进入下一步，即B步骤的干预。

第三节　认知过程修通（B步骤）

一、关于认知

认知是指人认识外界事物的过程，或者说是对作用于人的感觉器官的外界事物进行信息加工的过程，又称认知过程，包括感觉、知觉、记忆、表象、思维、想象和言语等心理现象。研究结果表明，认知模式与心理问题的形成与消解密切相关。

（1）积极正向的认知模式，对心理问题起到消解作用，从而预防情绪恶化，利于心理通道修通，如人们常说的一笑解千愁，笑是积极的认知取向，是方法，解千愁则是结果，解决的是情绪问题。

（2）消极负向的认知模式，对心理问题起到恶化作用，甚至激发情绪问题，使心理通道更加堵塞。比如，一失足成千古恨、一日行窃终身是贼等观念，都是消极的。

俗话说：病从口入，祸从口出。心理学中的入口和出口，则是认知过程。无论是喜还是悲，都首先与认知过程有关。正因如此，大部分心理咨询学派都强调认知因素在改善求助者心理问题中的重要性。

认知不但是产生心理问题的入口，也是解决大多数心理问题的入口。比如：

求助者：我和我的同事打架时，被其他同事及时劝开了，但不解恨，可能以后还要打。

心理咨询师：那你想过再打架的严重后果吗？

求助者：……

这个想，或说思考、探索，就是认知的过程。

近几十年来，人们对认知的研究主要是从意识层面进行的，与精神分析主要研究潜意识的思路不同，并大量使用现代科学研究的实证手段和方法。

二、认知过程修通基本原理

（一）认知问题的因果分析

解决心理问题有三种机制：直接对症下药消除心理症状、消除心理问题根源间接消除症状、消除获利动机使心理问题失去动因从而消除症状。最后一种即是认知问题的因果关系消除方法。

因果关系分析是人们研究解决问题时常用的方法。原因在先，结果在后（简称前因后果），是因果联系的特点之一。但是，原因和结果必须同时具有必然的联系，即二者的关系属于引起和被引起的关系。“在此之后”不等于“由此之故”，必须具体分析。

通过因果分析，找出心理问题的生物、心理和社会因素，使当事人正确认识产生心理问题的原因，进而消除产生心理问题的根源，平复心态。

（二）认知问题的对症治疗式修通

有的心理问题或心理疾病是原因不明的，只能直接运用各种心理咨询与治疗方法，对症下药，直接消除心理问题，叫对症治疗式修通。比如，认知误区可用认知疗法，心理平衡技术则可修复心理失衡等。

其模型见图6：

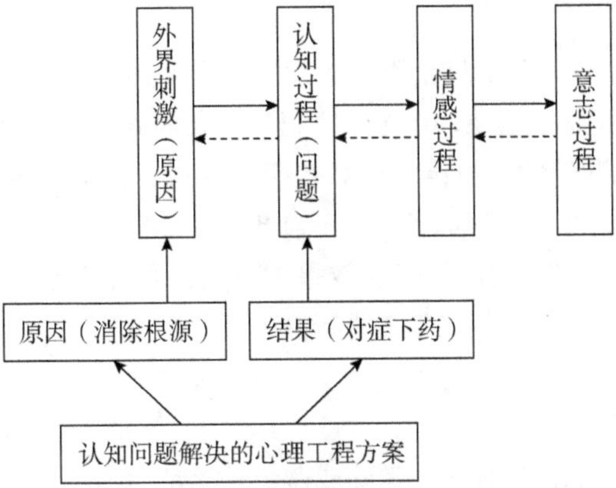

图6　认知问题解决的心理工程模式

由认知原因造成心理问题而前来咨询的案例不胜枚举。比如：

求助者：我母亲老了，需要我们兄弟姐妹照顾她，但由于在我的印象中，小时候母亲对我们兄弟姐妹没能做到一碗水端平，对大哥好，对我较差，我一直心理不平衡，现在拿不出热情。

心理咨询师：能具体说说吗？

求助者：比如，当我遇到些什么事情时，母亲总是说大哥如何好，我这里那里不成，好像大哥什么都是好的，我什么都不是，我心里不是滋味。

心理咨询师：你说你大哥比你大8岁，如果是这样，你六七岁开始懂事时，你大哥已经十多岁了，可能真的比你懂事了许多，所以，你母亲拿你大哥做榜样。相反，在你大哥小时候，在你不懂事甚至还未出世之前，你母亲是怎样管教你大哥的，你知道吗？

求助者：啊，还真不知道。

此例就是认知原因引起的心理问题咨询的一部分。

三、认知过程修通步骤和方法

（一）认知问题评估

主要分为一般的认知问题和认知障碍评估等。认知问题包括感觉、知觉、记忆、表象、思维、言语和想象等方面存在的问题。认知障碍如错觉和幻觉；思维障碍如妄想；注意、记忆与智能障碍如错构、痴呆；自知力障碍如患病而不自知等。

对问题的严重程度和修通效果的评估，可在心理咨询师的帮助下，通过选用有针对性的量表进行。

（二）认知过程修通步骤

1. 优化认知内外环境。消除或避免外界负面的、不良的刺激，减少不良诱因或应激源的影响，改善认知过程的外部环境。

2. 因果关系分析。主要是寻找产生认知问题的原因，与主导症状或心理问题比较，明确因果关系，引导求助者对心理问题的觉察、反思和醒悟，有效解决双趋冲突、双避冲突、趋避冲突、双重趋避冲突等心理问题，铲除产生认知问题的根源，纠正认知偏差，放下心理包袱，恢复心理平衡。

3. 意识的能动性机制。激发潜能和主观能动性，增强心理免疫力和认知调节能力，建立积极认知模式，优化认知过程的内部环境，调动和发展积极认知因素，从而抑制或消除消极认知因素，都有利于认知过程修通与优化。

4.认知问题的传统干预技术。

（1）运用开放性谈话技术，了解更多问题。

（2）运用封闭性谈话技术，确认问题。

（3）运用面质技术，澄清问题。

（4）运用主动进攻、以退为进、软硬（恩威）兼施等谈判技术化解心理矛盾冲突。

（5）运用解释技术，让当事人了解自身问题的实质和原因，获得顿悟。

5.认知干预模式。

（1）积极干预模式。不涉既往，放眼未来，心理咨询师以积极、正向的态度，选用认知行为或焦虑短程疗法等，引导当事人进行积极的认知探索，以共情和积极关注的方式，充分调动当事人自身的正向认知资源，充分发挥潜能，促进问题的解决。

（2）消极的认知干预模式。技术要点是重既往，从过去的经历中找出问题，剖析原因，引导当事人觉察省醒，解决心理问题，消除认知误区，转变思维习惯，从而积极应对心理问题。

6.认知的重构。破旧立新，重新确立积极的认知结构和思维模式。

第四节　情感过程修通（C步骤）

一、情感概念

情绪和情感是伴随认知和意志过程而产生的对外界事物的态度和内心体验，是对客观事物与主观需要之间关系的反映。情绪和情感都是人对客观事物所持的态度体验，只是情绪更倾向于个体基本需求欲望上的态度体验，而情感则更倾向于社会需求欲望上的态度体验。

对情感过程问题的修通，简称C步骤。

二、情感过程修通的基本原理

根据心理通道理论，要解决情绪问题，需了解求助者的认知过程和外界诱因。

比如说，当求助者与咨询师再次见面时，求助者说："见到你我很高兴！"

这里，高兴是结果，是情感表现。为什么高兴？是因为见到了咨询师，回忆起往日得到有效心理帮助的情境，这是认知，是高兴的原因。这就是这一心理过程的因果关系。

相反，仇人相遇，往事涌上心关，不堪回首的场面历历在目，则可能是愤恨、情绪激动，甚至动拳脚了。即，经历了认知发生、情绪激动和采取行为的过程，完全是心理通道走向（图7）。

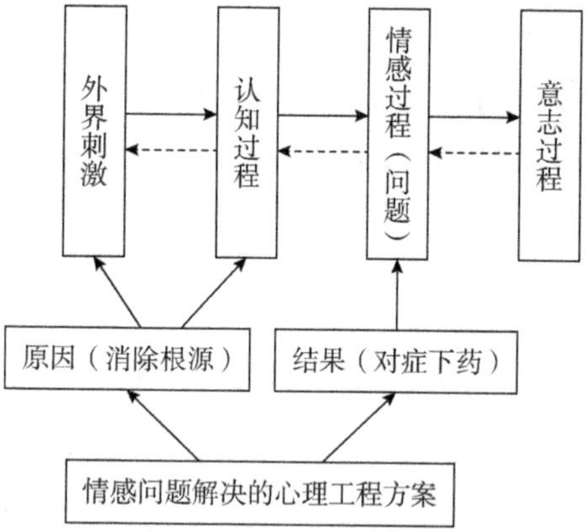

图7　情感问题解决的心理工程模式

情绪问题如果主要是由认知问题引起的，则不能仅就情绪论情绪，要从心理通道的前一站即认知管理入手。比如，大部分有抑郁问题的求助者，都有负性的习惯性思维模式，遇事悲观，这类人心理问题的解决得从认知入手，这就是目前在大部分抑郁问题的咨询中，大量使用认知方法的原因。

三、情感过程的修通步骤

（一）情绪问题评估

主要是运用《90项症状清单》，或《抑郁自评量表》和《焦虑自评量表》，评估情绪问题的严重程度和前后效果。

（二）制定情感过程修通基本策略

根据心理评估结果，以消除外界诱因和认知过程修通为基础，以修通情感过程为核心，并预防不良情绪在意志行为过程中泛化。

（三）消除产生情绪问题的根源（原因消除法）

根据因果分析，找出情绪问题产生的原因，引导求助者对心理问题的觉察、反思和醒悟，减少情绪问题。

1.外界诱因引起的情绪问题。

对外部诱因的应对分为预防、阻隔和阻断（隔离）等。根据引起情绪问题诱因层次的不同分为两种情况：

（1）单一诱因。以突发传染病事件为例，当人们认识到某种传染病传染性强、危害性大，而目前又无特效治疗方法的特点时，普遍产生了恐慌情绪。即外部诱因通过认知作用产生了情绪问题。要消除恐慌情绪，首先要了解该疾病为何物，如何防控和治疗，当认识到其实是可防可控，还可治时，结合防控工作的开展，则可以逐步消除恐慌情绪。在这一过程中，认知问题并不突出，主要是外因影响。

（2）由外界诱因和认知误区双重原因引起的情绪问题。比如，某当事人妻子提出离婚，这本是有法可依的行为，双方在法律范围内的自愿离婚被现代社会认为是文明进步的表现，但当事人认为自己原先对妻子比较好，现在自己经商失败时妻子提出离婚是落井下石，陷入认知误区，悲上心头，从而导致情绪问题。

这个例子可以有两种解决方法：第一，消除外界诱因方法。如果通过本人积极协商或组织调解，妻子放弃离婚，则当事人的心理问题可能得以缓解，这是消除诱因方法。第二，消除认知误区（叠加诱因，也是情绪问题的近因），坦然接受离婚的现实，也可以减少情绪问题。

2.引起情绪问题的认知因素。

（1）知识性认知偏差。比如，自己生活的城市出现了传染病，就担心自己会被感染，产生极度恐慌情绪。事实上，传染病在大部分情况下是可防可控的，不必大惊小怪。

（2）个性认知偏差。比如，认为只要是某某说的都是假话，自己的判断都是正确的并深信不疑，与他人总是格格不入并经常产生矛盾分歧，时常寝食难安。

（3）消极的认知模式。积极与消极是认知的价值取向。持消极认知模式的人，遇事总往消极悲观方向想。比如，同样是遇到人生的低谷，消极认知模式者认为，一切都完了，已经万劫不复，从而垂头丧气，斗志全无，即遇事总是想到灰暗面，消极无为；而积极认知模式者则认为，人生的低谷恰恰是通向辉煌的新起点，山不转水转，西方不亮东方亮，光明就在前头，心态阳光，从而能重整旗鼓，奋勇向前，闯出新天地。

（四）直接消除症状的方法

情绪管理有两大机制：一是控制，或压抑，将情绪冲动压抑到潜意识中，获得心理平衡；二是释放，通过倾诉和宣泄等将不良情绪释放，也能实现心理平衡。

根据对情绪问题的评估，对严重者主要是采取释放的方法；对轻微者则既可以用释放，也可以用压抑的方法。

1.情绪问题的释放。

（1）自我调节。比如，冥想、听音乐放松、读书、唱歌、运动、旅游、跟朋友倾诉、业余书画活动、听公益心理讲座等，都可以从适合自己的选项中获得情绪调节。

（2）心理帮助。在心理咨询师的帮助下，采用情感表达（沙盘、绘画）、倾诉（谈话疗法）、宣泄（宣泄室）、转移、精神分析的共情和移情等，都可以释放情绪，平衡心理。

2.心理问题的控制。压抑是人的心理防御本能，是各种心理防御机制中最基本的一种。压抑与释放反向，构成情绪调节的两大基本机制。心理咨询师帮助当事人，将意识层面的情绪问题不知不觉地暂时压制到潜意识中，从而减轻心理痛苦。

第五节　意志过程修通（D步骤）

一、意志概念

意志是个体自觉地确立目的，调节支配自己的行为，克服困难，实现预定目标的心理过程，即人的思维决策见之于行动的过程。意志对行动的调节作用表现为两个方面：（1）发动作用，推动人们从事达到目的的行动。（2）制止作用，制止与目的不相干的行动。

意志的两极特点：（1）意志坚强，比如富有主见，处事果断，善于自制，坚持不懈等。（2）意志薄弱，比如主观武断，固执己见，一意孤行，坚持错误；优柔寡断，当决不决；鲁莽冲动，草率从事；虎头蛇尾，半途而废等。

意志过程的修通，简称D步骤。

二、意志过程修通原理

根据因果关系，如果将意志过程的问题比作结果，则在心理通道前面的情感、认知过程的问题和外部诱因，都是导致意志问题的前因。意志过程修通的两大机制是：

（一）消除产生意志问题的原因

从情感过程和认知过程中寻找原因，比如某人常有暴力攻击行为，经分析，原因是曾经有严重创伤性情结，得不到及时疏导。这方面的案例在心理咨询中较常见。焦虑、抑郁和挫折、创伤等情结问题，都是导致不良行为的前因。

（二）对症治疗

采用正强化方法，可以巩固积极行为；用负强化方法，则能减少不良行为。

下面是意志行为问题咨询中的一个因果分析案例。

某少年沉迷于电子游戏，经常逃学到网吧玩游戏，无心向学，又乱花钱，即有沉迷游戏的行为，但未达医学上成瘾的标准。沉迷游戏的行为是突出问题，是结果。那前因呢？经分析：

第一，父亲经商办企业，经常外出，听说在外面还有了情人，但无实据，为此父母经常争吵，家无宁日。这是外部诱因。

第二，少年想劝父亲，但无能为力；想帮母亲，又束手无策。开始对自己低评价，低自尊，觉得自己无力做成任何事，这是认知过程问题。

第三，长此以往，徒增烦恼，这是情绪问题。

第四，父亲经常不归家，母亲在家业余时间孤单无聊时以玩游戏消磨时光，少年由于心烦又无其他宣泄渠道，也跟着玩游戏，在家玩不了就到网吧玩，直至沉迷其中，这就是结果。前面第一至第三为前因，其模型是：

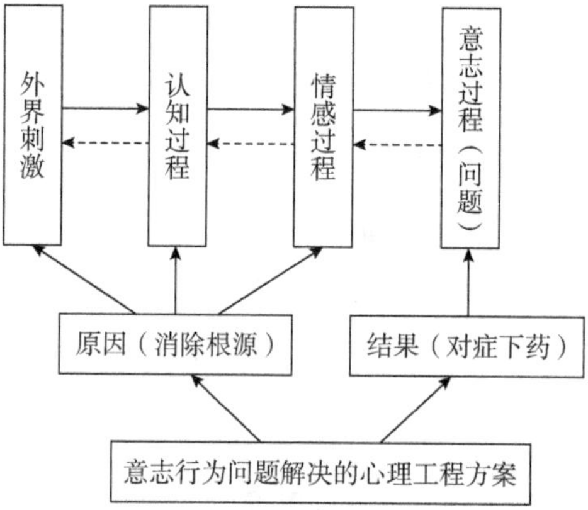

图8　意志行为问题解决的心理工程模式

网瘾、赌瘾、毒瘾、酒瘾者的意志都比较薄弱，是心理干预的关键点，但不是唯一点。这就是目前一些只以意志力训练为核心的成瘾性戒除技术难以获得高效的重要原因之一。外部诱因、认知和情感过程的问题都是前因，运用心理通道理论与技术将能系统解决。

意志行为问题的解决，如果运用心理通道技术则能事半功倍（图8）。比如，某青年曾经有过严重的挫折创伤，情绪得不到及时宣泄，结果发展到经常借故攻击他人。根据挫折攻击理论，攻击他人的行为，是挫折情结（情绪）得不到有效消除并恶化的结果。这一案例中，仅仅从行为入手，运用正强化和负强化方法，可以使其收敛，但可能是暂时的，治标不治本，因为创伤情结还在。根据心理通道技术中的因果分析方法，从心理通道的前一站，情感过程入手，消除心理创伤，则可以使问题得到根本性解决，斩草除根。

因此，注重因果分析的心理咨询师往往先不直接理会求助者的症状，而是分析原因。

三、意志过程的修通步骤

（一）制定意志过程修通的基本策略

以认知过程和情感过程的修通为基础，以意志过程为核心，并防止不良意志行为泛化。通过行为问题评估、强化消除（对不良行为的负强化）与巩固（对积极行为的正强化），形成新的行为规范。

（二）因果关系分析

根据因果分析，找出心理问题原因，分析原因与结果的关联性，引导当事人反思、觉察和醒悟，从而消除意志不良行为。

（三）对症治疗

引导求助者自我调节，运用行为疗法消除不良行为习惯。

根据行为激励机制，重点运用正向激励，并运用奖惩结合手段，形成行为规范，修通意志过程。

根据意志行为机制：（1）行为发动。遵纪守法、习得行为规范和其他正常行为，可以通过意志机制发动。（2）行为制止。违反行为规范、违法乱纪行为和其他异常或不良行为，可以通过意志机制制止。

人类的消极行为根据严重程度分为：（1）违规行为：指违反规章制度和行为规范行为；（2）违纪行为：指违纪受到警告和记过等行政处分行为，情节比违规严重；（3）犯罪行为：指违反刑事法律受到刑事惩罚的行为，视情节严重程度分为一般案件、重大案件和特大案件。

各类意志行为问题，因果关系清晰的，都可以根据心理通道技术进行修通。

第九章

心理咨询知识

第一节　心理咨询概述

一、心理咨询的含义

心理咨询是心理咨询师协助求助者解决心理问题的过程。

心理咨询的任务主要有：帮助求助者认识自己的内外世界、纠正不合理的信念和欲望、学会面对现实、改善情绪和行为方式、进行心理重建，提高心理健康水平。

二、心理咨询人员及其工作对象

从事心理咨询的人员，被称为心理咨询师。按照《精神卫生法》规定，心理咨询人员应当提高业务素质，遵守执业规范，为社会公众提供专业化的心理咨询服务，尊重接受咨询人员的隐私，并为其保守秘密。"心理健康者"和"心理不健康者"都属于心理正常人群。心理异常者不属于心理咨询师的工作对象，但是，在精神病患者的康复期，心理咨询可起到辅助的作用。心理咨询主要是针对一般心理问题、严重心理问题、神经症性心理问题。

三、监所的心理咨询工作

《精神卫生法》第18条规定：监狱、看守所、拘留所、强制隔离戒毒所等场所，应当对服刑人员，被依法拘留、逮捕、强制隔离戒毒的人员等，开展精神卫生知识宣传，关注其心理健康状况，必要时提供心理咨询和心理辅导。

监狱配备心理矫治工作专业队伍和机构，有服刑人员心理健康指导中心或监区心理咨询室，监狱以多种工作形式为服刑人员提供心理咨询服务。

四、心理咨询的分类与求询程序

（一）分类

根据心理咨询的性质，可分为发展心理咨询和健康心理咨询；根据受理咨询的人数规模，可分为个体心理咨询和团体心理咨询；根据心理咨询的时程长短，可分为短程心理咨询（一般为1—3周内）、中程心理咨询（一般为1—3月内）、长程心理咨询（一般在3个月以上）；根据心理咨询的工作形式，可分为门诊咨询、网络视频心理咨询、电话心理咨询、信件咨询、媒体专栏咨询等等。

（二）心理咨询的一般程序

一般程序是：当事人提出求询申请→受理求询申请→预约咨询时间地点→做好来访接待→摄入性谈话了解问题→心理评估→咨询方案的商定→咨询方案的实施→咨询效果的评估→咨询关系结束。

（三）心理咨询的特殊程序

心理咨询一般是在求助者自愿和主动求询的情况下实施的，但遇有非主动求询而情况紧急时，可采取特殊的介入程序，启动心理危机干预工作。

第二节　入监出监焦虑问题咨询

一、觉察焦虑

服刑人员刚入监时，对陌生的监狱环境还不适应，又面临行为规范养成和集训等诸多任务，压力都较大，怕出差错，对争取光明前途的信心不足，出现焦虑情绪就不足为奇了。对于即将出监的服刑人员，焦虑主要表现在对出监后生活困难情境的预想上。对生活目标的迷茫感和畏难情绪会加剧出监的焦虑，存在既盼望出监又害怕出监的趋避心理。由于未来生活难以把握，越想控制反而会越焦虑。我们要看到，焦虑并不完全是一件坏事，因为适度的焦虑催人奋进，让人未雨绸缪，但严重的焦虑会影响身心健康，不利于安心改造。

为了缓解严重的焦虑，学会识别和觉察焦虑的程度是很有必要的，掌握一定的策略做好调适，不仅可以防止情绪的大起大落或者失控，还有利于找回安全感和自信心。

建议服刑人员用下列句式进行自我对话，进行对焦虑情绪的觉察与接纳。

句式："我感觉到了……，我对……感到不确定；我做了……，我体验到了……"

应用举例一："我感觉到了焦虑，我对能否获得嘉奖和早日获得减刑感到不确定；我翻来覆去睡不着，我体验到了焦虑。"

应用举例二："我感觉到了焦虑，我对刑满释放后能否顺利找到工作感到不确定；我睡不着，我体验到了焦虑。"

你还可以用感受自评法为当下的焦虑程度打分，以0分为不焦虑，10分为非常焦虑，在0—10分之间，你凭自己对焦虑的感觉打出焦虑严重程度的分数。自我调节一段时间后再一次自评打分，从分值的增减量来觉察焦虑程度是否得到了改善。

二、识别焦虑

焦虑是个体在遭受潜在威胁时所形成的一种莫名担忧、害怕、紧张等感受相混合的复杂的情绪体验，常伴有心悸、出汗、胸闷、四肢发冷和震颤等自主神经功能失调的表现，严重时可有惊恐发作。适度的焦虑是有益的，它可以帮助个体集中精力调动全部的心理潜能来应对困难或威胁，体现能力和促进成长。但持久和过度的焦虑是有害的，它会影响注意力的集中，抑制思维，降低人的认知功能、判断力、分析能力，令人难于做出理性的决定。

我们一般可将焦虑划分为现实性焦虑、道德性焦虑、神经症性焦虑三种。对现实的潜在挑战或者威胁做出的情绪反应，称为现实性焦虑，其情绪反应强度与现实威胁的事实相适应，会随着现实威胁的消失而消失。现实性焦虑利于调动躯体与心理的潜能以及各种资源力量来应对现实的威胁和挑战，直到获得解决问题的控制感。因此，它对于人们具有适应性的意义。

道德性焦虑，是指在良心上过不去，感到自己的思想和行为违背了道德标准而产生的焦虑，有自责感、自罪感、羞耻感、自卑感等心理体验。

神经症性焦虑，是指持续的、莫名的紧张不安，或者在无现实依据的情况下有灾难临头和威胁迫近的不祥预感，伴有明显的自主神经功能紊乱和运动性不安，也常伴有主观的痛苦感或者社会功能损害。这种焦虑情绪的反应无现实基础或者与现实的威胁明显不相称，会导致精神痛苦和自我效能的下降，是非适应性的。这种焦虑有时并不随着客观问题的解决而消失，常常与人格特征有关。

恐惧与焦虑都表现为担忧和害怕，区别在于，恐惧是人们在现实生活中看到了具有威胁性的事件时所产生的，由现实世界引起，常表现为心慌、极度不安，有些人解决恐惧情绪的方法，是逃避、躲开或进攻等。而焦虑情绪由主观世界引起，是指向未来的对潜在威胁产生的不祥预感或莫名的担忧和害怕。

三、调节焦虑

（一）探索压力源

要想知道自己为何焦虑，有必要审视压力源。通过自省，从社会、生理、心理等方面思考哪些是造成你当前焦虑的关键压力所在，自问能否自我开解，如果不能自我开解，思考对你的生活是否影响很大，如果不太大，思考你是否能够放下，或与焦虑情绪和谐共处。如做不到，则建议你请教周围有适应经验的人，汲取他人在克服焦虑、树立自信方面的智慧。你也可以向心理咨询中心预约谈话，请求指点迷津，帮助搞清自己焦虑的来源，更好地看见焦虑，从而拨云见日，在咨询师的帮助下商定对策并付诸实施，安全感和掌控感就会自然而然地产生。

（二）学习放松训练

缓解焦虑，可选用腹式呼吸放松术、渐进性肌肉放松术和冥想放松术，由于简单易用，可在心理咨询师的引导下进行，也可以自学训练，只要坚持一段时间，就会看见好的效果。

（三）转变思维方式，纠正不合理信念

1.以合理化的心理防御机制接纳焦虑情绪。

对于入监焦虑者，自我开解语举例如下："有焦虑很正常。我刚到陌生的地方，就要迎接新的考验，心理准备难免不足，情况还有待熟悉，产生焦虑情绪是难免的，我相信其他服刑人员同样有，只是心理素质因人而异，程度有所差别而已。我只要用点时间去适应、去学习、去熟悉，一切就会好起来。我要写信回家，只要与亲人建立起联系，心中就会多一分温暖和力量。只要身边的人熟悉了起来，大家就可以互相帮助！"

2.提升服刑意义感。

自我开解语举例如下："法律伸张公平与正义，服刑是自己罪有应得。服刑人员被限定人身自由和权利，这种痛苦和不适感，是刑法所要履行的惩罚与改造之义，犯罪人要接受现实，承担法律后果，接受这种痛苦和不适感，这正是自身作恶应付出的代价。我不能在焦虑中虚度光阴，我要勤于学习和劳动，做一名敢于担当、追求进步的人。"

3.纠正不合理信念。

服刑人员常见的不合理信念主要有糟糕透顶的灾难化思维、非黑

即白的绝对化观念、以偏概全的选择性概括、任意的推断和过度引申、包揽责任的个人化、过分地夸大或缩小。

糟糕透顶的灾难化思维，是不合理的信念，比如“我被判刑了，这一辈子声誉就全毁了，我无脸见人，不如死掉算了”。如果换一种信念则会换一种心情：“我虽然被判刑了，影响了声誉，但我今后不用再担心犯罪行为的败露而东藏西躲、担惊受怕，我可以在监狱里学到文化和技术知识，有利于我出狱后更好地立足于社会！”

绝对化观念常用“应该”“必须”来要求自己和别人，对不合自己期望的言行产生失望或怨恨，容易导致苛刻和完美主义，给自己增添过高的心理压力，从而带来烦恼。比如这样的想法：“这个人对我讲话这么大声，这么刺耳，他人品绝对坏，我不想跟他在一起！”

任意推断是在证据不足或没有证据的情况下草率地得出结论。比如，邹某在会见妻子后感到沮丧，他对警官说：“今天会见，我发现妻子的眼神不对，她一定是做了偷汉子的事！”警官回应道：“你凭一个眼神就胡说八道，辜负了妻子对你的一片好心。你妻子是第一次来探监，不习惯警察在旁听着你俩说话，眼神紧张是难免的。”邹某即刻释然，并感谢警官的提醒。

个人化的不合理信念，即自动包揽了别人的责任和过失，将不幸、事故或者别人的过错归咎于自身。这其实是自寻烦恼。比如，服刑人员彭某想自杀，其中一条理由是，“要是我12岁那年整天陪着奶奶不走开，奶奶就不至于因为邻家小孩玩火失控被烧死，我真的不能原谅自己！”

纠正不合理信念，重构理性的认知，可以减少烦恼，改善焦虑问题。艾利斯合理情绪疗法理论认为：造成情绪和行为问题的不是事件本身，而是对这个事件的态度和看法（信念），如果改变对这个事件的不合理信念（态度和看法），也就改变了不良的情绪和行为。服刑人员可以在心理咨询师的辅导下进行纠正不合理信念的练习，通过思维训练，不断建立合理的情绪与行为，从而减少焦虑问题的发生。

（四）使用无害宣泄法缓解焦虑

在无害于他人的情况下宣泄紧张和焦虑情绪。比如，在洗澡洗头的时候流泪和哭泣，在宣泄室尽情地呐喊，在心理咨询师的引导下对宣泄人进行击打，再接受心理辅导。通过日记记下你的紧张和焦虑，写下你的苦恼和想解决的办法。你也可以通过专注于做具体的事来转移对负性事件的注意力，还可以找朋友倾诉并寻求建议，通过适度的活动来减压，等等。

（五）调整期望值，合理地预期未来

追求完美的心态、过高的期望会人为制造焦虑，因此，我们要懂得适度地降低期望值，不能做出不切合实际的苛求，让焦虑程度降下来。所谓退一步海阔天空，换个角度看世界，世界会更美好！

多往好处想，挖掘个人的优势资源和成功经验，有利于增强自信心。

（六）维持与亲人的联系，以感恩之心赢得人际支持

亲人，是你孤独无助时的念想，宜多想想亲人的好，也多想想自身的好。要将问候亲人变成一种习惯，保持亲情的联结会增加你的幸福感，保持亲和力可体现你的情义。服刑中，多利用写家信、视频会见、亲情电话、亲人接见等利于保持与亲人情感联系的合规渠道，学会在沟通中表达感恩。感恩可赢得人际支持，有亲友的助力，渡过难关就会更容易一些。服刑期间与亲人保持联系至关重要，提升的助力感、安全感、温暖感有助于缓解焦虑情绪和过高的压力。

（七）自己难以调整时要善于求助

心理咨询专业场所为求助者提供利于倾诉和接受辅导的安全环境，心理工作者会运用各种技术给予求助者心理支持，帮助他们宣泄负面情绪，进行认知重建，解决焦虑问题。对心理咨询过程中发现的不适合心理咨询的个案，心理咨询师也会实施转介，由医疗部门对症施治。

第三节　抑郁问题咨询

一、认识抑郁

（一）什么是抑郁症？

抑郁症是大脑的神经递质出现了不平衡，是一种疾病。比如5-羟色胺、多巴胺、去甲肾上腺素、γ-氨基丁酸的变化，这些器质性改变导致神经网络的调节不稳定，最后导致情绪调节功能下降或者紊乱。症状常常以焦虑、抑郁的现象出现，比如过度担心、过度自卑、过度没有兴趣、闭门宅家、不想做事、觉得自己的思维迟滞、反应较慢，严重的时候觉得活着没意思，或者控制不住想到死，甚至想到自杀。抑郁症常常需要医生根据诊断标准去做一些检查后才能确诊，应进行系统的药物治疗，辅以心理治疗才可能缓解。

（二）什么是普通人的抑郁情绪问题？

普通人的抑郁情绪问题由社会心理因素引起，往往与患者的个性偏离有关，它以心境低落为主要特征，常伴有焦虑、躯体不适和睡眠问题，严重程度可起伏波动；抑郁是一种缺失的反应，这种缺失包括健康的缺失、情感的缺失、亲情的缺失。患者有求治愿望，无明显的运动性抑制或幻觉、妄想，生活工作不受严重影响，一般能自我调节。

（三）抑郁问题与抑郁症两者的区别

1.古典精神分析流派的解读。

抑郁不代表抑郁症。不同的心理学流派对“抑郁”和“抑郁症”有不同的解读，其中弗洛伊德的古典精神分析流派认为，抑郁和悲伤有类似的地方也有区别，抑郁的区别性特征在于自尊的受损，人们不爱我，他们恨我，这是因为我天生的缺陷，因此我不快乐，我抑郁；客体关系理论认为，抑郁作为一种情感状态在心理问题形成中扮演了重要角色，但只有当一种稳定的无助感、无希望感、心理崩溃状态存在时，才有抑郁症的出现。因此，可以概括地说，抑郁症是一种适应现象，情绪抑郁是机体克服暂时无助感的一种标志，当其失败了，则会有临床意义上的抑郁症。

2.情绪抑郁问题与抑郁症的辨识。

“我很抑郁”“郁闷死了”“郁闷、抑郁”已成为当代人的口头禅，其实生活中，郁闷就是指抑郁情绪。而抑郁和抑郁症，一字之差，却有千万差别。抑郁既可能是指“抑郁情绪”“抑郁状态”，也可能是指的“抑郁症”，我们不能因此把抑郁情绪和抑郁症画上等号。前者是正常人的情绪反应，后者则是一种心境障碍。

两者主要有以下的差别：

（1）当不如意的事情发生后，例如感到失望或失去本来拥有的东西，出现情绪抑郁是正常的。但如果扭曲想法，在负面思想中钻牛角尖，则是抑郁症的特点。

（2）情绪抑郁的人清楚地知道，这种不快乐是会过去的，而抑郁症患者则会觉得以后也会这么不快乐。

（3）情绪抑郁者可以通过分散注意力或从事具体工作的方法来达到缓解低落情绪的目的，而抑郁症患者则终日被沮丧的感觉缠绕，持续时间很长。

（4）情绪抑郁者对人际关系、学业成绩、工作表现不会造成显著的影响，而抑郁症对人际关系、学业成绩或工作表现影响很大。

（5）情绪抑郁问题往往是有诱因的，而抑郁症则大多数诱因不明。

二、抑郁问题的原因

抑郁是自我否定叠加的结果，当焦虑一直解决不了的时候，就会陷入抑郁。服刑人员经历审讯过程的“坦白从宽、抗拒从严”的复杂思想斗争，再到入监后的恐惧与迷茫，充满焦虑感，内心未能安定下来，加上入狱后的身份角色转换的冲突和自责自罪感，对亲人的内疚感，会倍感自身没有价值，没有用，于是对自己的能力贴一个否定的标签，因而产生抑郁的情绪。自我否定不是天生就有的，而是慢慢演进的。对自我的否定，往往是来自他人对自己的否定，比如老师的否定、朋友的否定、监区民警的否定，也有可能是他们早年在父母那里感受到的否定。这些否定往往会导致服刑人员的自我否定。随着我们慢慢长大，来自他人的否定不断增加和积累时，往往就会加深自我否定程度，导致我们觉得自己是不可爱的，没有能力的，没有价值的。当这些同时叠加在一起时，无用感加剧，抑郁情绪就会不请自来。

三、咨询要求及自我调节方法

（一）咨询要求

服刑人员若是有了心理问题就要主动求询，不能讳疾忌医。入监后，由于原有生活方式与习惯被打破，相当一部分人会出现失落、恐惧、悲观、怨恨、焦虑、抵触等不良的心理状况；有的人还会面临离婚或被家庭抛弃等现实问题，心灵深处蒙上了阴影，对人生感到悲观失望，因而会引发各种心理问题。“坐牢”的羞耻感、罪恶感，或许会时刻折磨着他们，无论是“因伤害他人犯罪入狱”，还是“被人伤害犯罪入狱”，已经无法改变其是一名罪犯的身份，若是加上“自我的否定”“他人的否定”“家人的不理解”，就会变成沉重的思想负担，容易生发焦虑、抑郁情绪，如果调节不及时或者方法不当，就可能导致心理疾病，并因此严重影响自身的改造。所以，服刑人员若觉察到自己的行为状态与前几个月不一样时，就应该求助于专业人员，以便及时得到心理疏导，排解抑郁情绪。

（二）自我调节的方法

1.接受监狱的心理健康教育。上课专心听讲，勤做笔记，认真完成作业，学以致用，应用到调适心理的实践中。

2.学习幽默的说话方式，营造“开心元素”，在需要寻求帮助的时候，不要默默承受，可以向同仓人员表达苦恼，寻求指导与帮助。

3.与家庭成员或其他亲人保持联系，寻求支持、鼓励与物质帮助，亲人之间的沟通也能帮助你识别和纠正错误的想法和消极的念头，从而使自己能安心地服刑。

4.循序渐进地宣泄情绪，每天书写日记或练习绘画和书法等，抒发内心的感受。

5.临睡前做自我放松训练以帮助减压和提高睡眠质量。

6.把刑期当学期，将监狱看成一座特殊的大学，自己是其中一名学员，通过认真改造，服从管教，树立正确的人生目标，给自己营造快乐的暗示气氛。

7.多参加团队的活动。多参与监区的文体活动、学习小组、座谈会，观看电影、电视活动，参加劳动竞赛、打乒乓球、打篮球或参加比赛，等等。

8.感觉抑郁时，用认知行为疗法关注自己的思维和观念，挑战消极观念，建立新的行为模式。对挫折与失败要做好充分的心理准备，你越是关爱自己，放弃糟糕透顶和生活无价值等错误观念，你就越可能从低落情绪中恢复。

9.如果无法自我调节，宜向监区警察报告，轻者可寻求心理咨询师的帮助，一旦进入中重度阶段，心理治疗加药物治疗必不可少，宜转介到监狱医院或精神专科医院诊治。

第四节　心理压力问题咨询

一、压力概述

（一）压力的概念

压力分为精神和物理两个领域的定义，从心理学角度看，压力是指心理压力源和心理压力反应共同构成的一种认知和行为体验的过程。在心理辅导工作中，我们一般将压力直接理解为心理压力。心理压力是由外部刺激（应激事件）引发的内心冲突和与其相伴随的强烈情绪体验。心理压力可分为内部压力和外部压力，常态压力和特殊压力。从类型上细分，还可分为时间性压力、期望性压力、情境性压力、人际性压力四种。压力过大、过多会损害身体健康。心理压力的最大的危害就是产生焦虑和抑郁的心理症状。[①]

（二）辩证看待心理压力

压力是人类永恒的话题，我们生活在充满压力的世界里。过高的压力和长期处于未能缓解的压力中，易造成身心疲惫和职业倦怠，会对身心健康产生危害，引发心血管和消化系统的疾病，容易引发各种事故。压力也具有双面性，变压力为动力就是积极的心理应对模式，在缺少压力的时期，你会觉得很无聊、很没劲，又会想寻些刺激和新鲜感，这就会产生新的需求，从而又产生新的压力。若要更好地生存和发展，过得更幸福，追求更高的奋斗目标和不断取得进步，就要有适当的压力作为动力，在面临各种风险与考验时，要有战胜困难和挫折的斗志和决心，那么，成功和喜悦就会离你不远。如果能注意劳逸结合进行适当的减压，你就会感谢压力，不怕压力。我们需辩证地看待压力，压力到底是有益还是有害，不完全取决于压力源和压力的大小，还在于你如何去看待这个压力。压力并不可怕，压力是人类生存和发展所需要的，它会陪伴着我们终生。

二、服刑人员主要的压力源

（一）内在压力源

1.挫折感。

挫折是个体在某种动机的推动下所要达到的目标受到阻碍时，因无法克服而产生的紧张状态和情绪反应。犯罪人被捕，从法律而言，是维护社会正义和秩序所必需的，但从犯罪人的视角而言，这是其人生的一次重大挫折。

2.社会地位和角色改变带来的压力。

褒善惩恶，维护公平正义，打击犯罪，抵制阴暗和丑恶，是正常

① 李元榕、知非编著：《心理咨询实操技能训练手册》，中国财富出版社2004年版，第46—47页。

世界应有之义，犯罪人为自己种下的“恶因”而吞下“恶果”，服刑人员身份的污名化现象，使其付出一定的精神代价。

3.不当的对比导致的心理失衡。

有的服刑人员因法律知识浅薄，不考虑认罪态度好坏和犯罪危害程度深浅、恶性程度高低，简单地与同罪名的人做刑期的对比，误以为被判重了，造成心理失衡。

有的服刑人员劳动能力差，为了争取成绩，总是将第一名的人作为追赶的目标，结果发现难度太大，觉得难以追赶上，于是悲观失望，心境恶劣，自怨自艾。这是不当对比造成的，如果他把工效在自己前一名的人作为追赶目标，就变得容易多了，压力就减少了。

4.过高的期望或者自信心的不足。

有的人自我设定不切实际的期望，比如，张某原判刑期5年，却设想要争取减刑3年，明显有违减刑不能超过原判刑期一半的法律规定。有的人对于要处理的事务及面临的困难感到胆怯，在能力、勇气、自信心、意志力方面存在不足。

5.心理冲突形成的压力。

（1）双趋冲突。

正所谓“鱼和熊掌不可兼得”，若是两者都想要，就会难以取舍，在犹豫中产生心理冲突。有的服刑人员当成绩积累到足够争取减刑和假释的条件时，为了申报减刑或是申报假释而患得患失，思前想后，难以决策。

（2）双避冲突。

即个体发现两个目标同时具有威胁性想要避开，而又必须选择其一，在这种情境下出现的左右为难的矛盾心态。比如，服刑人员李某生病住院，医生要他决定服药或开刀，在二选一的问题上，他一方面怕吃药，认为药有副作用；另一方面又极害怕开刀。他感到很纠结。

（3）趋避冲突。

是双趋冲突和双避冲突的复合形式，或是两种趋避冲突的复合形式，当两个目标或情境对个体既有利又有弊的情况下，当事人处于难以取舍的情境中。比如，陈某在出监后求职选工作时，面临趋避冲突，一个职位薪水高，但要从事又脏又累的活，一个职位较轻松、很光鲜，但薪水很低，让他一时感到难以抉择。

（二）外在压力源

1.重大挫折的压力。

如在遇到生活变故时，在遇到出乎意料的打击时，在遇到难以忍受的失败时，等等。

2.现实处境的压力。

在狱内难免会有安全感、自控感不足的时期，带来焦虑、抑郁、愤怒、自卑的情绪。完成任务目标过程中如需与现实中的人竞争，也会带来很大的压力。还有服刑生活中的琐事及令人牵挂的家务事，也会给不同人带来不同程度的心理压力。

3.家庭生活困难带来的压力。

子女就学就业问题、养家糊口问题、家庭成员病痛问题、安全问题、配偶的情感问题等等。

4.刑罚执行政策和管教力量带来的压力。

如任务完成方面的压力、考核的压力、犯错受批评的压力、表彰先进时受激励的压力、争先恐后的压力等等。

三、服刑人员对压力的调适

（一）压力管理

压力与工作绩效的关系呈倒“U”形曲线，做好压力管理，就有利于提升工作绩效，使压力水平处于曲线的最佳区域，达成压力管理的目标。当压力过小和压力过大的时候，业绩的表现都会较差，只有适度的压力水平能提升工作绩效，或者说，当压力水平适度时能达到绩效的高峰。

（二）通过放松训练术减压

常用的放松训练术有肌肉放松术、呼吸放松术、冥想放松术、正念放松术、音乐疗法等等。这些方法可申请在心理咨询师的帮助下进行。

（三）使用替代想法调整认知，避免不合理信念和消极的断言

1.意义疗法化压力为动力。

通过阅读人物传记和模仿成功者的品质，激励自己不被目前的困难和预设的困难吓倒，认识到压力对于锻炼自身能力、促进自我成长具有的现实意义；挖掘自己的资源和潜能，寻找能帮助自己的同盟和潜在的资助力量，化压力为动力，积极地应对困难和挑战。

2.使用积极的心理暗示，避免消极的断言。

可使用合理情绪疗法，避免灾难化思维和绝对化观念，避免消极的断言。

可重复使用积极的心理暗示语鼓舞勇气："困难和挫折只是暂时的，办法总是比困难多，我一定能想出办法来。""任何问题的解决都有三种以上的办法，努力尝试，就有成功的可能！""不轻言放弃，不轻言失败。"……

（四）用利弊分析技术应对心理冲突

利弊分析技术即针对产生心理冲突的问题（双趋冲突、双避冲突、趋避冲突），进行优缺点罗列，做出利弊结果的预测分析，然后综合判断对策的可取性，最终做出合理的选择。简言之，两害相权取其轻，两利相权取其重。

（五）做好时间管理，有所为，有所不为

当前不用急于实现的任务，要做好时间规划，分个清重缓急，以减轻人为的压力，对于已成事实无法挽救的问题，采取接受现实、顺其自然的生活态度。要有所为，有所不为，允许人生有点遗憾，允许自己不完美。若好高骛远，目标定得不切合实际就是自寻烦恼，不要刻意去追求本不是你的东西，才会知足常乐。记住，有时放过别人，是为了原谅你自己！

（六）通过交流疏导压力

可向心理咨询人员求助，接受心理辅导以缓解压力，重塑自信，减少心理问题。

可请教有经验者或你的益友诤友，在沟通交流中获得启发或求得答案。

对于刑事执行政策的问题，可直接请教身边的警官；对于人生的困惑，可向书本学习，读一些人物传记，从成功者身上学到不畏艰难险阻的智慧和优秀品格。

第五节　人际关系问题咨询

一、人际关系的概念

所谓人际关系，是指人与人之间在交往中建立的心理联系，包括亲属关系、师生关系、朋友关系、同学关系、同事关系、管理与被管理的关系等。

二、服刑人员常见的人际关系问题

主要表现在三大方面：与亲属之间的人际交往方面、与警察之间的人际交往方面、服刑人员之间的人际交往方面。常见的人际关系问题有羞怯、自卑、多疑、自负、妒忌、恐惧、冷漠、孤独、寂寞、角色不清、缺乏边界、干涉、敌视、冲突等。

三、人际关系的发展阶段与遵循原则

（一）人际关系的发展阶段

除一见钟情的特殊情况外，一般情况下，良好的人际关系的建立与发展有认识、相知、熟悉的过程，可分为选择与定向阶段、尝试与探索阶段、加强阶段、融合阶段、盟约阶段等5个阶段。

选择与定向阶段，是相遇后做出是否与之接触和交往的决定。

尝试与探索阶段，是互相观察与反应的过程，双方会求同存异地通过兴趣爱好、相似经历等方面的话题进行试探，通过表达观点、态度、价值观，试探对方能否与自己心理相容。有很多人的人际关系仅能维持在这一阶段。

加强阶段，是因为双方心理相容，有更多的共同话题或者期望，愿意花更多的时间在一起，从而产生了信任，人际关系得到加强。这阶段应把握自我暴露的度，否则也会造成情感伤害。比如，小王将小赵当成知己，将隐私和盘托出，而小赵认为小王不够成熟，认识不久就什么都说，不愿继续与之深交。

融合阶段，相互理解、相互包容、心意相通的阶段。

盟约阶段，双方会为了对方或者共同做事而做出承诺，或做出建立情感关系的约定。比如，男女热恋后订婚，刘关张桃园结义，等等。这一阶段，一方若想脱离关系，会产生情感纠结。

由于人际交往有互惠性、情感性、性格的复杂性，还有接触距离远近、时机的不同，打交道就有深有浅，每个人的人际关系发展路径或发展阶段会有所不同，能发展到融合阶段和盟约阶段的真的三生有缘了。每当不熟悉的人见到你满口称你是好朋友时，你可千万别马上当真，这可能只是向你示好的客套话而已。

（二）保持良好人际关系应遵循的原则

1.真诚原则。

这是人际交往的最基本要求，真诚会让人减少戒心，产生安全感，为彼此接近和愿意倾听创造心理条件。但真诚要以不伤害对方为底线，讲话一定要注意分寸。若是某些老实话不得不说，则最好委婉地说出。比如某位朋友字写得很一般，有一天她要你回答她的字是不是很漂亮，你可以这样回答：“你写得并不差！”

2.相容原则。

与人相处要有相容心，愿意去接纳、包涵、宽容和体谅，甚至要做出一些忍让。有修养的人懂得求同存异，取长补短，完善自己，若爱斤斤计较，就难得有人跟你合作，若你总爱算计别人，别人也会算计你，何谈建立良好关系。交友需要一些度量去容人，同样，你的这种态度也容易让对方容得下你。

3.互惠原则。

按照社会交换理论，人际交往也是互利互惠的双向行为，若只有单方获得好处，这种人际交往就不能长久，如果互相尊重、互相勉励、互相关心，就可以给予彼此物质或者精神上的慰藉与温暖。可见，要维系良好的人际关系，彼此都需要有所付出，有所奉献。

4.核心价值保护原则。

每个人一生的成长当中，多少会有些隐私和秘密，并非什么心事、什么话都可随意对人说。若遇人不淑，或遇见强敌，你自我暴露越多越有可能受到伤害。因此，适当的自我保护是很有必要的，尤其要保护好具有核心价值的隐私和秘密。

5.情境控制原则。

与人打交道要讲场合、讲身份，这样说话做事才得体，否则伤人不利己，或者令人尴尬。人的身份角色会因不同场合有所变化，要注意做好不同场合的角色形象整饰。

6.相似性与互补性原则。

人总是会被与自己具有相同或相似体形、相貌、经历、身份、出生地、个性特征的人吸引（相似性），又会对自己所欠缺而内心需要的他人品质、个性特点、经历、学历、身份表现出好感（互补性）。这就能很好地理解如下的社会现象：志同道合者容易聊在一起，“战友”“学友”“老乡”容易待在一起，懦弱者容易崇拜英雄，明星容易成为某些人崇拜的偶像。

四、狱内人际关系的调适方法

（一）狱内人际关系的建立与维系应以不危害监管秩序和安全利益为前提

狱内人际关系中，拉帮结派、不正当利益交易、串通违规、铤而走险这些都是绝不允许的。人际交往若有可能对监狱安全稳定造成危害，你需三思而后行。若在狱内故意制造事端，搬弄是非，搞得人心不宁，结局是搬起石头砸自己的脚。若要人不知，除非己莫为。

（二）学习和掌握基本的人际关系理论方法

掌握一些人际关系学理论方法是必要的，监狱开设的心理健康教育课会讲授人际关系方面的知识，请大家学习理解和运用。

（三）遵守角色边界，在不同的场合整饰自己的身份角色

简言之，就是在适当的时间、适当的场合做适当身份应做的事情。在课堂听课时，你就是学员的身份，应做到尊重教员、专心听讲、遵守纪律、完成作业。而在监狱警察面前，你是一名服刑人员，应遵守服刑人员行为规范，做到令行禁止。服刑人员要记得场合与身份的重要性，只有从心理层面接纳罪犯的身份，并且知道自己是什么人，这里是什么地方，自己来这里干什么，才能较好地与自己、与他人相处，才能争取和谐的人际环境，利己利人。

（四）学会倾听并做有效沟通

与人沟通，得先学会倾听，这不仅仅是出于尊重，还可以通过听其言、观其行、会其意，做出适当的回应。听人讲话时，不宜左顾右盼、三心二意。讲话声音要适中、表达要清楚，不宜恶声恶气、粗言滥语。有的人际关系问题是“沟”而不“通”造成的。要想沟通有好效果，请你做到：让对方听见，让对方听明，讲的话使对方有反馈。

（五）掌握人际关系“黄金法则”和“白金法则”，学会换位思考

黄金法则是：你想人家怎样待你，你也要怎样待人。白金法则是：别人希望你怎样对待他们，你就怎样对待他们。这两个法则，意在学会换位思考。有同理心，才会通情达理，用好这两个法则，你才会有好人缘。

（六）礼之用，和为贵，有所不为地化解人际分歧

礼之用，和为贵，这是人际和谐之道。人际交往难免有意见分歧或产生冲突，但对那些无伤大雅或清官难断的事，不必斤斤计较，或可默然而过。有些话，识破不挑破，点到为止，不伤和气。在狱内最忌言辞激烈，这样极易引发情绪和行为失控的事情。有话好好说，动口莫动粗，有争执时要懂得控制愤怒。

（七）服刑人员要特别处理好与三种人的关系

1.与监狱警察的关系。

（1）尊重警察的执法权，理解和配合警察的执法行为。

警察与你非亲非故，没私人恩怨，警察依法管理教育服刑人员，秉公执法是其职业行为，对警察应予尊重，莫挑战警察的权威。若你因沟通问题产生了误会，或对处理意见持有自己的看法，可以申请预约谈话，以尊重的语气和方式提出问题，分辨是非，真诚悔改，对于警察提出的告诫，要有则改之，无则加勉，多反思自己可以在哪些方面做得更好，配合执法。良好的态度至为重要。

（2）懂得规矩，有底线思维和敬畏之心。

服刑人员要虚心接受监狱警察的管理和教育，明身份，守规矩，注意行为规范养成。法律无情，规矩如铁，知道什么话不宜说，什么事不能做，什么险不能冒，千万别以身试法。

（3）有危难找警察，相信警察。

莫因不信任警察或不敢找警察而贻误了危急事情的求助时机。需要心理辅导时，可向警察提出求询申请。监狱警察是一群有法度、有温度、有政策文化水平的管理者、教育者，他们有能力分辨是非，有能力、有热心帮助服刑人员解决其职责范围内的问题。

（4）莫投机，宜以诚信、守纪、勤奋来展示自己。

一分耕耘，一分收获，投机取巧、弄虚作假没有光明前途，要以诚信、守纪、勤奋来展示自己，在认罪服法、服从管教、遵守监规、努力学习、完成劳动任务等方面下功夫。保持良好的态度是安身之策。

2. 与同改之间的关系。

（1）学习他人长处。

向先进者看齐，学习他们的长处，将自己的前一名作为赶超的目标，只需每天进步一点点，坚持不懈，就能不断向前，后来居上。

（2）处理好合作与竞争、互监与互帮的关系。

互监互帮互勉，是狱内服刑人员人际关系的重要特征，要牢记维护安全稳定这一核心利益。

从爱护角度看，服刑人员之间的监督和提醒，也是一种“帮助”，因为关乎安全的利益是一荣俱荣，一损俱损的，同监组的人员更是如此。故利于改造的话多讲，负能量的话少讲，互相勉励和有助于鼓劲的话多讲，你就更容易吸引别人，也更容易得到人际上的支持和帮助，在一起竞争也会比较愉快。

在生活上，宜互相尊重，对有消极情绪、生活困难的服刑同改，可提供服刑生活指导或提供力所能及的帮助，要多勉励，给希望，助其鼓起勇气渡过难关；对家庭发生变故的组员宜以情感爱护，倾听、陪伴、安慰，助其渡过难关；对不听劝阻屡次违纪的人，宜引导其控制情绪，做事三思而后行，对明显危害安全利益之事，则要敢于制止，及时报告警察处置。防微杜渐，阻止危害，及时止损，表面上是得罪了人，实际上却是挽救对方不致在错误路上越走越远。

（3）结交诤友，珍视友谊。

交友须守纪，不能拉帮结派、无事生非，不能合谋危害安全利益和他人利益的事。

（4）和而不同，在守规前提下解决矛盾分歧。

要加强自我修养，要允许别人有不同意见，要听得进别人的不同意见。有理不在声高，理直不一定要气壮，没必要为一些生活琐事争个脸红耳赤。营造“和”的气场，对小意见小分歧小困难，可内部互相磨合和帮助解决，但大意见大分歧因会影响监管秩序和安全利益，要找警官反映或请求帮助解决。

3. 与亲人之间的关系。

（1）重视亲情的社会支持作用，维持好与亲人的联系。

社会支持可以减少或防止心理紧张所造成的心理伤害。亲人，是你在困难和孤独期挂念的暖心力量；亲人的呼唤和祝福，是你积极改造争取早日回家团聚的精神动力；亲情的温暖，会增强你狱内的安全感，有利于身心健康。服刑人员加强亲情联系的方式方法主要有：写信汇报服刑生活，表达思念和问候，缓解思念之苦；反映物质和精神需求，请求得到亲属资助；遵守会见制度，获得与亲人见面的机会，减少情感隔膜，得到支持和温暖；通过拨打亲情电话或视频会见，加强与家人之间的感情联结，缓解压力。

（2）学会示爱和感恩。

不要因为对亲人愧疚而羞于拿起亲情电话，不要因为过去伤害过亲朋而不敢在狱内写信道歉。狱内有很多自省自警自励的机会，让你重新做人。要相信情义无价，要学会示爱和感恩，要争取亲人对你的理解、接纳和资助。

（3）慎重应对入狱后的家庭变故，控制情绪，寻求援助，恢复信心。

对于配偶提出离婚的情形，宜尽量挽救婚姻，不仅要示爱和感恩，更要拿出不愿离的态度。但若对方去意已决，则需换位思考，懂得自我开解，祝福对方能够更幸福。有的服刑人员伤透了配偶的心，配偶若委托律师来狱征求你关于离婚的意见，你能做的，一是让配偶相信你能够悔改，二是体谅配偶的难处，感恩配偶对家庭的贡献与辛勤付出。若配偶离婚意决，应接受现实，控制好情绪，出监后再塑情缘。若获悉家庭成员的死亡，要及时告知警官，请求给予冷静处理哀伤情绪的机会。可及时请求心理辅导，让你在咨询师的陪伴下表达哀伤、悼念，在审视生命与亲情的意义中获得新能量。

（4）克服出监焦虑。

克服怕出监、怕见亲人的出监焦虑问题，可以请求心理辅导。重获自由是值得祝贺的，要鼓起勇气重返社会，因为总有适合你的谋生机会。有了守法与勤劳的习惯，生活就有了更多的诗意和富足的远方！

第六节　心理创伤问题咨询

一、心理创伤概述

（一）心理创伤的概念

心理创伤主要是指由突发的或持续性的生活事件引发的心理问题或心理障碍。

由于各种不良生活事件引发当事人强烈的情绪，产生生理和心理的反应（应激反应），而这种反应持续一个月以上都不能自行缓解的话，即可判断为心理创伤。比较轻微的心理创伤，经过一段时间（通常在三个月之内）的自我调整是可以自动痊愈的。但也有一些心理创伤影响的时间会持续较长，甚至是终身的。较为严重的心理创伤，在心理学和精神科的分类中被称为“创伤后应激障碍”（PTSD）。

（二）可能诱发心理创伤的生活事件

可能引起心理创伤的事件很多，包括：病毒肆虐、瘟疫扩散、自然灾害、严重的交通事故、火灾或水灾、社会或家庭暴力、亲人突然去世、被人强奸、遭遇抢劫、被绑架、战争、入狱、目睹亲人或他人死亡、严重疾病所引起的死亡威胁或身体的严重残缺等等。另外，童年期的躯体虐待和性虐待、情感忽视、冷漠、被拒绝及被遗弃也会引发心理创伤。

严重的灾难性事件，如地震、海啸、龙卷风等；相对较轻微的创伤事件，如失恋、婚姻破裂、失业或学业的失败、人际冲突、职场上的挫折、遭受亲人的遗弃或背叛等。

（三）心理创伤的分类及临床表现

1.心理创伤的分类。

（1）按是否可控分类。

A.不可控的非人为性创伤，如自然灾害、交通事故、火灾、疾病等。非人为性创伤对人的生物神经系统造成的损伤较大，可能导致神经症。

B.可控的人为性创伤，如暴力、抢劫、强奸、虐待、入狱、战争等。人为性创伤对受害者的人格及社会功能、价值体系的损伤较大，可能导致人格障碍。

（2）按症状发生时间分类。

A.急性创伤后应激障碍，指症状立即发生，持续少于3个月。

B.慢性创伤后应激障碍，指症状持续3个月或更长。

C.延迟发生创伤后应激障碍，指在创伤性事件至少6个月之后出现的症状。很多在童年受到虐待，特别是性虐待的人直到青春期或成年期之后才发病。

（3）按严重性分类。

I型创伤：孤立创伤事件，发生在成年期，如发生在成年后的交通事故、自然灾害、遭遇性暴力或虐待等等。

II型创伤：发生在童年期且多发性事件，如童年遭遇身体的虐待、性虐待、情感剥夺、战争等等。

III型创伤：发生在童年期且多发性的事件导致成年后人格扭曲，如人格分裂、多重人格、边缘型人格障碍等等。

但是发生在儿童期的I型创伤有可能最终演变为II型创伤及III型创伤。

2.心理创伤的三种临床表现。

回避反应：努力回避与创伤有关的观念或记忆，回避可能引起创伤记忆的人、场景、活动；不能回忆创伤事件的某些情景，情感冷漠，人际疏远，对未来失去向往。

闪回：创伤情景在头脑中强迫性再现，包括视觉、听觉、嗅觉、触觉等感觉的重现，并引起强烈生理和情绪反应。这种闪回有时候以噩梦的形式出现。

警觉性增高：难以入睡或易醒、易激惹、注意力难以集中、过分警觉、出现惊跳反应。

二、心理创伤的危害性

（一）创伤后应激障碍

创伤后应激障碍，是指个体经历、目睹或遭遇到一个或多个涉及自身或他人的实际死亡，或受到死亡威胁，或严重受伤，或躯体完整性受到威胁后，所导致的个体延迟出现和持续存在的精神障碍。

创伤后应激障碍有许多症状，"闪回"是其中一种主要的症状，也叫"记忆侵扰"，即受创时刻的伤痛记忆萦绕不去。主要表现为患者的思维、记忆或梦中反复、不自主地涌现与创伤有关的情境或内容，可出现严重的触景生情反应，甚至感觉创伤性事件好像再次发生一样。

（二）可怕的童年创伤

心理创伤可使个体感觉到强烈的恐惧、无助、失控和毁灭的威胁，导致人的身体、智力、情绪和行为发生改变。早期的心理创伤可能伴随这个人的一生，对其日后的生活产生影响。创伤性事件造成的心理阴影会影响到当事人长大后的行为和决断能力，会影响其对事物的认知和判断，还会对其成年期人格的形成造成极大影响。

三、服刑人员的心理创伤及咨询要求

（一）服刑人员的心理创伤问题

服刑人员是心理创伤的高发群体。在监狱的服刑人员，经历了入狱前的一系列司法程序，心理状态已经发生了很大的变化，一些服刑人员被捕前就具有心理创伤，在入狱后更是受条件的限制，部分是由童年期未治愈的创伤所诱发，再加上新一轮的创伤，导致多种心理障碍的发生，如抑郁、焦虑、人格障碍、躯体形式障碍等等。属于人为性心理创伤中的"入狱"重大事件，大多发生在成年期，以I型创伤为主，我们称之为特殊人群的严重心理创伤问题。其主要症状表现为明显的恐惧、心慌，或者会产生一些焦虑情绪，状况持续加重或者持续时间较长，还会产生胸闷、呕吐、头晕头痛、失眠等躯体化症状。当觉察到有以上问题时，服刑人员就应向管教人员提出请求，寻求心理援助。

（二）咨询要求

1.对心理创伤的评估。

判断一个人的心理创伤严重程度，并不是根据创伤事件的严重程度来定，而是要根据当事人的心理和生理反应程度来定。经历严重创伤事件，不一定就会发生严重的心理创伤，相反，经历不很严重的创伤事件，也可能会发生严重的心理创伤。对一个内心坚强的人来说，非常严重的创伤事件也可能不会引起严重的心理创伤，相反，对于一个性格懦弱、意志薄弱者来说，一般人认为并不很严重的事件也足以引发严重的心理创伤。要判断自己是否患有严重心理创伤，可根据下列三种程度的划分进行自我觉察。

（1）轻度的心理创伤。可能表现为情绪低落、郁郁寡欢、伤心落泪、生活动力下降、不愿和人交往、对生活缺乏兴趣等等。这种情况在我们的生活中很常见，甚至严格地讲，每一个人在自己的一生中都要多次经历。这种情况，通常通过亲人和朋友的安慰和支持，通过自我的调节，经过一段时间的调整就可以自行痊愈，不需要专业的治疗。但是如果上述状态持续超过3个月未能好转，就应该寻求专业人士的帮助。治疗可分为药物的和非药物的，或者药物治疗与非药物治疗兼顾。非药物治疗通常是心理咨询或心理治疗。

（2）中度的心理创伤。可能表现为长时间的情绪低落、悲观厌世、社会性孤独自闭、严重的睡眠障碍、焦虑紧张、恐惧胆小，甚至出现自杀倾向。这时候常常会被误诊为抑郁症、神经衰弱、焦虑症或恐惧症，服用抗抑郁药物、抗焦虑药物后效果并不佳。因此，需要用专门针对心理创伤的治疗方法进行治疗才会有效。若想取得理想的治疗效果，主要依靠非药物的心理治疗，药物治疗只能起到短暂抑制性辅助的作用。

（3）严重的心理创伤。也被称为创伤后应激障碍，它除了上述症状，还具有其他的典型症状，如伤害事件的记忆或画面不断地出现在梦境中，或者即使在清醒状态也不断地在脑海中重现，因而使受害者经常处于惊恐和痛苦之中不可自拔，好像创伤事件就发生在刚才。这种现象被称为“闪回”。另外，生活中的很多正常场景可能成为诱发创伤记忆的引线，唤醒其对创伤事件的回忆和体验，从而造成强烈的情绪和生理反应。更为严重的创伤，特别是童年期创伤还有可能造成严重的人格扭曲、心理变态。这种情况，必须通过系统专业严格的心理创伤治疗，才可治愈或得到改善。

2. 消除心理创伤的方法。

如觉察到自己患有心理创伤，应当寻求心理援助。

对于一般的心理创伤可采取如下自我疗法。

第一阶段：重建安全感，补充心理营养。“爱自己”的自我关爱，是一剂最好的“心理营养药”。

第二阶段：哀悼失落的过往，活在当下。服刑人员入监后调整心态，接受定罪判刑和受法律制裁的现实，接受“罪犯”这个身份，接受服刑人员行为规范的约束，将刑期当学期，重塑人生目标，加强自身修养，吸取过去的教训，告别过往，在新的起点上重新起步，体会服刑的意义，活在当下，认罪服法、听从管教、积极改造，就一定有好的收获。

第三阶段：消除自责感，重建价值信心。服刑人员往往自责不止，觉得愧对家人。内疚和羞耻感会加重心理负担，因此要学会宽恕自己，自责过后就不再自责，接纳自己不完美的过去，学会宽恕，重建价值意义感和对生活的自信心。

第四阶段：活出精彩生命力。为所当为，体现自身存在和奋斗的价值，积极改造，争取早日新生。

第二编

宏观编

第一章

监狱服刑人员心理矫治

第一节　监狱服刑人员心理特点

一、监狱关押对象的变化

（一）服刑人员的构成因素变化

这一节所说的监狱是指男性成年犯监狱，以区别未成年犯管教所和女子监狱，关押的服刑人员构成主要特点是：

1.刑期5年以下的服刑人员所占比例较大。这部分服刑人员刑期短，但恶习不浅，有的认罪态度不好，混刑度日，成为重新犯罪高发对象，需要加强矫治。

2.服刑人员年龄与人数成反比，随年龄的增大，人数比例显著地降低，以青年服刑人员比例较大。这些人员多有认知偏差、情绪稳定性差、容易冲动、意气用事、自我约束能力不强等心理问题。

3.文化程度与犯罪率成反比，大部分服刑人员的文化程度在初中以下。

4.在服刑人员的类型中，20世纪80年代初期以盗窃犯的比例最大，到了90年代初期暴力犯的比例不断增大，以抢劫犯占多数。这些人员将暴力倾向带到狱内，法治观念淡薄，无视监规纪律，成为服刑人员之间相互斗殴，甚至袭警的重要心理根源。

（二）服刑人员心理和行为特点的变化

1.由于受到市场经济中消极思想的冲击，相当一部分服刑人员享乐思想、功利思想和占便宜心理严重，重权利轻义务。

2.由于受社会个别消极现象的影响，服刑人员对犯罪的社会危害性认识不足，缺乏罪责感和悔罪感，改造意识淡薄，思想改造不彻底，为重新犯罪埋下祸根。

3.抗拒改造的手段和行为多样化、复杂化，明显的公开性和相对的隐蔽性形式同时存在，对抗改造，甚至报复警察等。

二、不同类型监狱服刑人员的心理特点

（一）重刑犯监狱服刑人员的心理特点

1.与服刑时间有关的主要心理问题是，改造初期悲观情绪较突出。重刑犯刑期长［暴力犯10年以上、15年以上（含15年）为重大刑事犯，其他为轻刑犯］，改造任务重，入监后与家人分离，甚至妻离子散，自然容易产生悲观厌世心理。有些人无心改造，看不到前途，以消极的态度对待改造。有些人不听从管教，拒不出工，甚至自伤自残等。

2.行为难以矫正。重刑犯由于犯罪性质严重，案情重大，有的是屡教不改的刑事惯犯累犯，一般恶习较深，表现为认知偏差、性情行为偏激、对立等，难以适应改造要求。通过监狱的教育引导，重刑犯中的大多数是认罪悔罪的，他们能正确地面对这样一个现实：无理申诉，纠缠情节，难改昔日铁证如山的犯罪事实；怨天尤人，悲观失望，于事无补。面对漫长的刑期，只有悔过自新才是唯一出路。

3.积极改造，悔过自新。目前，随着监狱规范化创建活动的深入开展，法律制度的进一步健全，公开抗拒改造的服刑人员极少，即使一时有抵触情绪，通过教育，大部分能及时转变态度，明确改造方向，树立改造信心。实现由被迫改造到自觉改造的心理转变后，大部分重刑犯都有较强的求知欲望，对文化技术学习特别感兴趣，希望学会一技之长，以适应刑释后的谋生需要。他们积极矫治，重塑新我，并敢于检举揭发不良行为，在关键时刻能挺身而出，维护改造秩序。

（二）轻刑犯监狱服刑人员的心理特点

1.认罪不深刻，害怕劳动改造，难过艰苦生活关。轻刑犯以青年犯占多数，有些人好逸恶劳，入监后对艰苦的劳动改造和思想改造不适应，难过劳动关，有的因此对抗改造、拒不出工等，甚至有的萌发脱逃动机。

2.轻刑犯刑期短，但恶习不浅，情绪波动大，有的功利心理严重。当前，他们的犯罪动机已由“温饱型”向“享受型”转化，不是为了解决温饱问题而去干偷鸡摸狗的勾当，而是为了贪图更高层次的享受而铤而走险，比如为了结婚大摆排场、要面子而去偷窃，结果未进洞房先入牢房。由于贪图享受的思想严重，他们入监后最关心的是与家人会见、能从事轻松的工种、有可口的伙食和早日获得减刑等，而松于对自我的严格约束，反感思想改造。有的犯人若减刑未能如愿就闹情绪，有的甚至在法院裁定减刑的裁定书送达时拒绝签字，某个犯人因此而被法官当场宣布撤销减刑裁定，从而后悔莫及。

3.求知心理。知识是人类文明进步的阶梯，经过改造，特别是到了改造中后期，他们普遍具有较强的求知心理，希望学会一技之长，掌握谋生的本领，这种心理对加速改造与新生极为有利。

第二节　监狱服刑人员心理健康教育

监狱服刑人员的心理矫治内容包括：心理健康教育、心理测验、心理咨询和心理疾病治疗。心理测验和心理咨询已经在总论部分列了专章，心理疾病治疗则更多是医院专科的业务范围，这一章重点介绍的是监狱服刑人员心理健康教育内容。所谓心理健康，是指：“人的心理，即知、情、意活动的内在关系协调，心理的内容与客观世界保持统一，并据此能促使人体内、外环境平衡和促使个体与社会环境相适应的状态，并由此不断地发展健全的人格，提高生活质量，保持旺盛的精力和愉快的情绪。”

一、服刑人员心理健康教育内容

（一）一般教育

一般心理健康知识教育，比如认知、情感、意志、行为、能力、态度人格等心理常识教育。

（二）专项教育

专项心理教育，内容和方式很多，比如行为主义心理学的专门学习，教育服刑人员掌握专项心理自我调节理论和方法；专项心理问题消除理论和方法介绍，教育服刑人员如何应对心理压力等。

二、服刑人员心理健康教育方式

（一）集体教育

以监区或分监区为单位，采取课堂化方式进行，主要进行心理矫治基本常识教育。针对服刑人员中普遍存在的问题，既采用部编、省编的心理矫治教材，也采用监狱自编教材，对服刑人员进行系统性的、课堂化的心理健康教育，这是进行服刑人员心理健康教育的主要方式。

（二）分类教育

针对某一类服刑人员开展的团体心理辅导，比如对有吸毒经历的服刑人员的心理辅导、对有反社会人格问题的服刑人员的心理辅导等。实践证明，与个别矫治相比，分类矫治可以节省人力物力，能及时有效地解决服刑人员某类共性的心理问题，是推进和深化监狱心理矫治工作的重要举措。

某监狱开展对毒品犯罪类服刑人员专项心理辅导实践，受到他们的普遍欢迎。有吸毒史的服刑人员大部分债台高筑，众叛亲离，百病缠身，入监后2—3年内反复出现毒品戒断反应相关的身体和心理问题，头晕、胸闷、胃痛、肝炎等，有的经常做噩梦，健康状况不尽如人意，劳动能力差。2005年2月8日，该监狱抽调了有过吸毒史，余刑1年以上、初中以上文化程度、年龄50岁以下的服刑人员共86名参加了团体心理辅导试点，辅导后再测试时，心理不健康的服刑人员所占比例下降了20.85个百分点，心理健康水平已经比全监服刑人员的平均水平略高，心理辅导对有过吸毒史的服刑人员触动很大，听课后他们纷纷写心得体会，倾诉内心的痛苦，痛斥毒品的危害，表达对吸毒行为的深恶痛绝，效果明显。①

某监狱从2005年9月5日开始将确诊的感染艾滋病病毒的服刑人员进行集中关押管理的试点工作，经过多年实践积累了经验。艾滋病服刑人员集中关押改造前期的主要心理问题是对艾滋病的恐惧，中期是对不容乐观的病情产生的抑郁、悲观、绝望情绪，后期是面临出监产生的严重焦虑，他们对心理咨询的愿望和要求十分强烈，实践证明团体心理辅导对消除艾滋病服刑人员心理问题具有重要作用。②

（三）个别教育

对服刑人员单对单的心理健康教育，效果好，能解决深层次心理问题，是解决心理问题的最好方式。但是，技术要求高，要消耗大量人力物力。

（四）宣传教育

利用广播、电视、报刊、板报等进行的心理健康知识宣传教育。通过板报、监狱小报和征文等主题活动等形式，向服刑人员宣传普及心理健康知识，提高服刑人员心理健康水平。

---

① 叶扬：《对有吸毒史罪犯团体心理辅导的探索》，载《犯罪与改造研究》2005年第8期，第32—34页。

② 叶扬：《顽危罪犯心理矫治研究》，载《中国监狱学刊》2006年第5期，第98—101页。

（五）自我教育

大力鼓励服刑人员自学心理健康知识。监狱图书室可为服刑人员提供丰富的心理健康读物。

三、服刑人员不同改造时期心理健康教育

（一）入监教育期间的心理健康教育

1.入监期间是服刑人员最容易情绪波动的时期，心理健康教育的目标一是稳定服刑人员情绪，二是消除适应不良状态，三是引导服刑人员认罪悔罪。

2.在入监教育中安排10—20个课时，全面普及心理健康的基本知识，增强服刑人员心理保健意识，教育其掌握心理问题调节的基本方法。

3.对出现明显焦虑和强迫等相同心理问题的服刑人员分类进行心理辅导，进行有针对性的教育。

4.及时为申请个别心理咨询的服刑人员提供心理咨询帮助，解决服刑人员深层次的心理问题。有心理问题找心理咨询师，就好像患感冒找医生一样，并没有什么难为情的，相反，讳疾忌医才会后患无穷。

（二）服刑过程中（入监教育期结束之后）的心理健康教育

1.按改造表现和犯罪性质的不同进行分类教育。对有过吸毒经历的服刑人员、艾滋病服刑人员，以及不同犯罪性质服刑人员等分类进行有针对性的心理健康教育。

2.按心理症状不同进行分类教育。要对焦虑、强迫、抑郁、人格障碍和脑创伤性障碍等服刑人员进行分类辅导，解决他们共性的心理疾病。

3.按心理问题形成的原因不同进行分类教育。比如，将缺乏家庭支持而产生心理问题的服刑人员作为一类进行有针对性的心理辅导。

4.定期开展常规性的课堂化集中教育，不断提高服刑人员心理健

康水平。

5.定期在服刑人员中开展心理健康教育周或教育月等主题活动，采用主题演讲、知识竞赛、文艺表演等多种形式，寓教于乐，心理健康教育能让服刑人员对活动喜闻乐见，主动参与。

（三）出监教育期间的心理健康教育

1.这一时期以巩固心理健康教育成果、消除出监前焦虑为目标。

2.同样要安排10—20课时进行心理健康知识再教育，巩固心理健康教育成果，掌握心理调节方法，为预防重新犯罪打下基础。并结合监狱心理矫治工作的整体安排，做好出监心理评估、危险性评估。

3.出监焦虑是当前服刑人员中普遍存在的心理问题，对出监焦虑较重的服刑人员分类进行心理辅导，消除其心理障碍。

第二章

女子监狱服刑人员心理矫治

第一节　女性服刑人员的心理自助

一、女性服刑人员心理自助的特点

（一）改善和提升自己的期望

人普遍都有追求成长的内驱力。一部分女性服刑人员希望通过心理自助解决特定的心理问题，如自卑、抑郁、焦虑、强迫、压力过大等；另一部分则希望通过心理自助获得更多的成长，更深刻地了解自己的性格和能力，从而改善改造效果。

（二）改善和提升自己的潜能

当遇到抑郁、焦虑等较严重的心理问题时，人们在一定的专业指导下，有自我疗愈的可能性。一些人抱有宿命论的观点，认为心理问题无法改变，把它归结为性格、遗传等因素。但科学研究发现，心理问题只是大脑功能出现紊乱的表现。大脑具有终生可塑性，可以通过有意识的训练得以重塑，恢复健康。

心理自助，能够帮助人们改善心理问题，获得自我成长，最重要之处还在于激发自我探索的动力。自我探索是对自身的心理状态、思维方式、情绪反应和性格能力等方面的深入觉察。很多科学研究发现，这种觉察和了解本身就对心理问题具有治疗作用。此外，通过自我探索，人们能够看到自己的问题症结所在，明确在哪些方面需要改善，从而“对症下药”。无论哪种形式的心理咨询与治疗，要取得好的效果都要以自我探索为基础。在自助心理训练中，由于没有心理咨询师的直接参与，人们会最大限度地开发个人潜能，进行深入的自我探索，从而改善心理问题，得到自我发展。

二、女性服刑人员心理自助的功能

（一）修正非理性认识

心理自助，有利于女性服刑人员自我剖析犯罪原因，认识不良心理的意识行为表现、成因和危害，从而增强女性服刑人员加速改造的紧迫感。监狱环境中，女性服刑人员与正常社会产生了隔离，生活的枯燥有可能加剧女性服刑人员的敌对情绪和攻击行为，而所处环境的特殊性使之对外攻击受到遏制，为发泄消极情绪，随之就有可能增强对自我的攻击性①，也有可能发展成对外攻击。参加心理自助，有助于修正非理性认识，降低个体攻击性。

（二）培养良好行为习惯

自我矫治是女性服刑人员从改变犯罪心理，形成守法心理的角度进行自我改造。犯罪心理学的研究表明，犯罪的原因是多方面的，心理因素是其中一个不容忽视的重要因素。鉴于此，要改造服刑人员就要从根本上矫正支配犯罪行为的犯罪心理结构。心理自我矫治，在形成守法心理和清除犯罪心理等方面，具有其他矫治手段不可替代的重要作用。

（三）维持身心平衡

如何在纷繁复杂、扰人心绪的环境中，以积极的、正常的心理状态去适应环境，维持心理与生理的平衡，维持身心与环境的平衡，是包括女性服刑人员在内的所有人的一项重要任务。参加心理自我矫治

---

① 任滨海、柳维主编：《生存生活生命》，暨南大学出版社2016年版，第6页。

工作，旨在提高自我在特定环境条件下的心理调节和控制能力，以增进人体健康。

（四）提高心理健康意识，预防心理疾病

因社会化的严重缺陷，女性服刑人员中的绝大多数人不同程度地存在某些心理问题。虽然心理问题不等同于心理疾病，但任其发展下去就会恶化成为心理障碍甚至精神疾病。要改变这一状况，女性服刑人员进行自我心理矫治，是有效措施之一。

（五）自我管理、自我训练、自我治疗

虽然女性服刑人员中真正患有心理障碍或精神疾病的并不算多，但心理因素却是一些服刑人员犯罪和抗拒改造的重要原因。一些患有心理变态或行为障碍病症的服刑人员，由于不知如何改变自己，以致重复犯相似的错误。参加服刑人员心理自我矫治，可以使服刑人员的一部分心理问题，通过自我调节、自我训练而得以缓解、康复。

三、女性服刑人员心理自我矫治的内容

心理自我矫治，既包括对自己的心理健康进行预防性保护，也包括应用相关的心理健康科学知识和技能，对已经存在的心理问题进行控制和治疗，以防止心理问题的恶性转化，促进心理健康。

（一）心理卫生

心理卫生的内容，涵盖了心理健康、人格健全和良好的社会适应能力，并以塑造健全的人格为主旨。女性服刑人员由于特定的经历、特殊的地位以及所处的特殊环境，决定了服刑人员心理卫生的主要内容，包括服刑改造心理卫生、性心理卫生、情绪心理卫生以及婚恋家庭心理卫生等等。心理卫生不仅可以防止不良心理因素的形成，预防不良心理因素对心理健康的危害，还可以阻止不良心理的进一步恶化，对保持和促进心理健康起到重要的作用。

（二）自我防治

女性服刑人员心理的自我防治内容，主要是通过对不良心理的调节控制，预防不良心理演变成心理疾病，以及对已经形成的一些心理疾病进行自我康复。在监狱环境中，服刑人员因刑罚改造、人际关系、家庭变故等原因引起心理挫折、心理障碍时，固然可以请求监狱警察、心理医生或其他服刑人员给予帮助，但由于帮助者自身能力的限制以及各种人际关系因素的制约，服刑人员常常对这种帮助存有顾虑，有时即使获得了这种帮助，可能也难以使自己感到满意。因此，以自我调节和自我控制的途径，解决因各种挫折引起的心理失衡、心理障碍，是一项非常重要的能力。

四、女性服刑人员心理自助的要求

（一）进行心理健康自我评估

了解自己的心理问题类型以及严重程度。是否需要专业指导？如何识别压力等级做出自我应对？同样的问题，对不同的人来说，需要的自助类型可能是不同的。比如，对抑郁情绪的处理，一些人可能通过体育锻炼和参加劳动就可以有效地缓解，但另外一些人则需要更为专业的自助服务从思维模式上或行为方式上进行矫正。

那么，心理健康的标准是什么呢？

1.充分的安全感。安全感是人的基本需要之一，如果惶惶不可终日，人会很快衰老；抑郁、焦虑等精神状态，会引起消化系统功能的失调，甚至会导致病变。

2.充分了解自己。对自己的能力做出恰如其分的判断，如果勉强去做超过自己能力的工作，就会显得力不从心，于身心健康大为不利。

3.生活目标切合实际。这是由于社会生产发展水平与物质生活条件有一定限度。

4.与外界环境保持接触。因为人的精神需要是多层次的，与外界接触，一方面可以丰富自己的精神生活，另一方面可以调整自己的行为，以便更好地适应环境。

5.保持个性的完整与活泼。个性中的能力、兴趣、性格、气质及各个心理特征要和谐统一，从而可以得到最大限度的发挥。

6.具有一定的学习能力。现代社会知识更新很快，为了适应新的形势，就必须不断地学习新的东西，使生活和工作能得心应手，少走弯路，取得更多的成功。

7.保持良好的人际关系。人际关系中，有正向积极的人际关系，也有负向消极的人际关系，而人际关系的协调与否，对人的心理健康有很大的影响。

8.能适度地表达与控制自己的情绪。人有喜怒哀乐，不愉快的情绪必须释放，以求得心理上的平衡。但不能过分发泄，否则，既影响了自己的生活又加剧了人际矛盾，同样于身心健康不利。

9.有限度地发挥自己的才能与兴趣爱好。人的才能和兴趣爱好应该充分发挥出来，但不能妨碍他人的利益，不能损害团体的利益，否则会引起人际纠纷，徒增烦恼，不利于身心健康。

10.在不违背社会道德规范的前提下，个人的基本需要应得到一定程度的满足。当然，必须合理满足个人需求，否则将受到良心的谴责、舆论的压力乃至法律的制裁，最终将毫无心理健康可言。

（二）选择效果有保障的自助方式

1.网络心理自助服务系统。

网络心理自助服务系统是将所要进行的心理自助服务，按照计算机程序编制成系统的、可操作的软件，供人们利用网络将其下载安装至个人计算机进行自助，这种服务方式在国外已经得到广泛应用。进入21世纪以来，国内有了许多的心理自助服务系统，这对于改善抑郁、焦虑等情绪问题，以及在促进自我成长方面，与传统的心理咨询效果相当。

2.心理自助服务一体机。

随着现在社会生活节奏越来越快，现代人所面临的心理压力也越来越大，这让心理健康问题成为一个需要普遍重视的问题。鉴于国内心理咨询师尚不充足的现状，我们很多人的心理压力和负性情绪都没有得到合理有效的疏导。心理自助服务一体机是依托业界权威心理专家结合先进的人工智能技术，开发出的以心理健康调节体系为支撑，以助人、自助、互助成长为心理健康理念，集图文、影像于一体的心理自助服务系统。

（三）充分调动个体的主动性

人类具有主观能动性，在客观有限的服刑环境中，要学会调动自己在思维上、行动上的主动性，加大对自助资源的利用率以增强自助效果。

（四）要有克服困难的决心和毅力

心理自助虽然可以有专业支持和指导，但毕竟是自我主导的，因此在自助中应对自己的目标与个人发展负起责任，坚定不移地朝着正确的方向努力奋斗，不惧困难艰辛，持之以恒。

第二节　女性服刑人员心理矫治的集中教育

一、内容和要求

针对女性服刑人员心理健康的集中教育，是根据女性服刑人员生理、心理特点，运用心理教育的方法和形式，对女性服刑人员有计划、系统地普及心理健康知识与心理调节方法，维护和促进服刑人员心理健康发展。

集中教育工作坚持心理预防和心理发展相结合、知识传授与方法指导相结合、心理健康教育与日常管理教育相结合、普及教育与重点引导相结合的原则。

心理健康的集中教育主要由常规性教育、专题性教育、辅助性教育组成。

心理健康常规性教育主要是通过课堂式教学、普及心理学和心理健康的基本知识，传授心理调适的方法，树立心理健康的科学观念。

心理健康专题性教育主要结合服刑人员常见的心理问题和季节性、阶段性的不良心理倾向，加强引导。通过专题讲座、团体辅导、心理情景剧、案例分析、心理游戏等形式参加与女性有关的特殊节日的专题教育活动。

心理健康辅助性教育主要通过监狱心理报、心理健康知识讲座、心理广播和心理类主题黑板报等形式多渠道地参与普及心理健康教育。

二、集中教育方法

（一）参加服刑人员心理健康宣传月活动

在心理健康教育中，必须从解决服刑人员的思想认识问题入手，只有思想认识到位了，才能重视心理健康教育，愿意接受心理健康教育，从而认真学习心理健康知识，进行自我调适和心理自助，心理健康教育才会取得成效。

监狱每年开展为期一个月的心理健康教育宣传活动，开展全体服刑人员大会进行动员，并充分利用各种宣传工具大力进行宣传，营造强大的舆论声势，使服刑人员提高对心理健康重要意义的认识，自觉投入到心理健康教育活动中，从而形成人人关注精神生活，个个重视心理健康的良好氛围，为服刑人员学会心理自助并深入参加心理健康教育活动打下良好的知识基础。

（二）进行系统化的课堂教育

系统化的课堂教育，因其覆盖面广、方法直接、形式正规，已成为服刑人员心理健康教育的首选方式。为了达到良好效果，应该整体规划，统筹安排，将心理健康教育纳入服刑人员教育的整体序列之中，作为服刑人员的必学课程，选择合适的教材，让服刑人员系统地学习心理卫生和心理健康知识。在教学过程中，既要注重心理学基本理论的讲解，又要注重心理调节方法的传授，为了增强服刑人员的学习积极性，教学过程中可以穿插情景互动、行为训练等活动来充实教学内容，提高服刑人员对心理健康知识的理性认识。

（三）举办心理健康专题讲座和心理辅导

监狱针对女性服刑人员对于心理健康知识相对匮乏的实际情况，开设心理健康知识的专题讲座，从而增强教育的针对性和有效性。一方面，开专题讲解心理健康的标准，常见的心理障碍如何识别，逃脱及自杀行为的原因与危害，负面情绪如何调适，等等，使女性服刑人员在具备一定的心理健康知识的基础上学会心理自助方法。另一方面，针对女犯人群的特点，强化教育改造的社会化，可邀请妇联组织、知名女性作为心理健康教育课的讲座专家，讲解刑满释放后如何适应社会，做好刑释工作有关事项与社会的对接，针对性强，使女性服刑人员从中受益，做好出狱的心理准备。

（四）利用多种传播媒介推动学习

参加心理健康教育，可利用监区黑板报、监狱心理报、狱内广播等媒介宣传心理健康知识，还可以通过电台电视上有关心理健康的节目，使服刑人员从中受到启发和教育。在此基础上，也可以借助网络远程帮教的方式，帮助女性服刑人员建立与社会的联系，组织社会各界的力量参与服刑人员的改造，促进女性服刑人员的人格健康发展。

第三节　女性服刑人员心理矫治的分类教育

一、分类教育要求

对服刑人员的分类教育，是针对某种犯罪类型的服刑人员开展的剖析犯罪危害、矫正行为陋习、矫治犯罪思想的针对性教育措施。

监狱按照犯罪类型、气质类型、性格特征、心理状况以及不同刑期等对服刑人员进行分类教育，并根据需要邀请相关的社会人士和专家来参加主题分类教育活动。

对各类服刑人员进行分类教育，可分别采取专题的和系统的团体心理辅导等形式。对各类服刑人员中的短刑犯、累惯犯要有重点地加强教育。

在分类教育中要加强个别教育，特别是对有严重心理问题的服刑人员要进行个案分析，重点帮教，促进其思想转化。通过传授心理自助的知识和方法，结合心理测试和心理咨询，建立服刑人员的心理档案，用科学的方法增强教育的效果。

要把各类服刑人员的思想教育和行为矫正结合起来，加强有针对性的行为训练，矫正犯罪恶习。同时，注意发挥环境熏陶的作用，对不同类型的服刑人员要相应设计有针对性的改造环境，在潜移默化中达到矫正服刑人员思想的目的。

二、分类教育方法

服刑人员的分类教育有多种类型和多种层次，一般来说，可以针对以下类型的女性服刑人员开展分类心理教育。

（一）新收押女性服刑人员的心理教育

新收押女性服刑人员因原有的社会地位丧失，生活环境急剧变化，必定面临着角色转换问题。①其心理共性主要表现在恐惧感、自卑感、落差感和身份意识薄弱。女性服刑人员入狱初期由于对狱内的情况不了解，失去人身自由，远离亲人，因此在面对漫长的刑期时，她们会对自己的人生前途感到悲观失望，加上严格的监规纪律的约束，会很容易滋生痛苦、埋怨、焦虑、抑郁等不良情绪，在行为上则表现为不服从管教、无视监规纪律，吵架、打架现象时有发生，严重影响监狱的安全稳定。主要从以下两个方面进行心理教育：

1.参加前途教育。

新收押女性服刑人员所产生的不良情绪以及行为反应部分是对

---

① 图雅、柳维主编:《环境用心适应》，暨南大学出版社2016年版，第16—17页。

未来前途感到迷茫和缺乏信心所导致的。因此，对她们开展前途教育有助于转变消极认知，使她们懂得虽然犯罪后果是严重的，但人生并未就此结束，只要积极改造，重塑新我，前途就是光明的。对未来的生活树立信心，勇于面对现实，自觉地克服困难，就会迎来个人新的成长。

具体可采用希望引导法：用女性服刑人员期望满足的个人愿望作为引导、激发、鼓励其自我矫治的动力。在很多情形下，希望的力量可以比知识的力量更强大。因为只有在希望的背景下，知识才能更充分地发挥作用。女性服刑人员在社会群体中的身份角色前后发生了巨大的改变，伴随而来的是她们的思维认知的改变，用希望作为引导，可以矫正她们被扭曲的世界观、人生观、价值观，使她们能够正确地认识社会，提高矫治的积极性。对前途命运的希望，在某种程度上决定着自我矫治工作的成败。因此，要引导她们看到前途和希望，使她们学会用积极的、公正的态度看待社会、政策和法律。同时，社会和家庭也要伸出援助之手，给予她们重新生活、重新走向社会的希望，强化服刑人员的自信心和意志力，激励她们为达到重塑新我的目的而奋发向上，积极进取。

2. 自我认知教育。

新收押女性服刑人员所产生的不良情绪以及行为反应，有很大一部分是自我认知适应能力差所导致的。从自由到失去自由，从社会公民到监狱囚犯，心理的巨大落差使她们无法以正确的心理面对现实的生活。因此，对新收押的女性服刑人员进行自我认知的教育显得尤为重要，要使她们认识到，自己要为所做出的违法犯罪行为承担必要的后果。只有勇于接受现实，积极投身改造，自觉接受艰苦的磨炼，才能够重塑新我，迎接未来。

（二）出狱前女性服刑人员的心理教育

刑释人员在出狱前会产生种种矛盾冲突的心理，对亲人、对社会、对未来会既期待又迷茫或感到无所适从。做好对女性临出狱人员的心理健康教育，对于巩固改造效果尤为重要。

1.用自信培养法消除自卑感。

可采用自信培养法，使女性服刑人员以积极的态度评价自己，信赖自己有足够的能力去消除世俗的偏见，取得社会的接纳和认可。同时，要明白每做一件事情之前，都应该做好充分的准备，为树立自信心奠定良好的基础，为取得成功提供可能性，而每次成功的尝试又会为实现下一次目标提供动力，从而形成良性循环，使她们越来越自信，敢于尝试新鲜事物，迎接更大的挑战，获得更多的成功体验。

2.用角色适应法做好心理准备。

在重返社会后，女性服刑人员可能要承担为人妻、为人母、为人女的多种角色。因此，在出监前，宜熟悉角色的转变，增强承担不同角色的能力，做好重返社会后角色转换的心理准备。

3.用实事求是法建立心理平衡。

在押的女性服刑人员中，有很大一部分缺少技术专长，因此在面临再就业的时候，要学会结合自身的实际情况，不要好高骛远，脱离实际，更不宜盲目地与他人攀比，避免产生心理的不平衡。

（三）冲动型女性服刑人员的心理教育

冲动型人格障碍又称攻击型人格障碍、暴发型人格障碍，是一种患者出现阵发性情绪暴怒并有攻击性行为的人格障碍。临床主要特点为情绪不稳定及缺乏自我对冲动的控制能力，通过心理治疗、药物治疗可使人格障碍症状得到缓解。经诊断为冲动型人格障碍的，除了精神治疗，还有如下的自我调节方法：

1.设身处地，换位思考。

人与人之间要互相理解、信任，并且要学会换位思考，这是人与人之间交往的基础。互相宽容、理解，多站在别人的角度上思考。换位思考其实是人际关系中非常重要的沟通技能，为什么我们要学会换位思考？换位思考的背后其实是自我与社会前进的重要动力。女性服刑人员主要可以从以下几个方面进行心理换位，体会与人和谐相处的核心要义：（1）与监狱警察心理换位。服刑人员站在监狱警察的角度去体会他们在教育改造工作中的良苦用心，学会以平常的心态与警察相处，自觉服从教育改造，避免出现对立情绪。（2）与自己的亲属心理换位。一方面要体会到自己的犯罪行为给亲属带来的伤害，另一方面也要感受到亲属对自己改过自新的期望。（3）与被害人心理换位。要深刻地体会到自己的暴力行为给被害人及其家属带来的伤害和痛苦，能够从内心深处达到共情，从而增强自己认罪悔罪的意识，促使自己弃恶从善，重新做人。（4）与其他相关人员心理换位。要学会遇到矛盾冲突时能够站在对方的位置上思考，正确处理人际关系，避免由于冲动而引发极端行为。

2.纠正认知上的偏差。

解决问题的途径有很多种，暴力行为所带来的结果往往是两败俱伤。心理矫治人员可以适当地对服刑人员进行放松训练和宣泄训练。冲动型服刑人员很容易产生紧张和激动的情绪，这也对暴力行为的发生起到了推动作用，因此训练冲动型服刑人员掌握放松和宣泄的技巧，引导她们通过语言而不是暴力性的方式来释放自己的不良情绪，可以有效地控制暴力行为的发生，使服刑人员更好地配合管理教育。

（四）有严重心理问题女性服刑人员的心理教育

根据许又新教授的划分标准，严重心理问题是由相对强烈的现实因素激发，初始情绪反应强烈、持续时间较长、内容充分泛化的心理不健康状态。有时伴有某一方面的人格缺陷，心理冲突是常形的，持续时间限在半年之内。临床上，社会功能破坏程度，也可以作为参考因素予以考虑。[①]

在心理咨询工作过程中，不时会遇到一些女性服刑人员，述说自己的问题一开口就是“我有抑郁症”“我得了焦虑症”等，早早就给自己贴上了心理疾病的标签。经过详细询问了解，发现其实只是存在某些心理行为症状而已，情况根本没有那么糟糕。

一些人一旦出现某些症状，就会根据平时所听到、看到的有关心

① 许又新：《心理咨询与治疗原理与实践》，北京大学医学出版社2012年版，第50页。

理疾病的片面知识进行自我判断，轻易地下结论。殊不知，心理疾病有其严格的诊断标准，比如大家熟悉的抑郁症，不能单纯地只看典型的情绪低落症状，抑郁症的诊断还必须符合病程长短、主观痛苦程度和社会功能受损情况等综合标准。所以，一般人只是根据自己掌握的有限的和模棱两可的知识来做判断，难免会出现偏差。

关注自己的精神状况本是好事，但假如因此而夸大了问题就会弄巧成拙。一旦给自己贴上了某种心理疾病的标签，有的人会出现悲观失望的情绪，行为退缩，甚至伴有躯体症状，原本有条不紊的生活开始变得混乱。更为严重的是，有的人可能出现“自我实现”效应，即认为自己是什么样的人，结果就真成了那样的人，在内心深处认定自己是抑郁症患者，日常生活中就会按照真正抑郁症患者的模式去行事。

当意识到自己的情绪和行为出现异常情况时，千万避免自我“戴帽子”，给自己贴上各种心理疾病的标签，而要尝试积极应对。

1. 不要恐慌。有的人一发现自己出现了某些心理问题，就开始各种担心，担心别人的异样眼光，担心难以治愈，担心情绪和行为会失控，有一种天都要塌下来的感觉，担心情绪比症状本身带来的困扰更大，这必然加重问题。要树立正确的观念，只要积极调节和治疗，大多数心理障碍是可以改善和消除的。

2. 不要自责。有的人出现一些心理问题，就认定是自己性格不好或行为不良所致，是自己太脆弱了，为给身边人带来痛苦而深感不安。其实，心理疾病的出现是生理、心理和社会因素共同作用的结果，就像身体感冒发烧一样，无法完全避免，因此，不要自怨自艾，要坦然面对结果。

3. 保持乐观。悲观绝望是许多人出现心理问题后的直接反应，而人处在绝望状态时，往往高估问题的严重性，出现思维窄化，容易进入死胡同，甚至出现厌世轻生念头。不论遇到如何糟糕的情况，保持乐观心态都有利于最大限度地调动自身的应对资源和潜能，即人们平时所说的“乐观治病”。

4. 积极求助。心理行为症状的改善，除了当事人自身的自我调节努力，良好的社会支持系统也是至关重要的。要树立求助意识，不要硬扛，当感觉告诉自己需要时，大胆向亲人和朋友求助。当然，在自己现有的应对资源还不足以解决问题时，还可以积极求助心理咨询与治疗，以尽早地解除困扰。

（五）患严重疾病女性服刑人员的心理教育

在监管环境中，医疗资源较为有限，身处多重压力下的女性服刑人员在得知自己患有严重疾病后，情绪会有不同程度的波动。面对关乎生命的大事，人会本能地感到焦虑和恐慌，这是极自然的：危机不只影响身体，也必然会带来糟糕的情绪。

1.要如何调适自己的压力？

第一，照顾好自己。（1）尽可能维持正常的生活作息，要有适当的休息，尽量保持生活的稳定性。记住，危机事件的发生会令人手忙脚乱，自乱阵脚，因此让生活作息维持规律，是处理危机的必要条件。（2）列一个令自己感到愉悦的清单并执行它。平日你一定知道做什么事情会令自己开心，列出来并执行它。例如，允许自己哭一哭，写出你的想法或感受，玩一些不费脑子的小游戏，运动，深呼吸，抱抱可以慰藉你的物体，泡泡热水澡或冲澡，找出令你愉悦的事，与人聊天，等等。

第二，处理负向情绪。（1）减少因信息过载带来的心理负担。在面对危机时，尽量控制自己每天接收有关信息的时间不超过一个小时，在睡前不宜过分关注相关信息，不道听途说，只关注必要的信息，减少杂音。（2）与自我对话，自我鼓励。身为人类，我们都有一种自言自语的特殊能力，不论是大声地说话还是无声地自言自语，你都能利用这种能力训练自己迎接艰难的挑战。因此你可以这么告诉自己：“它可能不好玩，但我可以应付它”“这会是一段很重要的经历”“我不能让焦虑和生气占上风”。（3）运动。运动的好处在于帮你减少精神上的紧张，改善心血管机能，增强自我效能，提高自信心，降低沮丧感等。哪怕被隔离，你也可以在隔离的地方做做运动，有助于很好地调整心态。（4）用正向思维面对未治愈的疾病。你可以运用如下的思考方式：不要只往坏处看，很多文章也许只是在贩卖焦虑。注意每日的资讯中，其实正面信息是多于负面的。留意事实和数据，根据事实，判定自己的担忧是否合理（例如发病率、死亡率、治愈率、医疗方法的发展、新的药物等）。

2.八大预警信号。

如果你或周围的人有下列感受或状况，并持续超过2周，请尽快就医或寻找专业心理咨询师求助。

（1）恐惧，无法感觉安全；

（2）对自己或是其他任何人失去信心；

（3）自尊丧失、感觉羞耻、痛恨自己；

（4）感觉无助；

（5）感觉空虚；

（6）感受变得迟钝及麻木；

（7）变得退缩或孤立；

（8）睡眠状况恶化。

第四节　女性服刑人员的心理健康文化活动

心理健康文化活动，主要是针对服刑人员在改造生活中可能出现或已经存在的各种心理问题，以各种不同的文化活动形式，帮助服刑人员认识自己的心理问题并学会如何进行自我调节。

一、参加关于“生存、生活、生命”的专题活动

对女性服刑人员进行生存教育、生活教育，以及生命教育的“三生”教育，能促进女性服刑人员的全面发展，陶冶性情，铸造人格，重塑新我，培养女性服刑人员正确的世界观、人生观、价值观。在生存教育方面，主要针对认识监狱生存环境、认识监狱惩罚改造现实和初步了解死亡等方面进行教育；在生活教育方面，主要针对站在监狱的封闭环境中，如何进行选择方面进行教育；在生命教育方面，则进一步涉及生命的价值，针对培养正确的人生观、价值观等方面进行教育。

（一）充分利用同伴效应

可挑选具有代表性的服刑人员的成长遭遇制作成专题片，适时组织服刑人员观看，这样可以直观形象地触及她们的心灵，唤起她们的良知，使她们在强烈的震撼下产生愧疚之心、悔过之意。

（二）参加成长类专题比赛

“自尊、自信、自立、自强”是全国妇联原主席陈慕华同志在1988年9月召开的中国妇女第六次代表大会闭幕式上向全国妇女发出的号召。可通过参加“自尊、自信、自立、自强”成长类专题讨论会、主题演讲比赛、征文比赛等多种活动，克服自卑心理，发现并发挥自身优势，勇于表现和施展自己的才能，增强女性自信心[①]，实现建立自尊、树立自信、学会自立、发奋自强的目标。

（三）发现自己的重要他人

这个活动可以在素质拓展师的组织下进行，也可以由个体独立进行，只要你投入进去，每次都会有不一样的感受。拓展师给每个人发五张小纸人和一支笔，要求所有人在纸上写出自己生命中最重要的五个人的名字。写好后，拓展师开始宣读如下指导语：“请大家看一下自己所写下的这五个名字，用心去想象他们，仿佛他们就在我们的身边。现在我要求各位删除一个人的名字，这个人将再也不会出现在你的生活中，将离你远去，你将再也不会见到他，请你做出决定，并告诉我或写下你这样选择的理由。”后续步骤同上，直到剩下最后一个人的名字，拓展师再一次询问参与人员这样选择的理由，并请她们谈一下对这个游戏的领悟与感想。通过这样的活动，让服刑人员明白在自己的生命中，有些人终将成为过客，而有些人则会在我们的生命中扮演着重要的不可取代的角色，对于这些人，我们要感恩他们的出现，珍惜他们在我们身边的日子，让他们成为

① 杨木高：《中国女犯矫正制度研究》，南京大学出版社2012年版，第118页。

自己完成服刑改造的动力信念。

二、参加关于环境适应的专题活动

服刑人员在入监后由于生活环境、身份、社会地位骤然转变，加之自身的个性特征，会有监狱改造生活的适应问题，会对生理、心理造成一定的影响，或者引发一些不当的行为。因此，通过监狱组织开展利于帮助适应障碍的心理健康活动，可以缓解由周围环境带给服刑人员的心理压力，引导她们正确地处理与周围人和事物的关系。

（一）参加心理沙龙活动

给新入监且存在环境适应障碍的服刑人员提供一个相互交流的机会，拉近彼此之间的距离，使新入监的服刑人员不再因感觉孤独而难以适应监狱生活。引导大家将存在的各种烦恼说出来，宣泄本身就是一种很好的自我心理调适的方法。可在轻缓的背景音乐下，进行自我介绍，并通过简单的肢体动作促进参与者彼此熟悉，紧接着进行主题话题讨论，如自入监以来，你的心情是怎样的？有了怎样的变化？最让你烦恼的事情是哪几件？面对让自己烦恼的人或事，你应该如何应对？每个话题都允许大家自由发言，民警可在旁边进行积极的引导。

（二）参加挫折教育活动

人的一生，不可能一帆风顺而不遭遇任何挫折，人就是在挫折中慢慢长大的。然而，有些人面对挫折时能够越挫越勇，将挫折转化为前进的动力，而有些人却在挫折面前慢慢沉沦，最终被挫折击倒。入监服刑是最好的挫折教育，即使暂时遇到挫折，也并不是致命的打击，仍然要相信自己有改过自新的勇气和能力。挫折教育帮助女性服刑人员应对在改造过程中可能出现的挫折，让女性服刑人员学会接纳自己，懂得珍惜现在所拥有的、可以被感知的幸福，懂得自己的命运是掌握在自己手里的。

（三）参加人际关系团体辅导

受到狱内监管环境的特殊限制，大多数服刑人员都曾体验过人际关系紧张的问题，甚至失去对周围环境和人群的信任感，最终导致情绪或心理问题。通过参加人际关系团体辅导，围绕互助和信任，通过交流互动，学会如何去帮助别人，从而建立良好的狱内人际关系。

（四）参加生涯规划团体辅导

统计数据显示，女性服刑人员最主要的困惑首先来自对未来生活的期望，其次就是出监后的再就业。通过辅导人员的协助，引导服刑人员进行个人探究、评判，整合有关知识，树立正确的劳动观、职业观和择业观，帮助服刑人员从认识身边的职业开始，逐步深入了解社会各类职业的相关情况，再结合自身的兴趣、能力、个人性格特征，做出适合自己的职业选择。生涯规划辅导，可以发掘服刑人员的潜能，激励其切合实际地为理想奋斗。

三、参加其他各类专题活动

（一）学习自主放松方法

掌握一些心理自助的技巧可以帮助女性服刑人员缓解由入监服刑所带来的家庭分离焦虑。女性服刑人员学习和掌握积极意向放松、肌肉放松和深呼吸放松方法，每天训练2至3次。在检查放松训练情况时，尤其要重点检查是否获得了肌肉放松后的温暖、沉重不能自主控制运动的感觉。如学习《八周正念之旅——摆脱抑郁与情绪压力》中的“身体扫描”方法，可以让人专注于肌肉放松体验的训练，可以通过自助阅读或参与团体辅导的方式，引导女性服刑人员掌握此方法。

（二）参加沙盘游戏治疗活动

沙盘游戏治疗是一种以荣格心理学原理为基础，由多拉·卡尔夫发展创立的心理治疗方法。沙盘游戏是运用意象（积极想象）进行治疗的创造形式，“一种对身心生命能量的集中提炼”；其特点是在医患关系和沙盘的“自由与保护的空间”中，把沙子、水、沙具运用于意象的创建。沙盘中所表现的系列沙盘意象，营造出沙盘游戏者心灵深处意识和无意识之间的持续性对话，以及由此而激发的治愈过程和人格（灵性与自性化的）发展。

（三）参加改善婚姻家庭关系的团体辅导

通过团体辅导帮助小组成员缓和家庭关系，与家人建立良好的沟通方式。由具有心理工作背景的民警和多名家庭关系紧张的服刑人员组成团体辅导小组，明确团体辅导的目的及过程，明确基本的规则。播放舒缓的音乐营造轻松的氛围，在这样的背景下，民警引导服刑人员将自己内心的想法表述出来。在活动结束后，可以让服刑人员参加“给亲人写一封信”的活动，通过写信抒发自己内心的情感，在与亲人的互动中增强改造的信心和积极性。

四、参加心理相关艺术治疗活动

艺术是多种多样的，它不仅可以作为客观世界的表现形式，也可以生动地反映人的主观内心世界，它像是一种媒介，将人们深藏于内心无法用言语表达的情感通过艺术传递给更多的人。一方面，它可以缓解服刑人员情绪情感上的矛盾和冲突，有助于她们的自我认识和自我成长；另一方面，它作为个人内在和外在的沟通桥梁，通过视觉听觉等形式，向外传递出个人的需求和情绪，通过分享和讨论，使自己的人格得到发展和健全。

（一）参加原生艺术绘画活动

“原生艺术”一词是20世纪40年代由法国知名艺术家让·杜布菲提出的，是指那些默默无闻的与职业艺术圈无任何关系的普通人，利用绘画抒发和释放个人内心情感、表达个人未竟愿望、吸引个人意志和注意力于活动的情景之中，从而减轻心理困扰或表现个人才能的一种心理治疗方法。原生艺术治疗强调“创作即是治愈”，鼓励个体进行个性化创作，分享个人绘画收获，回顾个人作品，运用感悟成果，进行巩固性日常训练。让毫无绘画基础的服刑人员，直接接触画笔、画布、画架、颜料等绘画工具，按照心中所想，直接用画作表达，以宣泄个人情绪，表达个人愿望，再通过对原生艺术绘画的欣赏，来提高自身的艺术敏感性，最终形成独一无二的个人作品。

（二）参加音乐治疗心理活动

音乐作为一种艺术形式，是人类思想、情感的载体，而浩瀚的音乐材料基本已经涵盖了人们的所有思想和情感，可以说，任何人都能够找到适合自己的音乐类型。①运用音乐特有的生理、心理效应，通过对音乐的体验，可以达到消除心理障碍和恢复心理健康的目的。音乐的曲调、节奏、旋律不同，对人体可产生不同程度的兴奋、镇静和降压等作用。音乐特别是对那些患有不同心理疾患的人大有益处。狱内的服刑人员通过有意识地哼唱旋律、抄写歌词、参与歌唱等方式，可以调整个人的情绪状态。

（三）参加文学艺术阅读活动

艺术治疗中，文学艺术治疗依旧是公认最为有效的主流形式，它是以文学形式为主要内容的康复治疗措施。据研究资料显示，文学艺术疗法在整合其他医学手段的基础上，对于改善病人的精神症状，恢复社会功能等众多领域有独到作用。②阅读科普类心理学书籍，可以让女性服刑人员从负面情绪中解脱出来，对目前遭遇的困难产生新的认知和体会，从中得到成长和发展。服刑人员借助书籍进行自我治疗，可以找到自我恢复的力量。如举行“读一本好书”“我成长的故

---

① 林映坤主编：《罪犯心理特征及心理矫治》，中国轻工业出版社2012年版，第60页。

② 麦清、郝琦：《Freud与文学治疗》，载《天津市教科院学报》2005年第12期，第69—71页。

事”等交流分享活动，使动人的故事情节能够打动人、教化人，使服刑人员能够有所触动从而矫正错误的人生观。

（四）参加心理剧表演活动

心理剧是综合音乐、绘画、游戏等多种元素，在演出中体验或重新体验自己的思想、情绪、梦境及人际关系，伴随剧情的发展，在安全的氛围中，探索、释放、觉察和分享内在自我，从而使表演者感情得到抒发进而达到治疗的效果。女性服刑人员通过梳理个人经历，编写专属个人的成长剧本，让积压的情绪得以释放，对未来的美好憧憬得以表达，这些都会正面强化表演者的成长体验，鼓舞个体从自己的成长经历中体验心理发展和成熟的过程，从而鼓起勇气，以更饱满的精神状态迎接未来。

（五）参加经史合参体验学习

经史合参是一种通过将国学经典大道理与自己的行为放在一起进行参悟，以进一步理解内化国学经典要义，促进国学经典要义与个体自身行为知行合一的学习方法。与上课讲授、背诵考试等传统国学教育方法不同，经史合参的方法具有体验式、情景式、浸入式、践行性等特点，在优秀传统文化的习得、践行和传承上，让人学得深、悟得透。比如，在抄写《论语·学而篇》环节，通过一笔一画的抄写得以静心；在读经典助理解的环节，通过阅读南怀瑾的《论语别裁》与《孔子和他的弟子们》，结合个人经历进行参悟，再通过讨论分享，以加深个人理解，然后通过角色扮演，分别去体会孔子及其弟子们的言行及语言内涵，最后通过汇报演出的方式，总结呈现学习成果。

（六）学习线条艺术禅绕画

禅绕画是一种全新的绘画方式，在设定好的空间内用不断重复的基本图形来创作出美丽图案。画出来的图案，有点像曾经流行的填色书《秘密花园》上图案的模样。禅绕画的素材取自自然、取自生活，再加上人的无限想象力，可以无限地延伸，产生各种各样的可能性。禅绕画的世界里，没有比较，没有对错，只要跟着感觉画，自在愉悦就好，所以又被称为“心灵的画作”。

禅绕画的绘制轻松有趣、简单易学。无须深厚的绘画基础，也无须特定的场地，一支黑笔、一支铅笔、一张纸，就可以随时随地尽情“禅绕”。盘曲缠绕的线条构成了禅绕画的基本纹样，多种纹样的自由组合则构成了一幅完整的禅绕画。它不仅仅是一种艺术创作，不少人还利用它来疏解压力，所以还被称为“头脑瑜伽”，正是因为通过禅绕画，人脑可以很容易地进入冥想状态，逐渐达到深度的专注。在以精致的线条重复画图形时，每个人都可以专注于每一个笔画，在这样的意识状态下，心智、直觉和知识都能迅速、精确且不费吹灰之力地共同运转。

第三章

未成年犯管教所服刑人员心理矫治

第一节　未成年服刑人员的心理特点

一、辨别是非能力差

未成年服刑人员普遍文化程度较低、社会阅历浅、生活经验不足，认知问题能力和辨别是非能力普遍较差，对社会、家庭、人生、前途、理想定位模糊，法治观念较为模糊，人生观、世界观易出现偏差，道德观念和义务观念淡薄，存在个人主义倾向。在对罪责的认识上，他们往往把犯罪原因归于客观，只谈自己受监禁惩罚的痛苦，却不谈犯罪行为给受害人、给社会带来的严重危害。在对家庭认识上，他们既怨恨父母从前管教不够，又担心家人不来与他们会见，害怕被抛弃，怨恨与忧患心理交织，影响改造。

二、情绪波动大

他们入监所后，深感因犯罪被判刑而葬送了前途，感到悲观，担心适应不了改造环境，过不了劳动关、学习关、生活关，从而影响到减刑、假释等奖励。多数未成年服刑人员是初偶犯，接触社会不多，社会经验少，他们受错误认知影响，想当然地把监所看成是一团漆黑的环境，怕被警官整、同改欺，入监所后恐惧紧张，并有强烈的戒备心，不敢轻易暴露真实思想，焦虑不安，情绪波动大，易自暴自弃。

三、自控能力弱

多数未成年服刑人员在独立性和自制性方面比较差，对监管改造环境不适应，人际关系不协调，自我控制能力差，经不起挫折，意志薄弱，遇事不善权衡利弊，很少考虑行为后果。

四、性焦虑问题突出

未成年服刑人员中大部分没有接受过正规的性知识教育，对性知识了解极少。入监所后，往往会因做性梦遗精等不知所措，又羞于对别人说，出现心悸、出虚汗、梦中惊叫、失眠等症状，会因疲劳体虚引发生理、心理问题。有的未成年服刑人员入监所前有过性体验，入监所后感到性压抑而出现烦恼、焦躁等心理现象，会因一点小事与人争执，在习艺劳动中注意力不集中，影响产品质量。女性未成年服刑人员因性压抑会莫名其妙地摔东西，某些男性未成年服刑人员常有手淫习惯；有的未成年服刑人员经历过恋爱，在入监所后因思念而出现忧郁、苦闷、孤独等心理问题。

第二节　未成年服刑人员心理矫治的集中教育

一、集中教育要求

（一）接受教育的对象是全体未成年服刑人员

未成年服刑人员多数社会适应能力低、情绪波动大，焦虑、抑郁、易激怒、自控能力差，总体心理健康水平低于社会正常人群。因此，开展心理健康教育不是针对部分未成年服刑人员，而是面向全体。

（二）掌握心理矫治工作内涵，主动接受心理矫治

通过学习，掌握心理矫治工作内容包括明确心理健康的标准、心理调适的基本技能，配合做好心理测试、心理咨询的有关要求，学会

如何做好入所适应和做好刑满释放前适应社会的心理准备。要通过心理健康教育，增强接受心理矫治的主动性。

二、集中教育方法和途径

（一）心理健康教育系统化教学课堂模式

1.心理健康教育的课堂模式。

主要有激导式教学、探究辅导式教学、活动式教学。

激导式教学。体现激励机制，活化心理因素，结合兴趣化、主体化、生活化、行为化的特点，激励未成年服刑人员在学习中以小主人的身份积极参与教学互动，成为学习正向行为的操作者、体验者，明确"学什么""怎么学"。这样的教学模式很受未成年服刑人员的欢迎。

探究辅导式教学。警官教员讲解某一重点问题时，组织未成年服刑人员参与讨论、辩论、探究和意见分享，使其心理问题充分暴露，从而增强了心理辅导的有效性和针对性，提高了辅导效率。

活动式教学。针对课题内容认真进行设计，以一个个小活动贯穿其中，寓教于乐，寓教于悟。

2.教学方法。

（1）课堂讨论法。它是警官教师组织未成年服刑人员围绕某一问题情境各抒己见，开展讨论，以求得正确认识的教学方法。它的优点主要有：一是能够充分调动未成年服刑人员学习的积极性、主动性和创造性，使其在自由讨论、激烈争辩的气氛中求得共识，获得新知；二是有助于培养未成年服刑人员分析和解决问题的能力，锻炼独立思考和求异思维的能力；三是促使未成年服刑人员在对问题情境的讨论中，获得心理体验，受到启迪。

（2）角色游戏法。教学中使用适当的、有意义的游戏，选择一些未成年服刑人员扮演某个角色参与互动，也可让未成年服刑人员自编游戏规则，参与其中，既能活跃课堂气氛，又能促进未成年服刑人员在营造的情境中获得知识。

（3）故事法。追求新奇、喜欢听故事是青少年的天性，未成年服刑人员也不例外。故事语言生动形象，故事情节扣人心弦，故事人物有性格、有感情，栩栩如生，再辅以教材内容将未成年服刑人员引入积极的思考中，在故事中接受心理健康教育。

（4）即兴演讲法。演讲是自我教育的一种好形式，当心理健康教育教材内容适合演讲时，可发动未成年服刑人员根据教材内容自己收集相关材料，在课堂上进行即兴演讲，既锻炼口头表达能力，又激发学习热情，既使演讲者自己受到锻炼，又使听讲的其他未成年服刑人员受到教育，可谓一举多得。

（5）心理短剧表演法。当教材内容适合表演心理短剧时，让未成年服刑人员创编一些短剧，安排在课堂上即兴表演，发挥展示自我、增强协作、教育大家的效果。

（6）视听材料穿插法。心理健康教育中，适当将音乐、视频、漫画、图片等视觉听觉材料穿插于课堂教学之中，就可以创设一定的视听情境，增强教学的吸引力和感染力，提高教育质量。

（二）各阶段有侧重地开展心理健康专题教育

一般来讲，未成年服刑人员的改造过程大致分为三个阶段：服刑初期、服刑中期和服刑后期。在不同的服刑阶段，未成年服刑人员表现出的改造心态有所不同，所以，可以在不同时期开设心理健康专题教育课。

服刑初期，是指未成年服刑人员在入监所后半年左右的那个时期，这一时期未成年服刑人员普遍面临如何适应的任务。开设如何认罪服法、接受现实、适应环境、树立信心等方面的专题，有助于为中期的改造奠定良好的心理基础。

服刑中期，大致为未成年服刑人员入监所半年后至出所前半年的一段时间。服刑中期是鼓励合作竞争、发掘潜能投入积极改造、争取成绩的关键时期，因此，开设如何应对挫折、如何建立正常的人际关系，如何维系亲情关系、如何看待得失成败、如何提高劳动效能、如何愉快劳动等实用性的专题，进行心理健康教育就很有针对性。

服刑后期，大致为出监日至临近出监前半年左右的一段时间。主要需应对出监前焦虑问题，可通过开设的出监心理健康专项教育，提高刑释后的挫折容忍能力、抵御犯罪诱因的能力，巩固守法心理，避免重新犯罪。

第三节　未成年服刑人员心理矫治的分类教育

一、分类教育的要求

对未成年服刑人员的心理矫治除了一对一的心理咨询或心理训练，还可依一定的标准划分成不同的类型展开团体心理辅导，如果团体心理辅导选取的是同一性质类型人员作为矫治对象，又以教育的方式展开矫治，那么对这一性质的团体辅导，也可称为分类矫正教育。

二、分类矫正教育法

（一）未成年服刑人员心理意向矫正

心理意向是指人的心理发展的总趋向性。未成年服刑人员较之同龄人消极意向更为突出，主要表现为：认识肤浅、欲望强烈、观点片面偏激、动机不纯、意志不坚定、目的不明确、是非分辨能力差、争强逞能、自律性差、可塑性大、反复性大。在需求未能满足时，容易像小孩子般耍脾气。

针对上述特点，从事心理教育的警官应结合青少年发育的阶段特点，运用心理学原理和方法引导他们正确看待人生的法、理、情，让他们懂得规矩意识和守法观念对守护幸福的重要意义，学会延迟满足对于培养优良品质和意志力具有重要的意义，引导他们树立正向的人生观和价值观，把个人的矫正目标与社会需求结合起来，引导其树立人生理想和奋斗精神。可运用目标激励法，帮助他们制订改造计划、确定矫正期限和矫正目标，当目标达到时，就给予表扬、赞许、掌声、喝彩等课堂上的强化，使其端正改造动机，坚定改造信心，形成积极改造的心理意向。

（二）未成年服刑人员不良情绪矫正

处在青年初期的未成年服刑人员情绪不稳定，想问题简单，缺乏分析，易受暗示和被人利用；对信任者言听计从，对不信任者则不理不睬；自控力较差，动辄为小事不顺心大动干戈；有时做事动机和目的都不明确，行为具有盲目性和突发性。有的未成年服刑人员掩饰性强，不愿流露真实的情感，容易令人产生误解，其本人也因得不到警官和同改的理解而痛苦不安。

调节不良情绪可从以下几方面着手：

1.遇到矛盾冲突时采取“迟一步反应法”。给自己留有一个缓冲的空间，给自己一个纠偏的时机。未成年服刑人员要通过调节情绪，学会理智地对待矛盾，提高分辨是非的能力。

2.做好未成年服刑人员需求管理。根据物质与精神文化的需要，结合未成年人的兴趣爱好特点，开展有益身心的文体活动或习艺技能竞赛，开展有利于教育本人和教育他人的演讲比赛、情景剧、才艺表演，以满足他们的表现欲，帮助他们将阳光和善良的一面展现出来，从而通过需求的调节，实现教育他人和激发改造积极性的目的。

3.养德修心的道德健康与心理健康教育。培养未成年服刑人员自我教育、自我改造的能力，强化行为规范养成，并结合考核工作，促进其自我约束的规矩意识、自我调节的情绪管理意识、规划改造目标的自我发展意识、认罪服法听从管理教育的悔改意识等。

（三）未成年服刑人员自我意识缺陷矫正

青春期个体发展最为显著的特点是自我意识的发展。自我意识发展的特点是成人感的形成，想极力摆脱家庭的束缚、学校的制约，想表现出成人的作风和气魄。青春期个体对人的内心世界、内心品质开始有朦胧的了解，也想要别人了解自己尚未完全形成的个性。自我表现意识正常地发展到青年初期，能独立、自觉地按照一定目标和准则评价自己的品质和能力，道德意识也日益加强，是促进人的独立性和创造性发展的必然因素。自我意识发展过早、过头都会导致“以我为中心”的思想恶性膨胀，行为方面就会被个人利益驱使，出现有悖于常人的逆反心理。

未成年服刑人员大多数因过早、过头地发展了自我意识，无法正确地体验生活和评价自己，更无法揭开蒙在成人社会表面的面纱，于是，容易被社会亚文化光怪陆离的色彩迷惑，被成人世界的一些伪装欺骗，受不法分子教唆而被利用。

矫正未成年服刑人员不健康的自我意识，引导其心理健康发展，可从以下方面着手：

1.及时收心、攻心。未成年服刑人员虽被关押、看管，但不良的自我意识并不容易被收押，心仍停留在犯罪的阴影中。要抓住未成年服刑人员入狱后动机斗争的关键时机，及时开展收心、攻心工作，使他们从罪恶的阴影中走出来，激发他们的改造热情和重新做人的勇气。

2.狠抓行为习惯养成，特别是文明礼貌行为习惯的养成，促使他们形成健康稳固的心理定式和行为方式。

3.引导未成年服刑人员正确地认识自己和评价他人，纠正不合理的信念。提示他们遇到难题之时，成年人会怎么思考、会怎么办。

（四）未成年服刑人员挫折心理矫正

心理学认为，挫折是心理需要得不到满足时出现的紧张情绪状态。如果挫折过于强烈或时间过长，超过个人的承受能力，就会引起情绪紊乱、心理失衡，伴随出现自卑、焦虑、压抑、悲观、懊丧、忧愁、忧郁、烦恼等心理现象，严重的还会导致心理、生理疾病。处在青春期的未成年人情感脆弱易变，承受挫折的能力较弱。可以说未成年服刑人员都有过挫折心理，只不过受影响的程度不同而已。以下介绍几种调节挫折心理的方法：

1.升华法。是指当个人的动机和需求不能被客观接受，不能实现时，便舍弃它，同时把它导向较高层次，使之符合社会和时代发展要求。例如，有的未成年服刑人员在校时学习很好，曾立志上大学，但失足后这希望暂时破灭，这就要引导其把精力升华到在所内努力学习职业技术，发挥特长，使之抛弃旧我后实现新生。

2.说理法。是指借助口头言语或文字，通过摆事实讲道理，让服刑人员明辨是非，接受道理，形成正确的道德和法治观念。运用说理法时，忌空洞说教，要做到循循善诱，允许未成年服刑人员申辩或提出不同的意见，做到以理服人。同时，要利用榜样的力量，增强服刑人员分辨是非和判断善恶的能力，使其将正确的认识发展为坚定的信念。

3.行为训练法。其主要作用在于对未成年服刑人员进行意志品质的磨炼和促进其良好行为习惯的养成。首先，要“炼之以志”，培养未成年服刑人员经得起困难挫折和抵御诱因干扰的坚强意志，克服盲目冒险、顽固执拗、独断专行、见异思迁等不良意志品质；其次，要“戒之以规”和“导之以行”，通过严格监督和管理，矫正未成年服刑人员不良的需要结构，使原有的不良行为习惯受到抑制，同时引导他们把对道德、法治等的认识和情感体验落实到行动上，养成并巩固良好的行为习惯。这是矫正未成年服刑人员不良心理的必要条件和关键所在。

4.激励法。激励是行为的钥匙。心理学实验表明，经过激励的行为与未经激励的行为效果大不相同，前者表现得主动自觉、富有成效，而后者显得消极被动、收效甚微。激励是一门艺术，它要求心理矫正人员要有敏锐的观察力，要有明确的目标、诚恳的态度、娴熟的技巧。激发服刑人员的自尊心和自信心，是激励法的关键之点和根本措施，因此，要唤起未成年服刑人员对过去成功经验的记忆和对成功的向往，并鼓励他们为取得成功积极创造条件。在具体操作中，矫正人员要密切注意和确定服刑人员身上的闪光点，鼓励其发扬光大，挖掘心理潜能。

5.宣泄法。人在受到外界强烈的不良刺激时，易产生极度悲痛、愤怒等情绪，这种情绪犹如健康人体内的毒素，若长期积压便会抑郁成疾，应采取适当的方法使之宣泄出去。心理矫正中运用的宣泄法，是指矫正人员通过一定的方式，将沉积在未成年服刑人员心理上种种不愉快的感受“排出”体外的方法。在具体矫正过程中，矫正人员可以利用好心理宣泄室，或者在心理咨询过程中引导情绪宣泄，通过引导服刑人员倾诉烦恼和悲痛，使其达到宣泄的目的。现代医学研究表明，适度发泄如哭泣不仅可以减轻心理的悲痛情绪，还有利于生理健康。

（五）未成年服刑人员性欲型心理问题矫正

未成年服刑人员的性心理因素引起的心理异常和行为异常需要通过心理辅导矫正。精神分析学派的弗洛伊德认为，越是被禁锢的东西，人们就越向往，这就是逆反心理。一旦这种禁锢与生物学规律发生冲突时，若未成年人缺乏正确引导和自我调节能力，往往就容易陷入焦虑困境，有的受猎奇心理驱使，就会产生性方面的犯罪问题。

在性心理问题矫正方面，一要进行性生理卫生教育，使未成年服刑人员懂得性道德、性法律的基本常识，养成性卫生习惯。二要进行青春期性心理教育。人在青少年时期个体进入了第二个加速成长的时期，个体体内激素发生了显著变化，这些变化会导致人的生殖器官的成熟和男女第二性征的出现。男孩开始生长胡须、出现遗精，女孩胸部开始隆起、月经出现、性意识增强，这些都是正常的生理现象。

青少年的成熟包括生理成熟、心理成熟和社会成熟三个部分。成熟需要一个过程，性成熟的前倾与社会心理成熟的滞后，会给青少年的发展带来困惑和矛盾，这是人生成长中的烦恼，可从心理健康教育活动中得到帮助。还有就是性的社会与道德意识教育。性的反应是人类保留的最原始的反应，随着人类社会的不断进步和发展，人类文明逐渐规范了人的性行为，有了伦理道德规范。人们要自觉地遵守社会的伦理道德规范，否则就会受到道义上的谴责，若触犯了法律还要受到法律的制裁。未成年服刑人员对性有幻想和欲望，应积极从性责任、性纯洁、两性交往、性安全行为等方面对其开展性道德教育，引导他们树立正确的性态度和性观念，增强自我控制力与责任性意识，认识到性不仅仅是愉悦，还包含着对生命价值的敬畏，包含着对两性权利的敬重与遵循社会认同的性道德规范，要引导未成年服刑人员正确认识友谊、爱情与婚姻的关系，重视性安全行为的重要性，了解性病、艾滋病预防知识，提倡洁身自好的生活方式。

第四节　未成年服刑人员心理健康的文化活动

一、活动要求

（一）高度重视和推动活动有效进行

对未成年服刑人员的改造，应当多层次、多方位地进行。心理健康文化活动是用实践的形式对全体未成年服刑人员开展的心理健康教育，针对部分未成年服刑人员的各种心理、行为问题进行矫正与调适，有效地弥补了政治、管理、教育、劳动、文化等改造手段的不足，增强了针对性，提高了未成年服刑人员改造各项工作的实际效果。开展心理健康文化活动，还能够在活动实践中更为准确、及时地掌握未成年服刑人员心理健康情况，为未成年服刑人员提供正当的情绪宣泄渠道和解决认识问题的途径，防止平时改造中未成年服刑人员不满情绪的积累而造成矛盾激化，避免不良事故的发生。所以，心理健康文化活动必须引起各级领导重视，创造条件促进活动开展。

（二）加强心理健康文化建设，为未成年服刑人员创造良好的精神环境

监所心理健康文化是未成年服刑人员人格改造的潜在课程。在依法执行刑罚的前提下，通过监所心理健康文化建设，为未成年服刑人员创造良好的精神环境和改造氛围，不失为培养未成年服刑人员健康心理的一项积极措施。未成年服刑人员在整洁、卫生、绿化、美化的管区内，心情舒畅、情感愉悦；学习的教室、走廊里张贴正能量的宣传图片，能激发其积极向上、奋发进取；文明礼貌语言的使用，能营造和谐融洽的人际氛围；贴近未成年服刑人员改造、学习的管区广播、墙报、黑板报，以及为宣传心理卫生、心理健康知识录制的电视台、互联网、电台等有关心理健康的节目，能使其汲取更多的精神营养。

二、活动方法

（一）积极创建监所文化建设，利用监所内传播媒介开展活动宣传

监所文化建设具有特殊的目的性，在于改造未成年服刑人员反社会意识和矫正其不良的行为习惯。监所文化建设的目标是文化氛围和文化环境的创造、良好的监所风气的形成、正确的价值观念的塑造以及具有本监所特色的改造未成年服刑人员优良传统的形成。监所主流文化以其主导性、正义性、塑造性的特点，在较广的层面上，发挥着对未成年服刑人员群体的矫正效应。因此，心理健康文化活动必须以监所的良好文化建设氛围为依托，充分利用监所及管区环境中的宣传阵地，让心理健康成为全体未成年服刑人员人人关心的事、自己的事。

（二）通过心理健康文化活动吸引未成年服刑人员个体主动参与心理咨询

1. 以活动促咨询。心理咨询是监所心理健康教育工作的一个重要途径。面向全体、照顾差异是监所教育的基本原则之一。但监所的半军事化管理，步调一致的行动时间安排，不利于未成年服刑人员因心理障碍困扰而出现行为偏差倾向时及时向心理咨询员进行咨询和指导。通过定期的心理健康文化活动日或活动周、活动月等，可以安排专门的时间让未成年服刑人员参与到活动中，很自然、乐意地去咨询。

2. 以对心理咨询员的信任促咨询。心理咨询员一般要求由专业人员担任，具有必需的心理科学和教育科学知识，有丰富的教育教学经验和教育技巧，了解未成年服刑人员、熟悉未成年服刑人员，在未成年服刑人员中有较高的威信。在心理咨询中，心理咨询员必须以平等尊重的态度对待未成年服刑人员，深入未成年服刑人员的内心世界，理解他们的心情，体察他们内心的苦恼，协助他们解除心理困扰，解开心头的疙瘩，跨过障碍，恢复情绪上的平稳，顺利战胜当前的心理

危机，从而促进心理健康发展。

3.心理咨询是一种双向活动。当未成年服刑人员倾诉内心困惑后，心理咨询员要和未成年服刑人员一起分析困惑或苦恼的成因。未成年服刑人员心理困惑的成因有的比较单一、明显，有的比较复杂、隐蔽；有的是现实引起的，有的则有历史渊源。对单一的明显的成因，可直接让未成年服刑人员自己说出来；对比较复杂又不明显甚至有其历史渊源的成因，心理咨询员和未成年服刑人员就要共同分析。心理咨询员的分析要因势利导，逐层深入。同时要掌握未成年服刑人员的一些背景材料，如未成年服刑人员是否在单亲家庭生活、以前是否受到过伤害、家长对他的学习压力怎样、原学校或生活的社区环境的影响如何、最近有无遇到突发事件等，这样才能将成因分析得更透彻，使未成年服刑人员心服口服，有利于下一步的指导。

（三）组织丰富多彩的心理健康文化系列活动

1.以群体参与性的活动形式为主。

在活动组织上，未成年服刑人员是积极参与的主体，活动效果如何取决于未成年服刑人员的参与度，取决于未成年服刑人员的主动性、积极性是否真正地被调动起来；活动要以正面引导为原则，组织未成年服刑人员在活动中感受与体验。内容要有一定的系统性、针对性，要针对未成年服刑人员中带有普遍性的典型问题或困惑，既贴近未成年服刑人员实际，又能改善他们的心理状态。

2.专题讲座和团体咨询安排在活动中进行，吸引力更大。

面向全体未成年服刑人员开展的专题讲座、心理辅导是团体咨询在监所心理健康教育的扩展，也是心理健康文化活动的重头戏，它可以是以讲座的形式面对全监所或某个管区的未成年服刑人员进行辅导，也可以通过编排心理游戏、心理剧，组织典型事例进行现身说法等。通常以个案导入引发未成年服刑人员的内心活动，可创设某种模拟情境，让未成年服刑人员实际感受；也可以组织讨论，让未成年服刑人员充分诉说或在辩论中明理。这样以活动促学习、促思考、促改变的积极性更高。

3. 按活动时间，安排寓教于乐的文体活动项目，增加参与的乐趣。

活动时间一般不与重大节假日相冲突，可以在某活动日进行，如"5·25我爱我——珍惜生命、远离毒品"日活动；可以某周为活动期限组织活动，如在某周的周一到周五每天下午安排一场相关活动，可以是一场专题讲座、一次团体咨询、一次相关的征文活动，也可以组织观看一场有关心理健康教育的影片，还可以组织一场培养团队精神的文体娱乐活动，最后组织一场主题辩论总结会；可以某月为活动期限，安排更多的主题活动、心理健康文化等相关活动，以获得更多的效果。

第四章
专门监狱服刑人员心理矫治

第一节　新犯监狱（监区）服刑人员心理矫治

一、新入监服刑人员的心理特点

在入监教育期的服刑人员，通常称为“新收押服刑人员”或者叫“新投犯”“新犯”。入监教育期，也叫服刑人员的入监初期。在这个阶段，新收押服刑人员通常呈现如下心理特征。

（一）情绪不稳定，心理冲突多

新收押服刑人员首先面对新环境、新人际关系，面临学习和考核方面的压力，面临自由受到限制和必须守法守纪的压力，面临适应陌生环境和人际关系的压力，情绪不稳定。

这一时期，新收押服刑人员的心理冲突主要体现在四个方面：幻想早日获得自由与现实中自由受到限制的矛盾，表面认罪服法而内心并不愿意的矛盾，常态心理需求与被压抑欲望之间的矛盾，服刑人员的身份与内心不认同之间的矛盾。这一时期，新收押服刑人员的紧张感、焦虑感、压抑感、孤独感、自卑感、愤怒感会因人而异不同程度地呈现出来，对惩罚感到恐惧，怕受伤害，整体上会慑于严明的纪律，表现出顺从和听从指挥的一面，而内在不愿意、不接受，会在心理冲突中感到痛苦不堪，渴望被关心、被理解、被原谅，对未来感到迷茫，希望有人指点迷津，尽快脱离苦海。随着入监教育的深入展开，心理冲突会有所减少，情绪也会慢慢安稳一些。

（二）对人际关系敏感，戒心重重

入监之初，面对陌生的新环境，怕受到他人的伤害是再正常不过的事情，表现在服刑人员与警察之间关系的敏感、与服刑人员之间关系的敏感。为避免犯错而受批评教育，一般会在说话和做事上小心谨慎，对他人持有较强的戒备心理。

服刑人员与警察之间关系的敏感，原因之一是受传统法制文化和影视作品的影响，牢房、监狱往往让世人留有“黑暗”“恐怖”的刻板印象，有的人常常将监狱、看守所、拘留所这些具有关押功能的场所混为一谈，在意象上与刑具紧紧联系在一起，对看守人员及监狱警察心存畏惧。新投犯虽然在入监后所见所闻与过去的想象有很大的不同，但严格管理和规范执法的环境，依然有很强大的震慑力，使其对惩戒心存顾忌。正因如此，在自我价值保护的强烈意识下，那种敬畏警察、争取良好表现、争取受人好评等外在姿态就成为保护自我价值的生存策略。在入监初期，服刑人员会特别留意观察监区警察的一举一动，了解警察的性格脾气，揣摩如何更好地与警察相处。

新收押服刑人员之间建立人际关系，有一个熟悉环境和了解周围人员秉性、习气、谈吐风格的过程，陌生感、戒备感会不同程度地存在，主要的担心是怕受伤害，怕被检举揭发。随着共同学习、生活、训练时间的增加，人际的沟通交流就会多起来，彼此逐渐熟悉，那种互相促进、互相帮助、互相监督的组员关系才会真正建立。出于满足归属感、安全感的需要，每当遇见同祖籍同地域或操相同乡音的人，服刑人员会尤其感到亲切。

（三）身份落差大，羞愧而自责

服刑人员一般在被定罪后，对污名化保持高度敏感，觉得耻于见人，对身份的巨大落差感到极不适应。不少服刑人员因为定罪判刑影响了家族声誉和个人原有的荣耀而惴惴不安，深感羞耻和内疚，觉得愧对父母的教养之情，也担心失去社会支持和亲情。身份的落差，对心理的影响也是很大的。尤其是被捕前具有一定的社会地位、荣誉或拥有体面职业的人，又或是有道德感而偶然触法纪的偶犯、过失犯罪之人，对走到“阶下囚”这一地步后悔莫及。当然，每个人的身心素质不同，有人面对身份的巨大落差，选择的是知耻而后勇，正确认识犯罪危害，决心痛改前非；而有的人却是一蹶不振，破罐破摔。

（四）患得患失，心态各异

服刑人员心态不同，对刑罚体验的痛苦程度就不一样。若能正确看待得失，就能加快适应，积极悔改，步及改造的顺境，若不能正确看待得失，就会加重内心的痛苦，陷入被动改造的境地。

1.罪定心定，随遇而安。

有些新收押服刑人员因为是累犯或有前科，对监管场所的运作机制不会感到陌生，心理准备较充分，适应环境较快，由于恶习相对较深，常有投机取巧的情形；有的服刑人员因为刑期很短，对刑罚体验的痛苦程度相对不觉得深刻，很容易放松对自我的要求；有的服刑人员对自身的犯罪后果早有预期，认为该来的终究会来，对因果报应坚信不疑，因此内心愿意承受法律后果，这部分人的心理较为平衡；持宿命论者，会将被捕入狱这一重要生活事件归结为命中的牢狱之灾，以“合理化”的方式寻求内心的安慰；有的服刑人员在看守所觉得日子难挨，当判决或裁定下来时，心里反而觉得踏实，输赢总算有了结果，入监后，觉得监狱的生活比看守所要好得多，比想象中还更文明、规范，有了较多的安全感。总之，入监后心态影响安定的程度，绝大多数的服刑人员选择了面对现实、承担后果、积极改造的心态，所以能认罪服法、服管服教、珍惜改造的机会，行为表现积极向好，情绪趋于稳定。

2.心有不甘，怀有怨恨。

从看守所进入监狱时，服刑人员对开庭判决的情景犹历历在目，一般而言，绝大多数服刑人员会认为量刑适当，罪有应得，并有反省、自责之意。但也有部分服刑人员由于法律知识浅薄、侥幸心理严重，又或文化程度低下、缺乏证据意识，不愿从自身犯罪根源找原因，反而记恨公检法机关。有的服刑人员认为审讯太难应对，所以不得不交代了罪行，他们表面上看似认罪服法，但骨子里却很不甘心，对警察反感和抵触；有的服刑人员缺乏道德良知，认为自身犯罪经验不够老到才导致被人抓到；有的服刑人员入狱后与他人做不适当的对比，没有从犯罪恶意、犯罪情节、危害程度、认罪态度、证据充分程度等差异中去检讨，反而偏执地认为法院量刑过重，错误地认为判决不公，怀怨恨之心。个别服刑人员固执己见，坚持不认罪，甚至会有涉诉的问题。

在经过入监教育，清算犯罪危害的政治账、经济账，大多数服刑人员对法律的严肃性和犯罪行为的不正当性有了较为深刻的认识，转变了错误的观念，放下了抵触情绪，能深挖犯罪根源，走上了积极悔改的正道。但也有极个别恶习深重、价值观严重扭曲、有品德障碍或反社会人格者，仍坚持错误的归因方式，漠视公序良俗，改造难度较大。对于陋习深重，有吸毒史、赌博史、多次犯罪史的服刑人员而言，并非朝夕之功足以矫正，这种人因具有自私自利、不择手段、铤而走险等犯罪思维模式，一般会有较多的人生磨难与波折，重新犯罪的可能性很高。

3.内心痛苦、懊悔不已。

由于个体心理承受力不同，对法律的认知和道德水平不同，服刑人员对刑罚体验的痛苦程度也有所不同，新投犯普遍会有自责反思，对家庭亲人的愧疚感油然而生，常为连累家庭、损伤名誉而良心不安，内心感到痛苦和懊悔，过失犯和偶犯更是有一失足成千古恨之感，内心痛苦可见一斑。如犯有交通肇事罪、过失伤害罪的服刑人员，往往还附带有民事赔偿或者罚金的附加刑，他们有清偿方面的后顾之忧。有的服刑人员因为交代问题时供出了同伙而害怕被报复，有说不出口的隐忧和痛苦。

4.悲观失望，意志消沉。

长刑期的服刑人员，由于感到刑期漫长难挨，对前途感到茫然，意志会较为消沉，痛苦的体验较为深刻。老弱病残的服刑人员通常会感到体力健康上处于弱势，在劳动改造方面争取成绩的信心不足。病重者及年老且刑长者，容易想到死亡之事，对前景倍感悲观和焦虑。

（五）想念亲人，渴望包容

在看守所关押时期，未决犯一般不能与亲人会见，对亲人的想象变成了对亲情的渴望，在入狱后只要条件允许，新投犯就会迫不及待地申请会见，希望与家人取得联系，写家信、申请会见、申请拨打亲情电话的动机很迫切。亲人的关心和问候，是体现社会支持和给予安全感、归属感的一个重要来源，是服刑人员可信任的助己力量，服刑人员希望得到亲人的包容，不被抛弃，渴望得到物质和精神方面的资助和爱。

（六）睡不安稳，努力适应

为期两个月的入监教育期，新投犯要学习、训练和考核，努力掌握新知识，适应新环境、新生活，紧张感、不安全感、不确定感交织在一起，样样感到新鲜但也样样感到有压力，谨慎地遵守行为规范，希望得到警察的良好评价并顺利通过考核。如何适应监规纪律的约束、尽快融入狱内人际环境，如何争取早日获得成绩赢得自由的先机，诸如此类对前途命运的忧虑，使新投犯在夜间出现程度不同的睡眠问题。

综上，这些问题也可理解为入监适应问题，不适应感会因人而异地或长或短地存在，随着入监教育工作的开展，服刑人员在行为规范训练和良好习惯的养成中，身份意识、守纪观念会得到强化，不适应的情绪和行为就会减少，有更多的心思转向改造事务，融入改恶、向善、进步、自新的良好氛围中，服刑人员在希望中改造，精神生活将日益充实起来，有了较明晰的努力方向和改造目标。

二、新收押服刑人员专项心理健康教育内容和方式

（一）心理健康教育内容

监狱的心理矫治工作是帮助服刑人员保持心理健康的助力器，心理咨询师是服刑人员的贴心人。监狱有一整套成熟的工作机制为服刑

人员提供心理健康服务，包括心理健康教育、心理测试、心理咨询、心理危机干预、团辅活动等等，旨在利用心理咨询师的专业力量帮助服刑人员解决心理问题和发展咨询问题，减少精神疾病和监管安全事故的发生率。心理健康教育作为监狱心理矫治工作的最基础的一环，需从入监教育时期抓起。心理健康教育分为一般心理知识的普通教育和专项教育两大类。

（二）新收押服刑人员专项心理健康教育方式

1.系统化的课堂面授法。

监狱安排有专门的师资力量开展教学工作，有详细的教学计划和执行课表，指定讲师按时完成授课任务。心理讲师一般由监狱讲师团的讲师或监区的教育干事、心理干事担任，实施系统化的课堂面授法，优点有：讲解心理健康知识时由浅入深，循序渐进，服刑人员较容易学习消化并掌握心理健康卫生知识；课堂上现场教学互动性会较好，可以增加课程的吸引力，结合心理测试体验法、游戏法、案例教育法，可将课堂教学搞得生动活泼；运用现场提问技术和激励技术，能提升学员们的专注力，利于提高教学质量。

2.开设心理健康知识讲座法。

心理健康知识讲座可由监狱的心理咨询师主讲，也可邀请专家学者前来主讲。这种教学方式的特点，利于讲解某一个专题或者调整某一个认知，教授某一个心理调控技法。优点是可以抓住学员的兴趣点，缺点是教学的知识不系统，有的学员因为文化程度低下，有可能听不懂。

3.团体心理辅导活动法。

课堂不一定限于室内，也可以是在室外的运动场所或学习场地，一般以治疗小组、教育团体的类型出现，会设置某一专题，诸如解决人际关系问题、提升自信心问题、增强适应力问题、调适焦虑抑郁情绪问题等等，在教员的带动下，以团体心理咨询（治疗小组）的方式、团体辅导活动的方式（如会心团体、游戏法结合心理学原理、人生哲理的讲解）来激发团体动力，增强学员寓乐于悟的能力。

4.电化教学法。

即利用多媒体系统进行心理学知识的电化教学。在不适合人员聚集讲课的情况下，监狱可采取电化教学或发挥监狱广播站的功能，以音视频的教学方式传输到每一个教学点，组织服刑人员以适当的方式收听收看录播或直播节目，结合疏解压力的音乐开展心理健康专项教育。

5.其他辅助教育法。

比如，通过举办心理健康知识比赛、开展心理健康操活动来丰富心理健康教育课堂，借助传播媒介作为心理健康教育的辅助手段，用好广播系统播放配乐和美文，播放舒缓的音乐，使用电子显示屏、墙报、黑板报等载体宣传心理健康知识的内容，或者印制心理健康教育小册子供新入监学员取阅，等等。

（三）新收押服刑人员专项心理健康教育要求

1.树立心理健康的科学观念，掌握心理健康的评判标准。

对于怎样才算身体健康，大家较为明白，但怎样才算心理健康，就不一定说得清楚了。毕竟服刑人员对于心理学及精神病学的知识了解不多，有思想误区就不足为奇了。比如，有人将自己看不惯的行为视为“异常”或者“不正常”，或者动不动就说某人“变态”“神经病”，张嘴就给他人贴上污名化的标签，这是很伤别人自尊心的。世卫组织在1989年提出的21世纪健康新概念认为，健康不仅是没有疾病，而且包括躯体健康、心理健康、社会适应良好和道德健康。因此，我们要认清当今高度重视心理健康的新形势，树立科学的心理健康观念。

心理学家对心理健康的评判标准从不同的视角提出过多种观点。这里介绍心理工作者王登峰和张伯源主张的心理健康八标准[①]：

（1）了解自我，悦纳自我。

即一个心理健康的人能体验到自身的存在价值，既能了解自己，

---

① 司法部监狱管理局编:《心理健康教育》，法律出版社2004年版。

又能接受自己。有自知之明，对自己的能力、性格和优缺点都能做出恰当客观的评价，不抱有非分的期望和要求，对生活目标和理想也能定得切合实际；同时，努力发展自身潜能，即使对自己无法补救的缺陷也能与之安然相处。而一个心理不健康的人则缺乏自知之明，并且总是对自己不满意。由于所定目标与理想不切实际，主观和客观差距太远而自责自怨自卑，故心理状态总是难以平衡。

（2）接受他人，善与人处。

心理健康者善于跟人交往，能认可他人存在的重要性和作用，同时，他也能被别人理解和接受，与人相处时，积极的态度总是多于消极的态度，因而在社会生活中有较强的适应能力和较充足的安全感。而一个心理不健康的人总是与周围的人格格不入。

（3）正视现实，接受现实。

心理健康者能主动适应现实，进一步改造现实而不是逃避现实，对周围事物和环境能做出客观的认识和评价，与现实环境保持良好的接触，既有高于现实的理想，又不会沉溺于不切实际的幻想与奢望之中，同时对自己的力量有充分的信心。而心理不健康者不敢面对现实，怨天尤人，无法适应环境。

（4）热爱生活，乐于工作。

心理健康者能珍惜和热爱生活，积极投身于生活，并在生活中尽情享受人生的乐趣，而不会认为是重负，能在工作中尽可能地发挥聪明才智，把工作看成是乐趣而不是负担。

（5）能协调与控制情绪，心境良好。

心理健康者的愉快、乐观、开朗、满意等积极情绪总是占优势，虽然也会有悲、忧、愁、怒等消极情绪体验，但一般不会持续很久，同时能适度表达和控制自己的情绪，保持良好的心态。对无法得到的东西不过于贪求，争取在社会允许范围内满足自己的各种需要；对于自己能得到的感到满意，心情开朗，态度乐观。

（6）人格完善和谐。

心理健康者的人格结构即气质、能力、性格、理想、信念、动机、兴趣、人生观等各方面能平衡发展，人格作为人整体的精神面貌能够完整、协调、和谐地表现出来，思考问题的方式是适中、合理的，待人能采取恰当灵活的态度，对外界的刺激不会有偏激的情绪和行为反应，能适应社会步调，与集体融为一体。

（7）智力正常，智商在80以上。

智力正常是人正常生活的最基本心理条件，是心理健康的重要标准。智力是人的观察力、记忆力、想象力、思考力和操作能力的综合。一般常用智力测验来诊断智力发展的水平，智商低于70为智力落后。

（8）心理行为符合年龄特征。

人的生命发展的不同年龄阶段，都有相对应的心理行为表现，从而形成不同年龄阶段独特的心理行为模式。心理健康者应具有与同年龄多数人相符合的心理行为特征。如果一个人的心理行为经常偏离自己的年龄特征，一般被视为心理不健康。

2.学习一些心理调适的理论和方法，增强情绪行为的调控能力和服刑生活的适应能力。

对新收押服刑人员的心理健康教育，除了有通识性的内容，还可以根据现实需要适当增添新的知识元素，比如增添法制文化矫治课程的内容，为认罪、悔罪、赎罪的心理教育增添新的手段。

第二节　精神病犯监狱服刑人员心理矫治

一、精神病犯的概念

精神病是指在各种生物学、心理学以及社会环境因素影响下，大脑功能失调，导致认知、情感、意志和行为等精神活动出现不同程度的障碍。精神病的本质特征是一种严重的足以产生丧失同现实联系的障碍。最常见的有精神分裂症、焦虑症和抑郁症等。

本节所指的精神病犯，是指监狱服刑人员中的精神病患者，为了便于管理，目前，有的设立了专门的精神病犯监狱，有的则在监狱内专设精神病犯监区或分监区，实行相对独立的管理。精神病犯心理矫治的基本内容和要求与其他正常服刑人员是相同的，已经在前面有关章节论述了，但也有一些特殊的方式方法和要求。

二、精神病犯监狱服刑人员心理健康教育内容、方式和方法

精神病犯的治疗大体可分为三个阶段，即治疗期、康复期和矫正期。精神病犯的心理健康教育主要在康复期和矫正期进行，治疗期以药物治疗为主，辅之以心理治疗。

（一）精神病犯心理健康教育的内容

精神病犯心理健康教育内容是普及精神病犯心理健康的基本知识，其中，部分精神病犯是在发病期间残忍地杀害了自己的父母、妻子或儿女等亲人的，因此，对精神病犯加强亲情帮教、感恩教育和生命健康教育，显得尤为重要。

（二）精神病犯心理健康教育的方式

监狱可根据精神病犯的病情程度、心理特点和规律，灵活开展形式多样的心理健康教育，主要方式有课堂教学、团体辅导、分类矫治、心理行为训练等。

（三）精神病犯心理健康教育的方法

1.专题心理健康教育。

监狱根据精神病犯的心理需求，设置好既贴近改造生活又活跃气氛的针对性强的专题心理健康教育内容，安排每月具体的课时，细化每次的教学主题，规范教案内容，增强监区教学的便利性，从而提高心理健康教育的效果。

2.团体心理辅导。

监狱根据精神病犯服刑的不同时期，开展不同主题的针对性强的团体心理辅导。如新入监适应性心理辅导、情感认知修复辅导、情绪管理辅导、压力宣泄辅导、临出监回归社会适应辅导等等，增强精神病犯心理健康观念，提升情绪自我管理能力，从而发挥心理矫治“预

防为主，教育为先”的作用。

3. 艺术治疗活动。

广东省某集中关押精神病犯监狱从2018年1月起，在精神病犯当中开展原生艺术绘画治疗活动。绘画治疗采用疗程式，8个主题为一个疗程，每周组织开展一次主题绘画治疗。监狱开设了监区绘画班和监狱绘画班，并根据每周绘画主题制作课件，指定2名警察（以心理咨询师或具有心理学知识的警察为主）负责组织绘画主题讲解、画作访谈和创作分享。结果表明，原生艺术绘画治疗在精神病犯当中发挥了良好的辅助性治疗效果，可以将精神病犯潜意识内压抑的感情与冲突呈现出来，帮助不善于表达和沟通的精神病犯进行情感的表达和不良情绪的宣泄，有利于协助精神病犯进行行为矫正，对精神病犯具有独特的矫治优势。

部分精神病犯特别喜欢艺术治疗活动，除绘画治疗外，在监狱精神病犯中适当实施音乐、舞动、阅读等艺术治疗，可以促进单纯药物治疗效果不佳的精神病犯社会功能的恢复，达到辅助精神病犯康复治疗的效果。

第三节　艾滋病犯监区服刑人员心理矫治

一、艾滋病服刑人员心理特点

根据评估，艾滋病服刑人员存在多种心理反应，主要表现在：

恐惧。这是感染者的一种主要心理，其因素有害怕死亡、恐惧疼痛、怕失去正常生活、担心被人知道而被歧视等。

焦虑。认为这是一种令人不齿的不治之症，不能接受自己的病情，焦虑不安。

抑郁。感染后会有很多的疑问和心理问题，感到郁闷和压力，但又不能或不愿意跟任何人说，因而会感到孤独和无助，自我评价降低，不愿意与人交往。

人际关系。意志变得较脆弱，为别人不理解自己而感到痛苦，在陌生人面前不愿多开口讲话。

总之，一般而言，被确诊为艾滋病的服刑人员，因为遭受的心理打击特别大，往往不能接受自己的病情，开始的时候急于否认，随后情绪特别不安，时刻感到焦虑，容易激动和生气，最后感到恐惧，害怕别人的不理解，害怕受到歧视，更害怕死亡，因此变得抑郁。他们特别敏感，感到生活失去了希望，比较悲观，带有自杀倾向，某些人甚至有报复社会的想法。

艾滋病服刑人员在监狱环境中，对未来的生活不知所措，焦虑、恐惧、抑郁交织，尤其害怕被他人另眼相看，担心被家人亲属抛弃，缺乏安全感，对人际关系特别敏感，悲观情绪突出，还带有躯体化、强迫状态，有食欲不振及睡眠问题，等等，必须加强心理矫治。

二、对艾滋病服刑人员开展心理健康教育的内容和方式①

（一）关押初期的心理健康教育

艾滋病服刑人员的关押初期，是指从入监开始至6个月的时期。此阶段的艾滋病服刑人员最突出的心理问题是对艾滋病的恐惧。有些服刑人员在看守所体检或刚入监体检时就被告知感染了艾滋病病毒，这一消息犹如晴天霹雳，他们感到震惊、恐惧，出现拒绝、愤怒，不知所措的反应，感到孤独、自疚、悲观厌世，甚至产生报复念头，急需得到心理辅导。

这个阶段的心理健康教育内容和主要方法有：

1.学习科学知识，进行认知化解。

一是开展艾滋病知识的政策形势教育。讲清国家防治艾滋病的政策，化解认知上的误区，缓解服刑人员对艾滋病过分恐惧的情绪。可组织他们观看关于疾病调查题材的短片，让其能以另一视角体察自身，看到国家和社会各界团体已采取的帮扶措施，增添生活的希望。

二是进行预防艾滋病知识的卫生教育。对艾滋病病毒的传染方式及服刑人员日常生活接触方面的防控措施、治疗中需要注意的事项及

---

① 叶扬：《艾滋病罪犯心理矫治研究》，载《犯罪与改造研究》2009年第11—12期、2010年第1期。

其他身体保健等方面的知识进行讲解。

2.进行生命意义教育，指导接纳现实处境。

心理健康教育融入生命意义教育内容，以课堂化方式开展。提倡珍惜光阴，在与疾病的共存过程中有所为有所不为，活出生命的意义，增强面对生活的毅力与勇气。

3.掌握应对挫折的基本方法。

（1）情感倾诉。找咨询师倾诉或向熟人倾诉，可起到情绪释放、宣泄的作用。因挫折而引发的不适感便会有所减轻，在与对方的交流中还可得到助力感，别人的理解和支持性的语言，会让你增加一定的安全感。心理健康教育中，教员可以引导艾滋病服刑人员积极主动地向他人倾诉自己遭遇的挫折，以降低挫折体验，达到改善精神状态的效果。

（2）其他自我调节方法。一是转移注意力的方法。哼歌，跑步，适当地劳动或做事，保持专注地做那些事时，就可以暂时不去考虑生病的事，心情平静下来或快乐起来，以覆盖因生病或生活挫折而引发的内心不适感。心理健康教育课要引导服刑人员通过认真投身于文化学习、劳动改造、文体活动的过程细节中，以转移对病情的注意力，在日常的改造事务中体味生活的趣味。二是听身边人讲战胜挫折的故事，在故事分享中获得经验和力量，更好地应对挫折。三是通过阅读名人传记获得启示。名人也是在战胜挫折和解决难题的过程中成长并取得成功的。

（二）关押中期的心理健康教育

艾滋病服刑人员关押中期，是指从初期结束后到即将出监前6个月的那个时期。此阶段的艾滋病服刑人员最突出的心理问题是抑郁状态和悲观情绪。心理健康教育的内容应进行针对性设计。

1.引导服刑人员重构社会支持系统，掌握人际交往技巧。

艾滋病服刑人员通常有更多、更持久的精神负担，需要配偶和家属不断地给予鼓励和帮助。由于生活不检点而染上艾滋病导致夫妻关系破裂的情形中，服刑人员对家人有较多的歉疚，在争取社会支持上会遇到一些困难。但要相信，亲人毕竟是亲人，要争取亲情的维系，写信、打亲情电话，都是加强互相理解的必要过程，加上有国家和社会机构的帮助机制，又有亲属的支持和帮助，在“抗艾”的路上，你一点也不孤独。

（1）加强与艾滋病服刑人员家属的沟通，争取家属的支持。例如，在征得服刑人员本人同意的情况下，可以开设专门的讲座，邀请艾滋病服刑人员的家属来狱，集中进行防治艾滋病知识的普及教育，解答他们提出的相关问题，引导服刑人员家属改变偏见，消除疑虑。同时，要增强服刑人员家属的责任感，毕竟家庭教育在促进儿女健康成长的过程中，有不可推卸的责任，希望家属们能够抽时间，在监狱规定的时间里前来会见或进行亲情帮教，这样有利于使服刑人员的心理得到慰藉。

（2）开展团体心理辅导解决共性的心理问题。团体心理辅导要有方向性和目的性，根据艾滋病服刑人员的心理问题，可以此建立人际支持系统，使其学习掌握人际交往技巧，学会互相支持。在团体心理辅导活动中，反思与分享是一个重要的环节，对于提升教育效果很有帮助。

（3）通过心理咨询活动提高服刑人员的心理健康水平。这项工作常态开展，结合视频咨询、电话咨询、书信咨询等多种方式满足艾滋病服刑人员心理咨询的需要，及时疏导他们的不良情绪，鼓舞他们生活的勇气。

2.引导艾滋病服刑人员积极参加劳动改造。

引导艾滋病服刑人员积极参加劳动改造，主要功能是使服刑人员转移注意力，调节不良情绪，培养良好的人际关系，矫正犯罪心理恶习，减轻服刑人员的消极心理，促进其身体康复。劳动需要一起合作，可以增加服刑人员之间的互动，使他们在互相支持和帮助过程中，获得身心愉悦的感受。

3.引导服刑人员积极参加文娱、体育活动。

在艾滋病服刑人员的关押监区设置必要的功能区，并配备阅览室、电视、书报架、乒乓球台等设施，经常组织艾滋病服刑人员开展文体活动，为服刑人员沟通交流创造一定的条件。例如，监狱可以举办各种节庆活动，让服刑人员以团体为单位参与，通过文体活动提高精神生活质量。

4.引导服刑人员培养积极情绪。

积极心理平衡方法的要点是重视现在和将来而不咎既往，充分利用求助者心理内在的自动调节机制，确立生活目标和自信心，加以积极引导，运用有效的积极关注，从消极面中发现积极面，充分调动求助者内在的积极因素以发展健康心理。实施心理平衡方法，关键是找准健康心理的“闪光点”，重点是确立自信心和对生活的乐观态度，从而自动抑制和消除心理障碍因素，实现心理健康的目标。在管理教育艾滋病服刑人员的过程中，应积极主动发现他们的“闪光点”并及时进行表扬和肯定，帮助他们树立信心和目标。

（三）关押后期的心理健康教育

艾滋病服刑人员关押后期，是指释放前的6个月至释放时。此阶段的艾滋病服刑人员最突出的心理问题是严重焦虑，具体表现为“三怕”：一怕出监后将艾滋病传染给亲人，带来不幸，也怕家人因对艾滋病的不了解而不接纳自己，以至于有家难归、无依无靠；二怕因身患艾滋病受到社会歧视，抬不起头；三怕疾病发作无法医治，死亡即将到来。此阶段可以针对性地培养和提升服刑人员的心理弹性。

1.引导服刑人员提升心理弹性。

心理弹性是指人对环境变化心理上和行为上的承受能力。艾滋病服刑人员通过提升自身的心理弹性，能够提升主观支持的程度，并以积极的态度去应对将来工作与生活中遇到的各种困难，提高主观幸福感。艾滋病服刑人员提升心理弹性需要提高自我效能感。自我效能感反映的是个体对自身是否能够实现某个目标的主观判断。艾滋病服刑人员在工作与生活中会遇到各种困难，这些困难的克服，要求他们拥有良好的自我效能感。为此，艾滋病服刑人员要对自己给予肯定，充分认识自己的价值，坚信依靠自身的能力是能够完成各项任务的。另外，艾滋病服刑人员心理弹性的提高还需要锻炼自身坚强的意志，可以通过有效的手段，如体育锻炼，提升自身的意志力，形成积极的意志品质。

2.进一步加强对艾滋病预防知识再宣传再教育力度。

让艾滋病服刑人员全面、深刻地了解艾滋病传播知识。如拥抱、握手、接吻、共用毛巾、马桶、共用茶杯和餐具、同一游泳池游泳、蚊虫叮咬等，一般不会传染艾滋病，不必过于担忧，鼓励他们面对现实，减轻出监前的焦虑，消除社交恐惧心理。

3.引导服刑人员克服消极悲观心理，积极防治。

教育他们懂得艾滋病是可防可控的，保持积极的心理态度配合治疗，可以改善生活质量，延长寿命。

4.引导服刑人员出监前进一步加强与家属的联系和沟通，争取获得家属的理解和接纳。

第三编

中观编

第一章
不同服刑时期人员心理矫治

第一节 服刑人员改造心理发展模式

一、服刑人员改造心理发展模式的创建

服刑人员改造心理学的两个关键词是犯罪心理和守法心理。它们是对立统一，并有变化规律的。这一编是从服刑过程中的不同时期，从中观层面对此进行分析的，其在微观层面的特点和转化规律，将在微观编详述。根据对大量调查样本的统计分析，尽管服刑人员改造心理表现形式复杂多样，但是，从量上看，改造过程是连续的。在监狱正常改造秩序下，服刑人员心理发展轨迹总体上呈现由慢到快，再到慢的“S”形发展模式（图9）。[①]在正态分布状况下服刑人员改造心理运行具有趋中性，服刑过程中大部分服刑人员改造心理沿图9的中线（实线）附近运行，并形成一定标准差内的心理运行上轨和下轨（虚线），三条线（上轨、中线和下轨）形成一个“S”形的运行带。服刑人员心理发展水平高低用纵轴（立向）表示，图9中纵坐标从-100到100表示服刑人员心理发展水平，以0点表示服刑人员心理平衡点，0以下是负值，以消除犯罪心理为主，是恢复心理平衡阶段，又称为心理平复阶段；0以上为正值，以确立守法心理为主，又称心理正向

① 叶扬：《犯罪与改造心理工程研究（上）》，载《犯罪与改造研究》2011年第5期，第27—36页 。

发展阶段。由于这一过程具有平复和发展两大特点，因此，又称为服刑人员改造心理发展的平复—发展模式。①

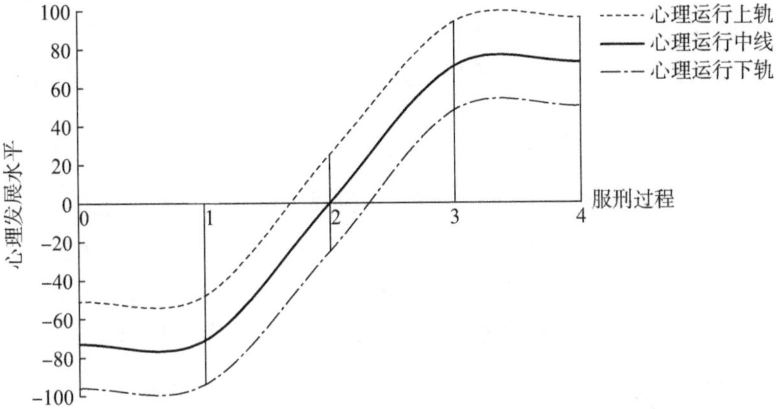

图9　服刑人员心理发展模式

二、服刑过程的时期划分

服刑人员心理发展时期用横轴表示，图9的横坐标表示服刑人员的服刑时间，从入监到出监，具体划分为四个基本的心理发展时期。

（一）心理缓慢发展期

指图9中横轴0—1范围的时期，约为入监0—6个月的时期，个别恶习深重、刑期较长的服刑人员可能长些，是服刑人员心理缓慢发展时期。这时他们刚入监，容易产生焦虑和抑郁等心理问题，引起情绪波动，出现不适应现象，此时又称情绪波动期，改造心理发展较为缓慢。

（二）犯罪心理快速消除期

指图9中横轴1—2范围的时期，服刑人员心理发展水平的区间在

① 叶扬：《中国罪犯改造质量管理学》，中国言实出版社2012年版，第76页。

0以下，即心理水平是负值，用以表示服刑人员仍以犯罪心理（犯罪思维模式）为主的阶段，这时是以消除犯罪心理为主要目标的快速和关键时期，为入监教育（上一时期）结束至刑期过半以前的时期。经过前一阶段的矫治，他们普遍过了认罪悔罪关、学习和劳动关，确立了积极的矫治目标，进入了矫正犯罪心理恶习，改恶从善的快车道。

（三）守法心理快速形成期

指图9中横轴2—3范围的时期，服刑人员心理发展水平进入0以上的区间，用以表示守法心理为主的阶段。此时，服刑人员进入以重建守法心理为主要目标的快速和关键时期，为从上一阶段结束至出监前3—6个月的时期。经过上一时期的矫治，犯罪心理恶习已经基本被消除，破旧立新，是守法心理正在迅速形成的时期，他们将功赎罪，积极改造，争取早日新生。

（四）心理发展回落期

指图9中横轴3—4范围的时期，为出监前3—6个月的时期。这时，心理矫治任务基本完成，服刑人员面临出监后人生道路的重新选择，有的精神振奋，有的却感到前路渺茫。正所谓入监焦虑，出监亦焦虑，有些人出现心理发展停滞，甚至回落现象。

三、服刑人员改造心理发展时期简易自评方法

根据行为主义心理学原理，以服刑人员各类行为考核结果为基础，我们编制了服刑人员改造过程中心理和行为变化时期的简易评估表。

（一）简易评估表

服刑人员改造心理发展时期简易评估表

姓名：_______ 年龄：_______ 罪名：_______ 刑期：_______

入监时间：_______ 籍贯：_______ 婚否：_______

文化程度：_______ 服刑前职业：_______ 评估时间：_______

指导语：以下是分析服刑过程中两类突出行为变化以确定服刑人员改造心理发展情况的表格，请认真填写。

服刑人员服刑改造过程中心理发展变化时期评估

	项目	服刑第一年	服刑第二年	服刑第三年	服刑第四年	……	合计
遵纪守法行为	奖分						
	嘉奖分						
	表扬分						
	记功分						
	积极分子分						
	其他						
犯罪恶习行为	扣分分						
	警告分						
	记过分						
	禁闭分						
	加刑分						
	其他						

服刑人员改造行为量化评估

项目		服刑第一年	服刑第二年	服刑第三年	……	合计
守法行为	奖分					
	嘉奖分					
	表扬分					
	记功分					
	积极分子分					
	小计					

续表

项目		服刑第一年	服刑第二年	服刑第三年	……	合计
恶习行为	扣分					
	警告分					
	记过分					
	禁闭分					
	加刑分					
	小计					
合计						

计分办法：

（1）受奖励行为在以上两个表中的量化方法是：奖分1分计5分；嘉奖1次计10分；表扬1次计20分；被评为监狱改造积极分子（包括监狱优秀学员、劳动能手等）1次计35分；记（立）功（包括省级服刑改造积极分子）1次计60分。

（2）受处罚行为在此表中的量化方法是：扣分1分计5分；警告1次计–30分；禁闭或记过1次计–60分（不包括狱内犯罪侦查期间的禁闭）；加刑1次计–80分。

（二）图示

根据量化分析结果绘图，并参照图10，分析心理变化时期。

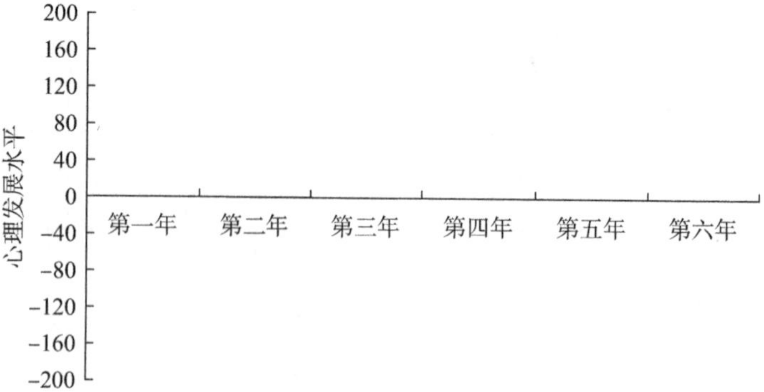

图10　服刑人员改造心理发展模式

四、案例

陈某改造心理发展时期评估

（一）服刑改造行为表现考核情况

服刑人员陈某，犯合同诈骗罪，判刑14年，2017年6月13日入监。据2019年12月底的调查，监区对陈某的行为表现考核结果是：2017年：扣1分；2018年：3次嘉奖；1次表扬；扣1分；2019年：10次嘉奖；1次表扬；1次记功；1次改造积极分子；扣1分。

（二）服刑改造行为量化分析方法与结果

根据上表的量化标准，陈某的各年改造心理和行为表现量化得分为：2017年：-5分；2018年：45分；2019年：210分。

（三）绘图

根据评估结果绘图（图11）：

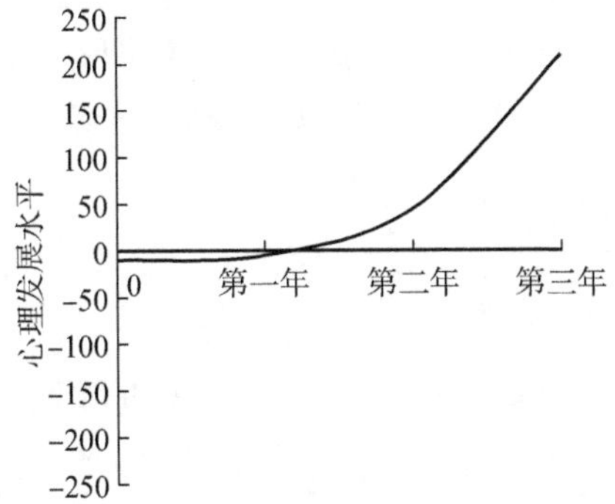

图11　陈某改造心理发展模式

（四）评估结果

参照图11，陈某处在改造心理快速发展期，要结合这一时期的改造心理特点进行有针对性的矫治。

第二节　心理缓慢发展期的矫治

一、主要心理特点

这一时期服刑人员心理发展总体上呈缓慢发展趋势，主要特点是：

（一）认知上的认罪反复性

个别服刑人员不认罪、不服从法院判决，无理缠诉，有的起初认罪，入监后又出现认罪反复，产生明显的对立情绪，无心矫治。

（二）情感上的情绪波动性

入监初期大部分服刑人员情绪未稳，容易波动，有的甚至出现适应不良等心理问题，影响改造心理发展。

（三）行为上的恶习不改

个别服刑人员积重难返，恶习深重，违规违纪恶习行为难以收敛，在严格的监管条件下度日如年，无法适应监管制度要求。

由于这一时期矫治目标和动机正处在逐步形成阶段，心理发展动力有限，所以心理发展较为缓慢，处在服刑人员心理发展的起步阶段。

二、主要心理问题

（一）认知误区较多

部分服刑人员因陷入法律认知误区，不服判决，无理缠诉，从而产生心理问题。比如，服刑人员王某，犯合同诈骗罪，判决事实清楚，上诉后二审维持原判，王某服刑第一天就向警察反映不服判决，认为自己没有罪，要申诉，对立情绪大，申诉意愿很强烈，但经复查，申诉理由根本不成立，最终被法院依法驳回。

（二）消极情感情绪困扰

个别服刑人员因被判刑的心理打击，产生强烈的挫折感，情绪对立、悲观绝望。服刑人员郑某，原本有个幸福的五口之家，自从吸毒后家贫如洗，为筹毒资而抢劫，成为阶下囚，判刑后出现胃痛、喉咙痛、胸痛等毒品戒断的后续反应，更加痛苦的是由于挫折打击，晚上睡不着，脑海中长期涌现出大量自己无法控制的各种念头，产生大量的强迫思维，为此求助心理咨询师。

（三）适应性问题

入监初期，服刑人员易对严格的监管要求不适应，产生焦虑和抑郁等心理问题，入监初期的适应不良是服刑人员心理咨询中常见的现象。

三、主要矫治目标

（一）消除认知误区

主要是通过法治教育和专项心理辅导，消除服刑人员对法律认知的误区，引导他们认罪悔罪，确立积极矫治的心态。

（二）明确矫治方向

在警察的教育指导下确立矫治目标，明确各个矫治时期的任务，由服刑人员本人制订自我矫治计划，坚定矫治信心，在希望中矫治。

（三）掌握行为规范

自觉接受行为规范训练，严格遵守纪律，培养良好的行为规范，从而收敛恶习行为，改恶从善。

（四）增强心理健康

通过心理健康教育和心理咨询等活动，消除心理适应不良状况，保持身体健康和心理健康。

四、基本矫治要求

心理发展缓慢期的服刑人员矫治的关键是适应，重点消除心理适应不良状态。

（一）入监教育辅导

服刑人员科学矫治以悔罪为先。入监教育期间通过心理健康知识辅导，结合法治教育和认罪悔罪教育活动，要让服刑人员产生对犯罪行为的真诚悔悟，走出认知误区，消除对立情绪，保持身体健康和心理健康，培养积极心理需要，尽快适应矫治要求，实现心理重建。

（二）严格要求，矫正恶习

心理矫治的重要任务之一，便是矫正犯罪心理恶习。服刑人员改造最终要体现在心灵的向善和行为的良化上，严防恶化。在这一阶段，通过严格的行为规范学习训练，教育服刑人员掌握监规纪律要求，接受严格管理约束，自觉收敛恶习行为，接受规范化管理。

（三）学法守法，破旧立新

心理矫治的另一项重要任务就是破旧立新，重新确立守法心理。在这一阶段，服刑人员要在警察的教育指引下，根据心理评估结果，制订科学的矫治计划，明确矫治最终目标是成为守法公民。因此，要在认罪悔罪基础上积极接受法治教育，学习法律知识，增强法治观念，树立积极矫治信心，加快改造成为守法公民的步伐。

入监教育结束时，服刑人员要对这一改造阶段的教育矫治情况进行总结。

五、服刑人员适应性评估简易自评方法

从生存、规则和社会发展适应三个方面编制服刑人员心理适应简易自评问卷。

（一）简易自评问卷

服刑人员心理适应简易自评问卷

姓名：_______　年龄：_______　罪名：_______　刑期：_______

入监时间：_______　籍贯：_______　婚否：_______

文化程度：______　服刑前职业：______　评估时间：______

指导语：以下是对你在服刑改造期间适应能力的评估问卷，共分7个题目，请结合你的实际情况，从每题的4个可供选择的等级中，选择1个适合你的情况，多选无效，请认真填写。

题　目		从每题4个等级中选择1个适合你的情况				得分
		优秀	良好	及格	不及格	
(一)生存适应（最高40分）	(1)身体健康状况（参考年度体检结果）	20	16	14	10	
	(2)心理健康状况（参考年度心理测试结果）	20	16	14	10	
(二)规则适应（最高35分）	(3)遵守监规纪律情况（年内有被警告以上处罚行为为不及格）	20	16	14	10	
	(4)遵守改造行为规范情况（年内有违反改造行为规范被扣分处罚行为为不及格）	15	12	9	7	
(三)社会发展适应（最高25分）	(5)改恶从善信念确立程度（无理缠诉、不认罪服判为不及格）	10	8	6	5	
	(6)教育改造表现（包括改造目标、计划和实际行动、三课考试成绩等）	10	8	6	5	
	(7)人际关系情况（与同改因行为冲突被扣分处罚为不及格）	5	4	3	2	
合计						

评定标准： 优秀，高于90分；良好，76—90分；及格，60—75；不及格，低于60分。

（二）实操案例

1.基本情况：服刑人员于某，50岁，已婚，大专学历，服刑前经商，因虚开增值税发票罪，被判处有期徒刑10年。2017年5月17日入监，2018年2月21日运用上述问卷进行了评估。

2.服刑人员于某的自评结果：（1）身体，自评及格，计14分；（2）心理，自评不及格，计10分，入监前患有双相情感障碍，入监后经精神病司法鉴定为抑郁症，目前正接受治疗，情绪基本稳定；（3）纪律，自评优秀，计20分；（4）规范，自评良好，计12分；（5）信念，自评良好，计8分；（6）教育改造，自评良好，计8分；（7）人际关系，自评良好，计4分。综合评估：76分，良好等级。

3.心理咨询师进行具体项目分析：服刑人员于某的自评结果显示，心理健康状况项目自评不及格；经面谈，其入监前患有双相情感障碍；入监后经司法鉴定为抑郁症，有服刑能力。目前经治疗情绪基本稳定，建议积极配合进行精神药物治疗和心理治疗。

第三节 犯罪心理快速消除期的矫治

一、主要心理特点

这一时期大部分服刑人员已经过了认罪悔罪关，真诚忏悔罪行，矫治目标已经牢固确立。积极矫治、争取早日新生的心理需要越来越强烈，产生强烈的重新做人动机。多数服刑人员有真诚悔改行动和争取立功受奖的积极表现，普遍希望将功赎罪，用实际行动告别旧我，原先形成的犯罪心理恶习正在快速削弱和消除，改造心理呈现快速发展的良好态势。

二、主要心理问题

（一）新旧心理矛盾的激烈斗争

服刑人员在消除犯罪心理与确立守法心理的过程中，易出现新旧心理矛盾的激烈冲突引发的心理问题，比如个别好逸恶劳者常遇到的问题是：不接受服刑改造，于法不容，于心不忍；但是要积极改造，又很难渡过艰苦的服刑改造关。比如，严格的监规纪律和劳动改造等，可能引发他们的焦虑不安。

（二）犯罪心理恶习"交叉感染"现象

服刑人员是一个非常复杂的特殊群体，有的多次判刑入狱，恶习深重。不同类型的服刑人员关押在一起时，容易出现"交叉感染"犯罪心理恶习的现象，引发心理问题。

（三）家庭社会因素引起的心理问题

家庭社会因素引起的心理问题，主要是父母病故、妻子离婚、儿女失学等事件。比如：服刑人员陈某（40岁，初中文化，盗窃罪，原判12年6个月，余刑3年6个月），在与妹妹会见时得知妻子有了外遇，陈某一时无法接受事实，恨妻子不忠，尤其害怕两个女儿受到伤害，心理压力很大，自责、情感压抑、悲伤哭泣，出现睡眠问题。经心理评估，其具有自杀心理倾向，急需心理危机干预。

三、主要矫治目标

（一）解决新旧心理矛盾冲突

关键是解决服刑人员"新我"与"旧我"之间的矛盾冲突，加快消除犯罪心理的步伐。从终身学习的观点来分析，任何服刑人员的矫治都是心理成长进步的过程，但成长总伴随着痛苦，必须痛下决心，排除万难，消除原先形成的犯罪心理恶习，才能重塑新我。不破不立，破字当头，立在其中，矫治需要勇气，需要迎难而上，克服困难，最终才能到达新生的彼岸。

（二）调动积极心理资源，增强矫治自觉性

矫治是相互作用的过程，不但管教要有方，服刑人员的积极配合也十分重要。要通过不断挖掘自身的积极心理资源，调动潜能，培养自觉改造的积极性，提高矫治质量。服刑人员改造是由被迫改造过渡到自觉改造的过程，要尽快实现服刑人员自觉改造，必须大力培养、挖掘、调动服刑人员自身各种积极心理资源，使其提高自我改造的自觉性和能力，调动积极的认知、积极的情感，保持积极的心理状态，采取积极的改造行动，才能收获最好的矫治效果。

（三）正品行，完善人格

加强服刑人员思想品德教育，培养其健康的生活习惯方式，不断完善其人格。

四、基本矫治要求

（一）深刻悔罪见行动

认罪悔罪是矫治的重要基础，要加深对认罪悔罪的认识，深刻反省，严防出现认罪反复。服刑人员要克服困难，变被动为主动，将矫治目标集中到积极矫治上来，加快消除犯罪心理恶习的步伐，用实际行动改过自新。

（二）奖勤罚懒除恶习

在矫治过程中，监狱引进激励机制，不断强化行为激励。警察通过激励服刑人员，指引服刑人员进行自我探索、自我激励，学习科学矫治的知识，分析犯罪的原因，清除犯罪的根源，引导他们渡过艰苦生活关和勤劳致富关。监狱奖勤罚懒、宽严相济、恩威并施，以良好的改造风气营造在希望中矫治的改造环境和导向，有利于服刑人员远离、矫正恶习。

（三）严明纪律刹歪风

改造与反改造的斗争在狱内长期存在，监狱历来都严明纪律，严打抗改歪风，消除反改造心理，树立改造正气，抑恶扬善。在服刑期间不痛改前非、常违监规的人员，公开对抗改造、不思悔改的人员，相互传授犯罪伎俩、教唆犯罪的人员，必将受到惩罚。大恶惩后教训深，小恶惩后易复发，监狱对服刑人员违规等行为，必将反复抓，抓反复，防止复发。

（四）积极练就好心态

心理保健，良好的心态是关键。增强心理保健意识，在保持身体健康的同时，保持积极向上的心态，有心理问题及时寻求心理咨询。

一般情况下，服刑时间近半，日常考核记分中已经基本上没有违规被扣分的情形，则表明这一时期的心理矫治任务已经完成。

第四节　守法心理快速形成期的矫治

一、主要心理特点

（一）守法心理正在重新确立

这时期的特点是犯罪心理恶习已经基本消除，守法心理正在形成并强化，也是重塑新我的关键时期。

（二）积极心理需要正在形成

在需要方面，大部分服刑人员实现了由前期的被迫改造向自觉改造的心理转变，更加积极地参加矫治活动，开始培养积极、守法、向上的心理状态和需要。

（三）积极心理资源被充分调动

在心理资源的开发利用上，能更加充分地调动自身积极的心理因素，发挥自身心理优势，扬长避短，重建良好的个性品质。

二、主要心理问题

（一）心理迷惘现象

犯罪心理基本消除之后，未必就能形成守法心理，在由犯罪心理向守法心理转变的十字路口，有的服刑人员感到迷惘。有的人因为矫治上了新台阶之后，没有及时调节心理矫治目标，感到矫治动力莫名其妙地被削弱。这时需要积极参加心理辅导，明确自己为什么要矫治、矫治什么、怎样矫治，重新形成矫治目标，增强矫治动力和定向力。

（二）骄傲自满，不思进取

改造被喻为天下第一难事，不仅仅是因为有些人“江山易改，本性难移”，还因为成长伴随着痛苦。由罪人到新人悔过自新的再社会化过程中，新生之路犹如唐僧西天取经之路，铺满荆棘，猪八戒想见好就收，到高老庄时曾想娶媳妇成家，不思前行，差点半途而废。有的服刑人员经过艰苦的前期矫治取得了一定成绩，认为能过得去了，因此放松矫治。

（三）认罪的动摇反复

心理学的研究表明，心理的发展变化并非直线式的，而是具有阶段性和周期性的变化起伏特点。有的人原先认罪服判，积极矫治，但是误认为形势变化了，随即心态也改变了。比如，误认为对醉驾的查处没有以前那样严厉了，因此就对自己醉驾的处罚结果出现了认罪反复。

三、主要心理矫治目标

（一）重塑守法心理系统

重新建立守法心理系统，做到学法、懂法、守法，这是成为守法公民、重建守法心理的关键。

（二）习得再社会化所需要的技能

学会一技之长，能自食其力，从根本上转变寄生、腐朽的生活习惯和方式。

四、基本矫治要求

（一）学法懂法

积极参加法治教育活动，深刻检查对照自己的犯罪行为，找准自己对法律的盲点，分析危害，找出原因，确立牢固的守法观念。

（二）以案说法

积极参加守法光荣、违法可耻的正反典型现身说法教育。从反面教材中吸取深刻的教训，回头是岸；从正面典型中吸取榜样的力量，筑牢预防犯罪的防火墙。

（三）遵纪守法

杜绝违规违纪行为，自觉遵守规章制度，培养遵纪守法的行为习惯。

（四）以身护法

敢于与不良行为，特别是违法犯罪行为作斗争，危难或关键时刻能挺身而出，制止犯罪，维护法律威严，维护社会稳定。

一般情况下，刑期过半以后，到大约出监前半年，如果在日考核记分中，既没扣分也没有奖分的情况出现，则认为服刑人员守法心理快速形成期的矫治工作可以结束了。

第五节　心理发展回落期的矫治

一、主要心理特点

（一）服刑人员心理矫治的平台期现象

经过上一阶段的心理快速发展后，有的服刑人员在上一矫治阶段的中后期，或这一矫治阶段的前期，出现心理动力下降、心理发展停滞现象。原因是服刑进入中后期之后，部分服刑人员减刑的预期实现后出现了矫治松劲现象；有的预期落空或打折，则更易生挫折感，出现心理问题，心理发展受阻；部分服刑人员心理经历了前一阶段的快速发展后，不能及时调整矫治目标或确立新的近期矫治目标，心理动力也下降，出现了心理发展停滞或放缓现象。

（二）服刑后期出现心理回落现象

服刑矫治中、后期，因临近出监普遍产生不同程度的情绪波动，出现焦虑情绪，影响矫治，不进则退，改造表现出现回落。

二、主要心理问题及原因

（一）服刑人员发生心理矫治平台期现象的原因

经过前期心理的快速发展后，部分服刑人员心理发展出现放缓现象，出现前进无动力的情况，好像原地踏步，即前面所说的迷惘现象。原因是矫治目标部分或基本实现后，比如减刑如愿以偿后，有的服刑人员矫治动力减弱。部分服刑人员心理经历了前一阶段的快速发展，上了一个台阶后，未能重新调整、确立新的目标，因而心理发展动力不足。

（二）服刑后期心理回落现象的原因

主要原因是临近出监又进入情绪波动期，有的人产生出监前焦虑，特别是刑期比较短的服刑人员，如果引导不及时，个别服刑人员就会出现对认罪的反悔现象，心理发展反复、走下坡路。服刑人员出监焦虑原因比较复杂，主要有矫治不彻底担心重新犯罪，再历牢狱之灾；担心家人不接纳，亲朋歧视，就业无门，生活无着落；入监多年，社会快速发展，担心适应不了社会发展需要；有的人产生心理创伤情结，认为犯罪被判刑身败名裂，受社会歧视，无法面对往日好友，悲观无望等。

值得警惕的是极个别人出现认罪的反悔现象，矫治出现反复。

三、主要矫治目标

（一）打破心理发展平台现象

主要通过调整和重新确立矫治目标，明确矫治方向，增强服刑人员积极矫治的信心。矫治目标不是一成不变的，要根据不同时期的矫治情况及时进行调整，只要明确目标，重拾矫治信心，就能战胜困难，看到希望，早日实现新生。

必须有效消除认罪反复心理和抗改造行为，培养积极改造行为规范。认罪反复没有前途，对抗改造只有死路一条，已为无数事实一再证明。

（二）保持心理健康状态

通过心理辅导或心理咨询，消除出监前焦虑情绪，巩固矫治成果，提高心理健康水平。

（三）总结评估提高

开展出监前服刑人员矫治质量评估，评估出优劣等级，看到矫治成绩，找出存在问题，不断提高矫治质量等。

四、基本矫治要求

（一）打破平台现象，不断提高矫治质量

准确评估心理发展速度放缓原因，消除心理问题根源。反复思考，预防认罪反复。服刑人员对出现的心理放缓现象要反思，要理性思考，诚恳向警察请教，制定出切实可行的矫治方案，并付诸行动。在矫治过程中要多向积极矫治的服刑人员看齐，少谈消极面，要看到成绩，看到光明前途，积极矫治，坚持不懈，不断提升心理发展速度，防止走下坡路。

（二）在警察指引下重新调整或确立矫治目标

结合心理评估和每名服刑人员的年龄、文化、犯罪性质、原判刑期和余刑等实际情况，在警察或心理咨询师帮助指引下，使服刑人员重新确立近期和远期矫治目标。立标引路，明确矫治任务和方向，重新树立矫治信心。

（三）巩固矫治成果，消除出监焦虑

1.科学评估出监前情绪波动的程度和原因。例如，面临就业安置等现实问题、服刑后担心受到歧视、对前途悲观失望、认罪出现反复等，都可能引起情绪波动。

2.对症下药消除心理问题。结合出监教育，积极参加心理健康专项教育，参加社会适应性训练，接受心理辅导，消除出监焦虑现象，巩固矫治效果。

3.组织开展形式多样、实用性强的就业技术培训，使服刑人员学会一技之长，便于自食其力，劳动致富。

4.科学评估服刑人员矫治质量。结合出监教育，开展服刑人员自我总结和出监鉴定。在警察指引下开展心理健康、个性提升和恶习改变等方面的心理评估。对服刑人员出监评估以平时考核为基础，内容包括：服刑人员服刑期间每年的嘉奖、表扬、记功、改造、减刑情况，每年扣分及警告、记过、禁闭等行政处罚情况等。评估维度包括认罪悔罪、遵守规范、认真学习、积极劳动等，临近出监前要在监狱的统一安排下，积极配合完成出监评估。

第二章
不同恶习程度服刑人员心理矫治

第一节　消除对抗改造心理

一、对抗改造心理特点

（一）犯罪合理化

服刑人员在改造中，持有“犯罪合理化”心态者大多有着自己认为“合理”的信念，多数已形成较为稳定的犯罪心理结构。服刑人员一旦有了这种犯罪合理化的心态，很难真正认罪悔罪。例如，盗窃犯会认为，自己只偷富人的东西，而没有任何自己是“贼”的良心上的不安；有的服刑人员认为，“我的上司就是这么干的，他可以，我也可以”，故而弱化了对侵占行为的愧疚感。特别是随着高新技术的发展，有些智能型犯罪如利用计算机传播病毒的服刑人员，凭借专业技术侵害不特定的主体，由于不与被侵害者进行面对面的直接接触，所以他们更会以“玩一玩”“不是故意的”“检验自己的能力”等借口来否认自己的罪行。例如，2013年，某市经济开发区刑侦大队就抓获了一名另类的小偷：他不仅专偷高档车倒车镜，作案后还留下专门供车主联系的名片，并称自己的行为是“劫富济贫”，拿车主汇来的钱帮助贫困和有需要的人。犯罪嫌疑人陈某20岁出头，自称不缺钱，只是最近比较闲，才干起了这个。他大多是选择对高档轿车下手，将对方汇过来的钱存起来，准备帮助贫困和有需要的人。这种“劫富济贫”也是犯罪行为，陈某非法控制别人的私有财产，并且私自处置，已经构成了盗窃罪，这跟盗窃所得赃款怎么处置是两码事，只要前者成立，那么就是偷盗罪。在古代，虽然劫富济贫者被称为侠盗，但是从法律角度来说，他们的行为同样构成犯罪。

（二）犯罪无责化

有些服刑人员在改造中，认为社会将自己划为服刑人员是一种司法“不公正”行为，自己之所以被认定为服刑人员，并不是罚当其罪、罪有应得，只不过是被贴上了服刑人员的“标签”而已。他们认为，有些人虽然并未受到“惩罚”，但其行为的性质未必就比自己的要轻；自己犯罪也是源于受害人的责任，如果受害人没有过错，他是不会犯罪的。因此，他们心中产生极度不公平感，从而仇视社会，没有悔罪、认罪感，总是试图通过指出他人的过错这种手段来抹杀自身应承担的罪责。

（三）服刑改造条件化

有的服刑人员在改造中讲条件，投机心理严重。有的服刑人员甚至直接用某种表现来要求干警承诺给其奖励，否则就消极改造。例如，部分想要减刑和假释的服刑人员，利用减刑与假释无法将其思想意识纳入考核之中的特点，放松对自己思想的要求。每次减刑假释工作通知公告后，那些在过往改造中并未犯大错但也未好好改造、分数和间隔期符合条件的服刑人员，就开始“严格要求自己”，以便获取减刑假释机会，事实上并没有在思想上真正接受教育改造。同时，受制度与程序本身制约，减刑或假释一旦形成裁定，除非法定条件出现，一般不会撤销，所以就有部分服刑人员在获减刑假释之后就放松了对自身的要求，这种只要权利不愿承担责任的行为，也是对抗改造。

（四）消极对抗

这类服刑人员一般分为两种：一种是刑期短，没有减刑希望；另一种是自律能力与自我约束能力差，平时违规扣分较多无减刑希望的，反正“虱多不痒，债多不愁”，不求减刑、消极改造是他们的共同特点。这类服刑人员缺乏配合教育改造的动力，大多心理灰暗，自私且报复心极强，主要表现为内务卫生不合格、学习不主动、劳动不积极，大错误不犯、小错误不断，时不时扰乱秩序。更有心怀不满的人煽动他犯抗改。消极改造本质上就是缺乏接受改造教育的意愿，从思想深处抗拒改造，行为上也具有一定的极端性，所有表现均有其自身的目的，一旦达不到即心生怨恨，滋生事端。

二、心理矫治目标要求

（一）心理矫治目标

提高规范意识，感受法律威严，体验公平正义，养成良好行为习惯，自觉遵守监规纪律，用改造成绩来体现自己的合法权益，实现对社会公平正义的追求，为将来顺利回归社会，成为守法公民打下坚实的基础。

（二）心理矫治要求

1.服刑人员要纠正不合理的认知。明确监规纪律要求，让积极改造的思想成为改造生活的强劲内驱动力，用主流文化树立“三观”，培养正确的劳动价值观。

2.服刑人员要做到合理进行情感宣泄。让自己对抗性的负面情绪得到释放，实现心理平衡。一般来说宣泄方式有：（1）运动，体能运动可有效宣泄服刑人员累积的心理负能量，跑步、篮球比赛等都是很好的选择。（2）击打宣泄，又称借物宣泄，服刑人员可申请到监狱心理健康指导中心的宣泄室，在心理咨询师的指导下进行击打宣泄。（3）呐喊，服刑人员可向警官申请到宣泄室，借助呐喊宣泄系统进行呐喊宣泄。

3.服刑人员要摒弃各种抗改行为。例如，有的人不想参加劳动，就装病躲避；有的人出工不出力，在做事时偷奸耍滑；有的人拉帮结派，挑拨是非，制造矛盾；有的人故意找茬，辱骂叫嚣；有的人情绪激动，脾气暴躁，不听管教。

三、心理调节方法

（一）提高理智水平

对抗改造的心理是一种消极的情绪，控制这种消极情绪关键在于提高理性认识的水平，即理智水平。服刑人员都是成年人，对问题的认识应该深刻一些，而不应该不假思索就决定自己对某个问题的态度和行为。比如，监规纪律是每一个服刑人员必须遵守的，而遵守纪律又对加快自己的改造有好处，因此，只有认真遵守才是一种理智的态度。有一些对抗改造的服刑人员应该冷静地想一想，明明是正确的道理，自己却偏偏听不进去，要对着干，这样做又有什么好处呢?

（二）学会自我压制非分的欲望

人之所以为人，根本在于人是有意识的，而不是像动物那样只靠本能去处理遇到的问题。当一个人的欲望由于种种原因无法满足或实现时，就应该从主、客观两方面去寻找原因，如果这个欲望目标是不能达到的，就应该放弃这个欲望。所谓放弃原来的欲望，实际上就是靠自己的主观意志将这个欲望压制下去。这种压制会让自己更加成熟地面对现实，也可使自己因欲望不能满足而产生的烦恼等消极情绪一扫而光。例如，有的服刑人员之所以对监规纪律想方设法地破坏，根本在于其不愿受监管约束和被剥夺自由，这就是一种非分的欲望。既然你犯了罪，国家依法剥夺了你的自由，你的生活就必须在严格的监管条件下进行。如果你意识到自己的罪犯身份，就不会产生这种欲望，即使产生这种非分的欲望，也应该立即将它压制下去，变成积极改造的动力。

（三）在劳动中促进改造

劳动改造和教育改造是服刑人员加强改造的两大手段，联合国

《囚犯待遇最低限度标准规则》也规定了服刑囚犯必须参加劳动，同时明确了监狱活动的中心目标是让服刑人员通过劳动“重返社会”。广大服刑人员要树立正确的道德、价值判断，形成一种主流价值氛围，并通过外部环境以规范约束行为，促使自己思想转化，逐步形成“劳动光荣”“自食其力光荣”的观念，摒弃“不劳而获”的恶习。少数服刑人员身体素质特别差，经常生病，劳动任务不能按时完成，在这种情况下，应如实汇报，等待监狱相关部门做出适当调整。

（四）升华自己的好奇心

有些服刑人员的抗改心理是由明知故犯的畸形好奇心引起的。一般来说，有好奇心并不是坏事，如许多科学发明都是科学家好奇心延伸的结果。然而，科学家的好奇心是对事物规律的探究心，而绝不是与真理或正确的东西背道而驰。实践早已证明了千百遍是错误的东西，你又何必一定要重复一次错误呢？作为一个服刑人员，你完全可以将好奇心用在对法规的理解上、对手中劳动工具的改进上、对先进人物行为动因的探讨上、对犯罪根源的探究上等等。这就是好奇心的升华。

第二节 累犯心理矫治

累犯，是指受过一定的刑罚，执行完毕或者被赦免以后，在法定期限内又犯被判处一定刑罚之罪的服刑人员。累犯心理是初犯心理的对应称呼，累犯的社会危害性往往较初次犯罪更为严重，包含一般累犯和特殊累犯两种，是我国司法部门重点打击的对象。

一、心理特点

（一）善于狡辩，欺骗性强

有些累犯自以为“见过世面”，遇事有“先见之明”，善于编造谣言和狡辩。他们具有反改造经验，对于监狱中可能出现的情况有一定心理准备，也具有一套应对伎俩。对于监规纪律和监狱新的政策变化他们会留意收听、多加分析，在自己认为有必要的时候就会和民警“叫板”。他们对同改中出现的细小问题，善于上纲上线地汇报，有一说成十，而对自己的问题，有十说成一，大事化小。有些年龄较小的初犯，在累犯的腐蚀、拉拢、欺骗和威胁下，逐步学会了其他犯罪手段，藐视法律的威严。服刑人员之间存在传习和相互感染的可能，其中，累犯的有害作用是明显、严重的。有些累犯由于屡次服刑，对监狱情况较为熟悉，较为投机，一般不容易被抓住把柄。

（二）犯罪经验丰富，功利心强

累犯总是根据自己以往的经验来认识和评价问题，唯利是图、自私自利、损人利己、弱肉强食等消极的心理品质以及曾经的犯罪经验，都有可能影响他们的改造心理。累犯的犯罪经验丰富，形成了犯罪习惯。多次的犯罪经历易使累犯的犯罪技能、手段、方法内化成为一种习惯，成为较难矫正的恶习。

（三）心理固化，消极影响大

累犯一般经历过多次犯罪，犯罪动机得到多次加强，具有报复、仇恨、补偿等多重心理特征。累犯对于监狱的政策、规章制度以及环境都比较熟悉，与初犯、偶犯相比能更快地进入服刑角色，在心理和行为上能较快适应。但是，他们往往具有一定的反改造、反管教、反侦查经验，又不会与民警当面发生冲突。有些累犯通过怂恿其他犯人对改造秩序进行扰乱，或否定服刑人员角色来实现抗改的目的，对于其他犯人的消极影响较大。

二、心理矫治目标要求

（一）心理矫治目标

要认清自己屡次犯罪的现实成本和今后再犯罪的预期成本，充分认识到自己的犯罪行为和犯罪思维的危害性，领悟罪恶深重的含义；树立正确的法治观，努力培养通过合法手段满足自己需要的能力，让自己成为出狱之后不再危害社会的合格公民。

（二）心理矫治要求

1.服刑人员要修复自己认知上的问题。大多数累犯存在一定的认知问题，有认为无法改变自己命运的心理定式，遇到问题不进行积极思考，拒绝把自己的行为看成违反道德的行为，甚至用一种平静麻木的态度对待犯罪结果，弱化了自己改造的动力，也增加了今后再次实施犯罪的可能性。

2.服刑人员要修复自己的情感创伤。大多数累犯存在一定的情感创伤，在多次犯罪多次服刑的怪圈中挣扎，没有正常人的生活，人生充满了习得性无助感，一般表现为：忧虑、烦躁、冷淡、悲观、颓废、抑郁等。

3.服刑人员要学习一定的劳动技能，加强文化学习，养成良好的行为习惯，按照监狱考核标准严格约束自己。有养活自己的手艺，勤劳文明的习惯，将来出狱后才有抵御犯罪恶习的自制力，不再走上犯罪的道路。

三、心理调节方法

（一）调整心理结构，加强自我认识

心理结构包括个体的认知能力、需要和动机、情绪和情感、意志品质等方面。调整个体心理结构，就是要调整对自我的认识，具体到认识自我的需要、认识自我实施犯罪的动机、认识自我的情绪情感状态、认识自我的意志能力等等，只有这样，才能够实现对自我的正确认识。犯罪产生于人们自身需要的无限性和满足需要的手段的有限性这个矛盾，矛盾主要在于个体认识的局限性，用不被社会认可的方式侵犯他人权益来满足自身需要。要消除犯罪，个体必须认识到自己只有相对的自由，没有绝对的自由，自由依赖于实现自由的手段，社会

发展状况并不能够完全满足个人的所有需要。只有这样才能实现自身对外部环境的正确认识，个体既要正确认识自我，也要正确认识自我与社会的关系。由认识自己到认识社会，从自我与自我的关系到自我与社会的关系，心理结构直接影响个体对客观环境的能动性反应，调整好心理结构，能分辨客观对主观的正负面影响。

（二）学习法律法规，学会正常交往方法

人格是在社会生活中形成的，正常的人格依赖于正常的交往关系，重塑人格的第一步就是建立正常的交往关系。正常的交往关系从根本上讲就是对自身与他人权利的充分认识和尊重。国家法律对个人权利进行了充分界定，重塑人格必须从重新学习法律法规开始。

第三节　短刑犯心理矫治

短刑犯是指被判处有期徒刑5年以下的服刑人员。短刑犯刑期短、刑罚轻、二次犯罪率较高，这也说明短刑犯的改造效果要比长刑犯差。这类服刑人员可能刚入监就面临出监，监狱应有的惩罚和改造功能还没有来得及在他们身上充分实现，他们的刑罚体验不会很深刻，因此，他们不比长刑犯那样害怕受到真切的刑事处罚，从而较容易重新犯罪。

一、心理特点

（一）急躁心理

短刑犯因急于出监，在心理上焦躁不安。因刑期短，他们觉得不必争取减刑、假释，服刑观念转换较慢，对狱内改造生活不适应，不重视思想改造，服刑意识弱化，时常因陷入对出监生活的想象而焦虑和烦躁。

（二）悲观心理

思家恋亲情绪突出。无服刑经验的初犯因不适应监狱生活，思家恋亲情绪处于支配地位，虽刑期不长，团聚有望，但因期望紧迫和强烈，服刑期间心神不定，更觉得刑期过得缓慢，度日如年。

（三）混刑度日心理

短刑犯缺乏自我目标导向，虽有较多出狱后的打算，但只是期望刑满获释后取得家庭的谅解，不要被亲人嫌弃和社会歧视，并得到妥善的安置。短刑犯由于缺乏心理状态最稳定的改造中期，情绪波动值高，混刑度日的心理较为严重。

（四）急功近利心理

短刑犯中有的人认为是自己运气不好才被判入狱，有的人认为自己是被“轻罪重判”，甚至认为自己只是犯了错误而已，不应该被判刑。短刑犯常常认罪悔罪意识不明确，弃恶从善意识淡薄，阳奉阴违，急功近利，情绪不易稳定，因刑期短，入狱初期的不稳定状态和出狱前的躁动不安相衔接、交织，稍稍平稳后，又会因一些微小刺激搞得难以平静，时常提出胡搅蛮缠的问题为难警察。

（五）攀比心理

缺乏自我目标导向，改造中易受他犯影响，由于缺乏心理状态最稳定的改造中期，情绪波动值高，且因考核约束力不足，容易自我纵容，表现不稳定。在没有分管分押的情况下，短刑犯错误地与刑期相对较长的服刑人员相对照，宽容自身的犯罪行为，觉得“不算事儿”，有的人还产生“出监之后赶紧捞一笔大的”这种想法，是一种反向补偿的心态。在对短刑犯的研究中还发现，很多服刑人员崇拜金钱势力，为追求“一时之快”和“一时风光”宁可自毁前程，而在入狱后不恰当地将自身的短刑、对社会危害性相对较小来与长刑犯相比较，为自己谋求较为轻松的改造环境寻找借口，或者向其他短刑犯炫耀自己曾经的“风光”和“放荡不羁”，以此博取同类服刑人员的尊崇或服从，为自己“轻松改造”开创一片天地。

二、心理矫治目标要求

（一）心理矫治目标

短刑犯要克服服刑改造的“走过场”心理，调动改造积极性；要真诚地认罪悔罪，在监狱管理、教育、生活卫生等各项综合考核中达到基本条件；要加强道德约束和文明礼仪修养，以利于出狱后做一名守法公民，防止重新犯罪。

（二）心理矫治要求

1.短刑犯要清醒地认识到自身的性格缺陷，努力改变自私、敌意、冷漠、恐惧、冲动、暴力等负面性格。

2.短刑犯要加强积极情感培养，提升自己对社会、集体、家庭的责任感和义务感，增强同情心。

3.短刑犯要注重行为养成，克服自身行为散漫、消极、冲动、粗鲁、暴力性强的缺点，要对监规纪律主动适应和执行，提高对现实环境的正确理解。

三、心理调节方法

（一）忏悔感恩，增强责任意识

忏悔观念跟罪的观念联系密切，包含两个层面的内容，第一是承认自己有罪，第二是通过转移、审视、反省、祈祷等方式摆脱这些罪对自己的压力。服刑人员入监后往往会说“我后悔自己所做的事情，对不起社会，对不起家人……”这样的话，但假如不在监狱服刑，他是否会如此悔过而不再继续作案呢？或者出狱后是否会下定决心悔过自新呢？服刑人员增强忏悔意识，需通过算罪恶账、写忏悔书、坦白余罪、现身说法等形式承认自己所犯的罪行，同时通过对所犯罪行的审视、反省，作为促进自己改正的力量，指导日常行为，不再犯类似的错，进行正向的补过。

每个人的内心深处都有向善的一面，只不过当贪念、欲望、愤怒、仇恨一时占据了上风时，人性中的恶就超过了、掩盖了人性中的善，从而犯下恶行，成为所谓“罪犯”。服刑人员在监狱中改造，虽然犯罪原因不一，年龄不一，受教育程度不一，家庭条件不一，但是每名服刑人员都应该有良知，都应该有人性中善的一面，都要学会感念父爱、感念母恩、感恩他人、感恩社会、感恩被挽救，真正从心灵深处去忏悔，学会用心去感悟人生。

所谓的责任意识，就是清楚地知道什么是责任，并自觉、认真地履行社会职责，把责任转化到行动中去。责任意识缺乏，容易导致自我封闭、患得患失、自私冷酷、心胸狭窄、不懂得感恩、缺乏同情心等性格缺陷。服刑人员要成为有责任心的人，遇到问题能够理智地辨别是非和考虑行为可能产生的后果，在不损害他人利益和不危害国家秩序的前提下，努力实现自己的需要。服刑人员要明白责任所在，认真履行该负的义务，并自觉承担自己行为的后果。

（二）激发潜能，提高自控能力

自控能力是人的一种自觉的能动力量，是一种内在的心理功能，使人自觉地进行自我调控，积极地支配自身，排除干扰，让主观恰当地与客观协调，并采取合理的行为方式去追求良好的行为效果。日常生活中，我们可以看到两种情况：一是任性而行；二是虽然主观上想控制自己的行为，甚至下过多次决心，但在行动上仍不能实现。短刑犯的犯罪具有偶发性较大的特点，由于短刑犯中，年轻人和未婚者占有较大比例，遇事容易冲动，感情用事，有些人还讲“江湖义气”，好“打抱不平”“为朋友两肋插刀”，有时失去理智，不管利弊，不计后果，这些情况均为自控能力差所致。

服刑人员要提高自控能力，必须对该做的和不该做的事有一个清晰的认识，让自己的行为服从理智，调整好心态，凡事从长远考虑，三思而后行，不能逞一时之快而遗憾终生，要对自己、对社会、对家庭、对子女、对人生、对工作负起责任。

（三）稳定情绪，提高适应能力

角色变换的心理适应在很大程度上取决于对新角色的期望。这种期望既包含对自身的也包含对他人的，角色期望越大、越明确，对个人实现角色的影响就越大。人们良好的角色期望，可以促使自己较快地适应新角色，胜任新角色。

对新角色的适应是在角色学习过程中逐步实现的。对角色的学习，是个人了解和掌握新角色的行为规范和必要的技能的过程，也包括对新角色的权利、义务、态度、情感的学习，是一种社会学习。学习主要从两个方面进行：一是在特定的社会规范下学习，学习角色的责任与义务等。例如，入监成为服刑人员后，必须在监狱民警的管理中学习并理解《服刑人员行为规范》，要懂得履行其所规定的义务，懂得该如何完成好各项改造任务；二是要在与他人的互动中学习，主要是学习、模仿角色的态度与情绪反应。比如，新入监的服刑人员需与他人保持和谐的关系，要从他人的行为模式中学习巩固被肯定的行为方式和态度，改善自身言谈举止，使自己的所作所为更加符合服刑人员这一角色要求。

（四）建立自信，提高谋生能力

监狱不是远离社会的孤岛，它是国家的刑罚执行机关，与社会安宁息息相关：服刑人员通过监狱矫治后回归社会，要成为一名能履责、有担当的守法公民；要学会自食其力、诚实劳动，成为社会的有用之材。服刑人员通过在监狱期间的学习、劳动和行为规范养成训练，已具备基本的勤劳习惯，也有一技之长，加上增强了文化、法治、道德修养，学习了心理健康知识，锻炼了各方面的能力，也就增强了适应社会、求职就业的能力。因此，服刑人员要对自己出狱后的自力更生有信心。

第三章

不同犯罪性质服刑人员心理矫治

第一节　暴力犯罪服刑人员心理矫治

暴力犯罪，是指使用暴力手段（包括以暴力相威胁），以特定的或者不特定的人或物为侵害对象，蓄意危害他人人身安全、财产安全和社会安全的犯罪行为。基本特征为具有明显的暴力性质。

一、暴力犯罪服刑人员心理特点

（一）认知特点

1. 自我认知不清。暴力犯罪人的自我形象经常在自大与自卑两极之间摇摆：一方面，由于自身体质气质方面的优势，盲目相信“拳头更能解决问题”，常表现出以自我为中心、为所欲为的状态；另一方面，因为其中大多数人文化程度偏低，解决问题的资源有限，准确理解事物的能力也较低，缺乏一定的预见性，故其社会适应性普遍较差，内心体验不良，自卑，易激惹。

2. 思维方式单一。一般人遇到矛盾或困难时，大多能通过合法、正当的途径解决，即使问题不能及时得到解决，也能调整自己的心理状态以适应环境。但是，暴力犯罪人的人格通常是不成熟的，他们在遇到冲突或矛盾时，迷信只有暴力才是解决问题的正确方式。他们的不成熟表现在：对自己行为的后果预估不足，认识不到另有途径可以满足自己的需要，从而暴力伤人。暴力犯罪人更迷信暴力，他们的思维方式是简单的，只要自己的利益受到侵害，便以暴力相待。例如，要想获得财富，守法公民会坚持取之有道，即通过正当途径来寻求赚钱的机会。而暴力犯罪人则更可能采取简单粗暴的方式，如抢劫、抢夺、伤人等等，在各种侵财型犯罪中，抢劫无疑是最为简单的、与被害人直接冲突的犯罪方式，反映出暴力犯罪人思维方式的简单性。

3. 价值观念有误。对个体而言，追求更好生活是再正常不过的信念。但部分暴力服刑人员因为曾经的挫折经历，对世界形成了消极认知。比如，他们坚信“金钱至上”“人不为己，天诛地灭”，认为自己是失败者、丧失者，认为社会对他们不公。他们习惯于对外归因，而缺乏对社会、集体及他人的责任感。

（二）情绪情感特点

1.共情能力低。共情是指个体能够设身处地地站在别人的位置上，从别人的角度去体验别人的情感的能力。这是人际和谐、社会和谐的重要基础。而暴力犯罪人在成长过程中，普遍缺少被关爱、被信任和被尊重的经历。身体富于攻击性的儿童，往往有惯用体罚的父母，导致他们的共情能力（即设身处地理解他人的能力）较弱或者受到了抑制。在极端暴力的犯罪人眼里，人被物化或妖魔化了，对他人采取攻击行为时，自然也就不会像普通人那样具有同情心和慈悲心。

2. 情绪张力大且多变。暴力犯罪人的情绪反应速度快、强度高，具有扩散性。这些人性子急，在强烈而亢奋的情绪状态下，容易不理智地实施攻击行为。他们是典型的用本能处理问题的人。

3. 情绪情感调节能力弱。即抑制不足或抑制过度。人可以通过理性思考选取最佳行动方案。一种暴力犯罪人常处于强烈的负性情绪中，理性思考的能力大大降低，导致行为失控，这就是抑制不足。而另一种暴力犯罪人平时表现出超强的忍耐和自制力，从表面来看，他们对于挑衅几乎没有任何反应。其实，他们不是没有愤怒，只是把愤怒压制下去了，甚至压制到连他们自己都无法意识到的地步。但如果情绪积累到了一定程度，产生暴力的强度就会增大。就像弹簧一样，压得越累，反弹就越大，破坏力也就越大，这就是抑制过度。

（三）行为特点

1.行为盲动性大。暴力犯罪人易激惹，自控力差，鲁莽。细微的外部刺激都有可能引起他们强烈的反应，在冲动情绪的支配下，做事不计后果。

2.具有一定的攻击定式。现实中，有的服刑人员通过攻击行为获得了好处，比如让他人畏惧或服从自己。从生理学角度看，攻击行为能够激发个体强烈的反应，完成攻击行为可以激活大脑的奖赏系统。这会导致个体维持一种错误的攻击定式。暴力犯罪人的某些冲动行为就是一种习惯性反应。

二、暴力犯罪服刑人员心理矫治目标要求

暴力犯罪人暴力攻击的深层动机一般有三种：报复（针对“挑衅”）、控制（用来确定个体优势）以及情绪习惯。因此，对这类服刑人员的心理矫治目标可设定为下面几点。

（一）调整认知，学会换个角度看问题

因为挫折经历和自卑个性，暴力犯罪人对社会及自我认同度都比较低。当一个人把“社会是不公平的”“生命是没价值的”当作人生信条，把麻木不仁当作行为准则时，暴力就很有可能成为其常用的行为方式。但是，无论暴力行为大小、以何种方式呈现，其深层动机都是对缺乏安全感的恐惧。在暴力犯罪人争强好斗的行为背后，有其人格缺陷的因素，但根本原因还是掩饰内心的恐惧。他们其实是缺乏自信的人，是缺乏对他人信任、缺乏对团体归属感的人。他们外显出来的强，是为了抵御内心的弱，为了消除内心所体验到的不安全感。

所以，暴力犯罪人需要明白：暴力行为其实是一种防御，在狱内，更是一种非常消极的防御方式。可以学习换位思维，即换个角度看问题：“假如自己被他人暴力伤害是否很难受？有没有更好的解决问题的方式？”提醒自己：“这个世界是安全的。”“这个世界的资源是富足的。”“大部分人是值得尊重的，他们是讲道理的。”

（二）增强情绪的控制能力

对情绪控制不足的个体往往满足于一时痛快，对所要承担的后果估计严重不足。如果最终其承担后果较轻，则会产生负强化，导致他们更加肆无忌惮地放纵自己的情绪。因此，心理矫治者可以让他们进行行为后果想象练习，加深其对暴力行为恶果的认识，提高其控制自身情绪的能力。对于情绪抑制过度者，请记住：未被表达的情绪永远不会消失，有朝一日还会以激烈的方式爆发出来，因此，要让情绪流动，可通过非暴力的方式，如倾诉、沟通、表达、请教他人，都比暴力伤人好得多。

（三）增强解决问题的能力，提升社会适应能力

要提高暴力服刑人员抗挫折的能力，提高他们思维的灵活性，可以做发散思维的训练，增强非暴力解决问题的想象力。另外，通过提高劳动技能训练，释放他们的体能，这样也有助于他们在劳动改造中争取成绩，增强自信心，增强回归社会后的适应能力。

三、暴力犯罪服刑人员心理调节方法

（一）自问自答法

合理情绪疗法的观点认为，信念才是影响情绪和行为结果的直接因素。因此，调整不合理信念可以调整情绪和行为。合理的信念会导致自助性的积极行为，而不合理的信念则会造成不良的情绪和行为问题。要学会觉察和识别自身情绪背后的信念，可自问：我的这个信念是合理的吗？如果不是，更合理的信念是什么呢？通过自问自答训练，学会以合理的信念代替不合理的信念，以减少不良情绪和负面行为的产生。

（二）正念呼吸法

正念呼吸是重要的压力管理方法，学会运用后可让自己快速安静下来。此法简单易操作，请选择自我感到舒适的姿势，不论是坐着、

靠着还是躺着都可以，将注意力集中在呼吸上，不必深呼吸也不用刻意去控制呼吸，只是自然而然地一吸一呼，同时知道自己正在吸气、呼气，也可以用计数的方式，即每完成一次呼吸后数1，再数2、3直到10，在练习的过程中，如果走神或者浮现杂念都是正常的，不必在意，只需要将注意力再转到呼吸上即可。每天坚持练习，以10次呼吸为一组，每天练习三组，你会发现自己的精神状态和专注力都有很大的改善。

（三）增加社会交往

保持社会交往，建立与他人的情感联结，能丰富我们的内心体验，让我们感受温暖和力量，对生活和生命保持热情。暴力犯罪人虽然渴望与人交往，但通常缺乏社交技巧，不擅长用语言来表达自己的感受和需要，偏向于用暴力或攻击手段来表达需要、解决争端，结果害人害己，所以，有必要让他们在心理咨询师的指导下进行制怒训练，并在尊重的前提下进行沟通和表达。

（四）体育运动

在愤怒时的“打、抢、砸、摔”虽然可以痛快一时，却后患无穷。运动减压是有效又无副作用的“良方”，大脑在运动后产生的内啡肽物质，让人感到欢愉和满足，可以排遣压力和不快。用运动这种正当行为替代暴力行为，既可宣泄负面情绪，还可锻炼身体。

（五）感恩练习

感恩能让我们放下对抗，让心变得平静、友爱和知足，所以要学习感恩。可以坚持每天睡前写感恩日记，用15分钟写下当天你觉得值得感恩的三件事，比如收到了家人的一封来信、同伴给了自己一个友善的微笑、温暖的阳光令自己感到舒畅等等。内容不需要多，简短几句话就行，重点是坚持记录并记住当时美好的感觉。

（六）寻求专业帮助

当你无法通过自己一个人的努力走出困境时，要敢于申请专业的心理辅导。

第二节　盗窃犯罪服刑人员心理矫治

所谓盗窃犯罪，是指以非法占有为目的，私密窃取公私财物，数额较大的行为。

一、盗窃犯罪服刑人员心理特点

（一）认知特点

1.极端的利己主义。盗窃犯罪服刑人员存在着严重的利己主义倾向，把自己的利益，特别是物质利益看得高于一切，对社会公共利益、他人利益漠不关心，他们认为人性是自私的，信奉“人不为己，天诛地灭”的信条。

2.稳固的犯罪心理。盗窃犯罪的服刑人员极易过高估计自己的能力，他们自以为凭借其盗窃经验，可以保证自己的犯罪行为既有收益又无风险。因此，其中的惯犯、累犯形成了较稳固的犯罪心理，反复从事盗窃活动。据我国的重新犯罪率调查，盗窃犯罪位居前列。

3.消极的世界观。盗窃犯罪人不能正确对待社会上的不公平现象，把社会上的某些不公平现象误认为是社会的主流现象，他们法治观念淡漠，对法律的认识存在误区。

4.畸形的享乐主义。不少人并不是因为生活困难才走上犯罪道路，有的是为了自我享乐。他们相信有了金钱就有了一切，为了金钱不惜铤而走险。

（二）情绪特点

具有恐惧与兴奋并存的情绪特点。盗窃是以秘密方式进行的犯罪行为，怕被人发现，心存恐惧，初犯、偶犯表现尤甚。虽然如此，他们一见到所需之物，仍会表现得十分兴奋，盗窃得手后，会禁不住流露喜悦之情。

（三）人格特点

通过对盗窃犯罪人的性格测验结果分析，盗窃初犯的同情心普遍高于盗窃惯犯，而聪慧性却普遍低于后者。部分盗窃犯罪人具有盗窃癖，他们在盗窃过程中有极度的兴奋感，并非只为了占有他人财物，而更享受盗窃过程中的感官刺激，具有较为明显的变态人格倾向。

（四）行为特点

1.被盗的物品由小向大发展。即俗称的“小时偷针，大时偷金”。

2.作案人员由单个向团伙发展。由单独作案向团伙甚至犯罪集团的方向发展。

3.盗窃的方式由简单向复杂发展。由简单的开门破锁入屋作案，到使用现代交通和通信设备作案。

（五）意志特点

1.盗窃犯罪人延迟满足需要和抗拒诱惑的自制力差。

2.盗窃犯罪人的犯罪行为恶习较为顽固。盗窃得逞后，尝到了犯罪的“甜头”，满足了不良需要，容易强化这种犯罪恶习，在惯犯、累犯中，盗窃犯罪人所占比例最大，而且一旦形成盗窃习惯，矫正的难度很大。

3.薄弱的意志导致他们抑制犯罪冲动的行动力不足。男性盗窃犯中，最为明显的是“低遵从性”，即不愿克制自己的行为来服从社会规则和社会道德规范，在弃恶从善的方向上意志薄弱。

（六）行为动机

1.拜金主义影响。对金钱有强烈欲望，当感到自己的能力满足不了自身物质享受需要时，就会将手伸向别人的钱包或者社会公共财产。

2.攀比心理作祟。个体一旦进行盲目攀比，就会产生落差造成失落感，为了和别人一争高低，他们不惜通过违法犯罪的方式来获得心理平衡。

3.侥幸心理驱使。侥幸心理是指一种对客观事物主观、盲目的幻想。很多犯罪人明知做法不对，是违法的，却抱着不会被他人发现的侥幸心理去实施犯罪。侥幸心理是诱发犯罪的重要内驱力。屡次得逞又强化了他们再次犯罪的侥幸心理。

4.报复心理。报复心理是指行为人的利益受到侵犯或挫伤后，为了达到心理上的平衡而产生反击性对抗的心理倾向。一项调查显示，有的人实施盗窃是因为他自身曾经被人偷过，出于愤怒以及弥补损失的心理，采取错误的“以牙还牙”报复方式。

5.需求心理支配。盗窃犯罪人会盲目追求需要的满足，采取偷盗的行为满足自己畸形的需要。

二、盗窃犯罪服刑人员心理矫治目标要求

（1）改变错误的认知模式，重新建立合理的认知结构。

（2）盗窃犯罪人的懒惰和好逸恶劳的行为应加以改正，长期克制盗窃行为，直至消除犯罪行为习惯。

（3）消除服刑人员的侥幸心理，牢记“法网恢恢，疏而不漏”“手莫伸，伸手必被捉”的古训。

（4）人格重塑。对盗窃罪犯的不良性格进行教育矫正，形成勤劳诚实、自立自强的良好性格品质。

（5）增强遵纪守法意志力的培养。很多盗窃惯犯犯罪行为的产生，是由于意志力薄弱、行为控制力差，应加大对其守法行为的养成教育，增强其守法意志力。

三、盗窃犯罪服刑人员心理调节方法

（一）厌恶疗法

让求助者直接或间接地想象厌恶性的刺激，例如每当出现犯罪冲

动时，即闭上双眼想象被捕、被审讯、受人指责的场面，想象身败名裂的后果，产生对盗窃意念的厌恶感和盗窃行为的罪恶感，促使自己不再沉迷于盗窃得逞后的喜悦，增大产生犯罪冲动时的心理动摇，并不断强化，达到减少或中止盗窃意念和犯罪行为的目的。

（二）换位思考法

在改造中，要尝试学会站在他人的角度来思考自己的行为，认清盗窃犯罪造成的危害。假如被害人是你自己或是你的家人，你一定不希望辛苦劳动得到的成果被他人偷窃。在教育过程中，可采用角色换位扮演法，扮演受害者，从而体验自己所珍爱物品被盗之后的痛苦，以此警示自己不能再犯罪。

（三）改变错误的认知行为模式

寻求咨询师的帮助，消除错误的认知模式，代之新的、合理的认知模式，矫正盗窃行为。

1.识别自动化思维。比如拜金心理、侥幸心理等都是导致盗窃犯罪行为的自动化思维习惯。在咨询过程中，学会发掘和识别这些自动化思维，通过自我提问、自我演示和模仿来识别自动化思维。

2.树立正确的人生观和价值观。矫正“金钱至上”和“有钱就有一切”的思想。盗窃犯罪人须剖析自己错误的思想观念，重新树立正确的人生观和价值观。

3.控制自己的不良行为。偷盗行为一般是从小到大的，对于偷盗犯罪人来说，他们可能是从偷一双鞋子或者偷一件衣服开始的。所以，要切记“勿以恶小而为之，勿以善小而不为”，在日常生活中，在一点一滴的小事上严格要求自己，用道德规范对照检查自己的行为。

（四）习得新技能自我升华

通过各种激励措施，使他们在狱内学得一技之长，为出狱后适应社会做好谋生准备，鼓励其积极投入劳动改造中，克服懒惰、不劳而获、投机取巧的习气，通过诚实劳动争取奖励，在劳动中增强效能感，培养劳动的乐趣，习得劳动技能，升华自己。

（五）获取家庭支持

中国监狱工作学会罪犯改造心理学专业委员会编制了《服刑人员紧张性生活事件测量表》，对近万名盗窃犯罪人进行了测查。量表主要包括监狱、家庭、社会三大类十个方面的问题。结果显示：强度较高的紧张性生活事件主要来自家庭。这表明家庭安定以及维持和发展家庭关系对服刑人员的影响最为强烈。在心理咨询中，我们发现盗窃犯罪人的家庭责任感较强，可用亲情帮教的力量劝善去恶，促进守法心理的形成。

（六）遵纪守法行为养成

监狱通过强制性的法治教育，学法知法，树立底线意识和守法思维，培养遵纪守法的行为习惯。

第三节　性犯罪服刑人员心理矫治

性犯罪服刑人员是指犯了强奸罪、强制猥亵罪、强迫卖淫罪、引诱幼女卖淫罪、猥亵儿童罪、聚众淫乱罪、组织卖淫罪、组织淫秽表演罪等，正在接受服刑改造的人员。

一、性犯罪服刑人员心理特点

（一）认知扭曲

性犯罪服刑人员在非分的性需求的强烈推动下，其道德有扭曲性和腐朽性，对性行为美与丑、善与恶缺乏正确的认识，他们只强调本我的性需要，不顾及性行为的社会属性和道德属性。也可以说是本我凌驾于自我和超我之上，只想遵循“享乐原则”，即追求个体（性犯罪服刑人员）的生物性需求，如性欲满足。

（二）罪责感缺失

性犯罪服刑人员存在推卸责任和缩小责任的外归因心理。其心理特征就是将犯罪原因推向客观、推向环境、推向受害人。比如，有些人将自己性犯罪行为归因于“无法控制的性冲动或性欲”，认为是性本能驱使自己失去控制力，而无法阻止非法行为的发生。有些人将性犯罪行为归因于“药物引发的暂时性失控”，如毒品和酒精。他们认为，吸毒或饮酒可以解除法律和道德对人的束缚。还有些人将性犯罪行为归因于被害者的引诱和挑逗，为自己的犯罪行为找合理性说辞。这种“坏事发生在坏人身上，好事发生在好人身上”的观点，被一些心理学家称为公正社会假设。

（三）矛盾心理突出

性犯罪服刑人员容易被其他类型的服刑人员瞧不起。部分服刑人员对性犯罪有一定程度的羞耻感，羞于会见亲朋好友，也顾虑刑满获释后被乡里人指指点点。他们在警察问起案情时，总想避开谈论性犯罪的细节，有羞愧感。因此，呈现出犯罪前的无耻感与判罪服刑后的羞愧感之间的矛盾心理。

二、性犯罪服刑人员心理矫治目标要求

（一）矫正不良认知，激发向善需要

1.唤醒疗法。集中教育，做性行为原因动机剖析，从危害性角度唤醒犯罪人对被害人的同情。

2.认知行为疗法。引导服刑人员纠正错误的性观念，认识到遵从法律和性道德的重要意义。

（二）学习如何建立正常的两性关系

1.法治教育。树立敬畏法律的意识，懂得遵从法律和性道德对于维护我国一夫一妻制度的重要性，对于社会稳定的重要意义。从婚姻秩序的破坏者变成自觉守护者。同时，也要进行对《民法典》的学

习，懂得如何守法，在涉及性的问题上，更是要慎之又慎。

2.道德教育。在婚姻、恋爱、家庭、两性关系的观念上进行矫正，以符合社会主义精神文明和道德风尚，纠正已扭曲的人生观、婚恋观，认识性放纵、性犯罪对家庭、社会秩序、被害人的种种危害。

3.心理咨询。对于性方面的问题或困惑，通过一对一的心理辅导，解决得更有针对性，同时也有利于保护隐私，矫治效果会更好。

三、性犯罪服刑人员心理调节方法

（一）树立正确的自我意识，克服自卑观念

要树立正确的自我意识，懂得尊重他人、尊重人格、尊重异性，同时懂得自我尊重，学会自强。

（二）进行对性道德的认知调整，增强法纪观念和责任感

通过学习相关道德和法律知识，纠正过去的错误认知，学会正确处理两性关系，树立正确的婚姻观、恋爱观、家庭观，防止性放纵和性罪错。

（三）培养健康的情趣爱好

努力提高情趣层次，参加健康有益的活动，围绕改造目标努力，专注于劳动学习，减少对色情的幻想和沉迷。

（四）心理咨询解心结

对于难言之隐、性方面的烦恼及其产生的不良后果的妥善解决，有必要时可求助于心理咨询师或心理治疗师。

第四节　经济犯罪服刑人员心理矫治

一、经济犯罪服刑人员概念

经济犯罪服刑人员是指因犯了破坏社会主义市场经济秩序罪、贪

污贿赂罪等而被依法判刑、正在监狱服刑改造的人员。近年新收押罪犯中，这类服刑人员所占比例有逐年增多的趋势。

二、经济犯罪服刑人员心理特点

（一）思想意识的腐朽性

经济犯罪人一般具有一定的文化程度，有的人原先还拥有一定的权力，共同的弱点是经不起物质、金钱的诱惑，向往腐朽的生活方式，欲求发财；信奉“人为财死，鸟为食亡”“人无横财不富，马无夜草不肥”的人生哲学而实施犯罪行为。

（二）自私的价值观念

金钱作为价值的货币表现形式，是社会成员领取社会财富的凭证和满足多种需要的理想工具。在这种客观社会条件下，要警惕拜金拜物思想的渗透，以免贪欲和利己主义思想成为经济犯罪的原动力。

（三）行为的腐蚀性强

经济犯的金钱物质来源往往比其他犯人充裕，有些人利用这一有利条件，以小恩小惠拉拢利用他人与其同流合污，用金钱财物收买人心，甚至试图贿赂警察为其开方便之门。

（四）心理落差明显

经济类犯罪人有的原先身居高位或要职，从受人尊敬变为负有罪行的囚徒，地位和名誉的一落千丈，让他们感到羞愧和难受，度日如年。

三、经济犯罪服刑人员心理调节方法

（一）犯罪心理矫治

经济犯罪服刑人员法治观念差，在守法与违法之间存侥幸过关心理；在艰苦创业与游手好闲之间存贪图安逸心理，形成畸形的物质需要；在钱财的诱惑面前，他们意志薄弱，终被钱财所困，成为犯罪人。经济犯罪人的心理矫治须对症下药。

1.矫治犯罪心理。要严格控制非分的物欲。要警惕他们的“高消费”思想，教育他们保持艰苦朴素、勤俭节约的作风，在劳动改造中消除好逸恶劳和损公肥私的思想观念。

2.建立守法心理。组织他们进行人生观、道德观方面的专题教育，结合各个时期的政治学习，开展各种形式的征文、演讲、文艺、书法比赛等。利用节假日开展篮球、拔河、乒乓球等体育比赛，鼓励有文化水平和办报经验的犯人协助警察搞好狱内板报、墙报、监区小报等，做好宣传工作。要进行专门的市场经济和法治教育，同时进行政策形势教育，树立稳固的守法心理。

（二）行为恶习矫正

经济犯罪人的行为恶习主要为在改造表现上阳奉阴违。既要警惕他们用钱物拉拢犯人和警察，又要警惕他们超标准消费的行为。

1.收敛犯罪恶习。在入监初期严格监管，使经济犯罪人的外在恶习首先收敛。他们不宜担任统计员、保管员的工种，以防旧“病”复发，要组织他们参加生产劳动，改造犯罪思想，防止他们投机取巧，拉拢、利诱犯人和警察。

2.进行改造行为规范的训练和职业道德教育。对经济犯罪人除了要开展《监狱服刑人员行为规范》的学习和训练，还很有必要进行职业道德教育，以案说法，让积极分子现身说法讲危害，分享受教心得教育一片，增强教育效果。

第五节　涉毒服刑人员心理矫治

一、涉毒服刑人员基本情况

监狱内涉毒服刑人员心理矫治对象既包括毒品犯罪人员（指因走

私、贩卖、运输、制造毒品等涉毒犯罪行为被依法判处有期徒刑、无期徒刑和死刑缓期二年执行服刑人员），也包括非毒品犯罪但入监狱前已经吸毒成瘾的服刑人员，即包括涉毒犯罪和其他有过吸毒成瘾史的服刑人员。

根据对86名有过吸毒史的服刑人员的相关情况调查①，结果是触目惊心的：

（一）吸毒时间

在5年以下的占48.83%；5年—10年的占43.02%；10年以上的占8.14%。有5年以上吸毒史的服刑人员占了51.16%，这些人毒瘾较深，入监后大部分出现了与毒品戒断有关的症状而影响改造。

（二）吸毒主要原因

1.出于好奇心吸毒的占53.49%，占大多数，这是由于对毒品危害的无知；2.由于精神空虚吸毒的占27.91%；3.别人引诱吸毒的占18.60%。

（三）所花毒资

在3万元以下的仅占28.57%；3万元—10万元的高达39.29%；10万元以上的占32.14%，这对于大部分服刑人员来说几乎是倾家荡产，有的举债吸毒，如今债台高筑，有的已经妻离子散。

（四）心理健康状况

用《90项症状清单》（SCL-90）测试涉毒服刑人员的心理健康状况，结果显示，交回有效问卷的83人中有62人心理不健康，占74.70%，而全监服刑人员心理不健康的比例仅为58.24%，涉毒服刑人员的心理不健康比例比全监平均数高16.46个百分点，可见涉毒服刑人员心理健康状况相对较差，对他们进行有针对性的分类矫治是十分必要的。

---

① 广东省阳春监狱（叶扬主笔）：《对有吸毒史罪犯团体心理辅导的探索》，载《犯罪与改造研究》2005年第8期，第32—34页。

（五）身体健康状况

目前经常头痛的占26.44%；内脏器官（心、肝、肺、胃等）感觉有问题的占41.48%，所占比例最大；患过性病的占4.60%；认为身体健康的只有27.59%。吸毒对他们的生理和心理都造成了严重的摧残，有些人百病缠身，痛不欲生。

（六）家庭社会关系

与亲人关系很好的占55.81%；与亲人关系一般的占30.23%；与亲人关系很紧张的占13.95%，这严重影响他们的改造。

（七）服刑改造态度

对改造有信心的占69.77%；对前途悲观的占26.74%；持得过且过态度的占3.49%，对前途悲观绝望是改造的大敌。

二、涉毒服刑人员心理矫治方法

（一）认识过程的矫治

1.进行禁毒教育，认清毒品的危害性。了解禁毒斗争史，学习毒品犯罪相关的法律规定，掌握戒毒原理和方法，从思想认识上同毒品犯罪划清界限。

2.组织现身说法，发挥警示作用。用吸毒者真实的悲惨遭遇教育大家远离毒品，珍爱生命。

3.教育服刑人员进行自我矫治。不断进行观念的强化，以提高认识水平和改造质量。

（二）情感过程的矫治

涉毒犯罪人消极的情感主要表现为情绪不稳定，时常紧张，特别是曾经有吸毒史的服刑人员，悲观厌世者多，多数已经耗尽家财，甚至债台高筑，社会关系紧张，因得不到亲朋的谅解而对前途悲观失望，甚至有些人自寻短见。在情感过程的矫治方面，对患病者要本着人道主义精神给予医治，使其身体早日康复；对家庭和社会关系紧张者，监狱与犯人家属签订帮教协议或邀请社会人士进行帮教。可开展给受害者或其家人写道歉信、写悔过书、写保证书等形式进行自我悔改教育。开展爱国主义教育，讲解鸦片战争以来中国人民的禁毒斗争史，激发他们爱国和珍惜生命的情感。

（三）意志过程的矫治

涉毒犯罪人，特别是有吸毒史的犯人，其正常的意志控制能力已被毒品摧毁，意志消沉且脆弱。对有吸毒史的服刑人员，有一个重要的内容就是戒断毒瘾。毒瘾的戒除并非易事，服刑人员对毒瘾控制的能力随服刑时间增加而周期性变化，可能有反复和斗争。特别值得注意的是在服刑后期，服刑人员对毒瘾的控制能力明显下降，这表明在出监前加强对毒品犯罪的戒毒专项教育和意志力训练具有很重要的意义。

毒品成瘾性的戒断是世界性难题，要经过脱毒、消除心理依赖、心理重建和心理康复等多个环节，在普通心理咨询与治疗无效的情况下，则要转介精神科治疗。

（四）吸毒成瘾者的心理调节方法①

1.行为矫正方法。

（1）借鉴系统脱敏技术，使用替代脱毒疗法。替代脱毒疗法是目前国内外毒品成瘾脱毒治疗中最常用的方法，也是各国官方积极推荐使用的一种戒毒方法。其原理是：使用少量成瘾性低的药品作为替代过渡，减轻吸毒者因戒断症状带来的痛苦，使其平稳安全地完成脱毒过程，奠定进一步消除毒瘾的基础。

（2）上演心理剧。为了使涉毒犯罪人进一步从感性的角度认识毒品的危害，可以采用上演心理剧的方式。主要方法是，通过拟人化的毒品，由涉毒犯罪人自己做主角，扮演身穿黑袍的毒品，从几个方面讲出：第一，毒品严重危害人的身心健康；第二，毒品问题诱发其他

① 叶扬主编：《中国罪犯心理矫治教程》，法律出版社2003年版，第202—205页。

违法犯罪，破坏正常的社会和经济秩序；第三，毒品问题渗透和腐蚀政权机构，加剧腐败现象；第四，毒品问题给社会造成巨大的经济损失。其他的涉毒犯罪人作为观众进行观看，结合自己的吸毒经历，逐一上台表演。也可以让表演者轮流扮演自己的父母、妻子、儿女等。

2.信念疗法。

对于涉毒犯罪人，只有树立坚定的信念才能克服戒断状态引起的诸多不适感。虽然目前世界上吸毒成瘾者的戒断率很低，但有史为证，毒品是可以戒除的。戒除毒瘾关键在内因，只有树立坚定的信念和意志，才能最终彻底地戒除毒品。

3.厌恶疗法。

有吸毒史的罪犯对毒品有一种强烈的依赖感，一见到毒品就会不顾一切地想去吸食。厌恶疗法通过技术性手段使他们一见到毒品就产生深恶痛绝的情绪。这些技术性手段包括：用具有浓烈的刺激物，如排泄物、化学物质等模拟毒品的形状及一些外在特征，在他们想吸食的时候或联想吸食的过程中接触这些引起身体不适的物质。厌恶疗法一般结合想象疗法或药物疗法共同使用效果更佳。同时，还要注意想象自己吸毒的痛苦和危害。

4.团体支持疗法。

对涉毒犯罪人的心理测试分析表明，他们一般会在人际交往中出现各种问题，其人格障碍、心理缺陷与恶劣的人际关系也密切相关。团体支持疗法通过建立包括干警在内的小团体，如告别毒品互助组等，一起上演心理剧，组织学习相关的戒毒材料（结合分类教育），互相诉说不幸经历，谈理想和追求等，宣泄不良情绪，使他们重新树立对生活的信心，培养热爱生活的情怀。

第四编

微观编

第一章

概述

微观编主要介绍微观层面，即个案矫治的基本知识。

第一节　个案矫治

一、个案矫治是监狱工作发展的必然趋势

我国改造罪犯工作经历了20世纪70年代以前的以集体教育为主，80年代开始探索分类改造，到近年来提出个别化改造的巨大变化。改造工作由粗放到精细、由经验型向科学化方向发展。顺应时代潮流，2003年11月24日在北京召开的全国监狱“三化”建设工作座谈会上，司法部明确提出了监狱工作法制化、科学化和社会化建设的具体目标任务，将科学改造列入监狱工作规制。在这一时代背景下探索服刑人员微观层面的个案科学矫治具有重要意义。

二、个案矫治的概念与定位

服刑人员心理矫治，根据研究对象范围大小分为集体矫治、分类矫治和个别（个案）矫治三种方式。

集体矫治主要以监区或分监区为单位开展心理矫治活动。优点是覆盖面广、有规模、节省人力资源、利于解决共性心理问题，不足之处是难以触及深层次的心理问题。

分类矫治是介于集体矫治与个别矫治之间的矫治方式，是对具有某一相同类别心理问题的服刑人员开展的矫治活动。比如，针对新入监服刑人员的适应不良问题、针对缺乏家庭支持产生严重心理

问题的服刑人员、针对出监前产生焦虑情绪亟须解决的服刑人员等等，与集体矫治相比，针对性更强，与个别矫治相比，节约了时间投入，解决同类问题收效快。分类矫治是监狱心理矫治工作中常用的方式之一。

个别（个案）矫治是以服刑人员个体为对象开展的矫治工作，如心理咨询、一对一开展的心理危机干预等等。优点是可以深入探索服刑人员个体的内心世界，利于解决深层次的心理问题，但花费时间较多，对心理咨询师的专业要求较高。

三、个案矫治研究对象

服刑人员个案矫治研究对象主要划分为三大类。

（一）心理咨询

个体心理咨询主要面向心理健康和心理不健康的服刑人员，包括部分有神经症性心理问题的对象。

精神疾病患者处于康复阶段时，也可以从心理咨询中获益。

（二）犯罪心理矫治

犯罪行为发生的心理学基础是犯罪心理，要将服刑人员改造成守法公民，必须消除其心理上的恶习（犯罪思维模式）和行为的危险性（自杀、行凶和脱逃行为等），矫正犯罪恶习是服刑人员个别矫治的关键所在，否则，成为守法公民的目标就落空了。

（三）心理危机干预

服刑人员是心理危机高发群体，容易发生自杀、劫持人质、脱逃等危机事件，心理危机干预是非常时间及时参与处置服刑人员心理危机管理的一种工作方式，咨询师与危机当事人之间的谈话，叫作紧急晤谈。心理危机干预是挽救服刑人员的重要措施，且有利于维护狱内安全，提高改造质量。

四、个案矫治基本模式

（一）改造学模式

这一模式又称整合矫治模式。以心理矫治手段为主，整合政治、监管、教育、文化和劳动等多种改造手段和方法，矫正犯罪心理恶习，将他们改造成为守法公民（图12）。

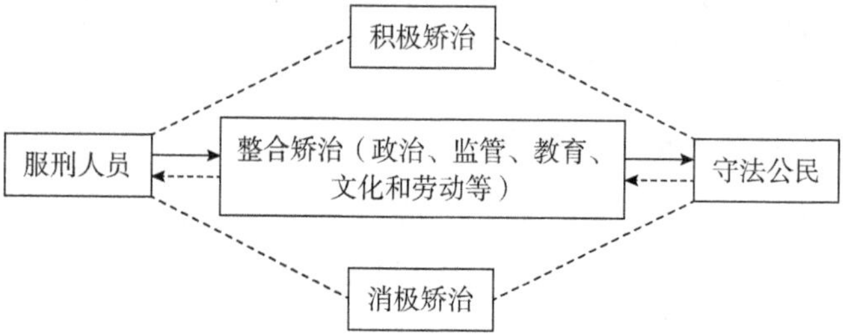

图12　整合矫治模式

这一模式特点是通过整合各种手段和方法，实现矫治目标。特别适合那些既有明显的心理问题，又有严重思想问题，顽固性强，反复性大的抗改造分子。矫治时间通常较长。

（二）犯罪心理学模式

这一模式认为：服刑人员改造成为守法公民是通过消除犯罪心理和恶习，重新建立守法心理和重塑行为规范的过程（图13）。

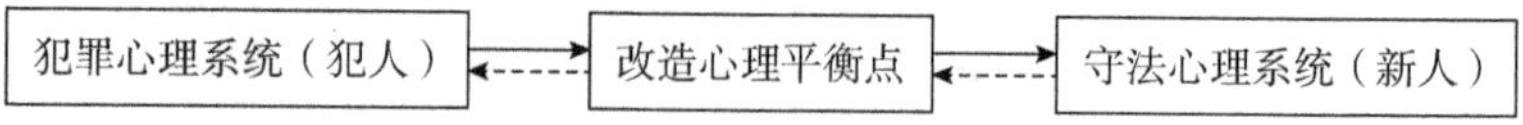

图13　犯罪心理矫治模式

这一模式遵循犯罪心理学和改造心理学原则，运用犯罪心理学矫治方法，消除服刑人员犯罪心理和恶习，重新建立守法心理和行为规范，将服刑人员改造成守法公民。

这一模式主要适用于具有明显的犯罪思维模式的服刑人员，特别是犯罪恶习深重的惯犯和累犯，矫治需要比较长的时间。

（三）咨询心理学模式

这一模式的实施，是使服刑人员由心理不健康者（有一般心理问题或严重心理问题）转化为心理健康者的基本过程（图14）。

图14　心理问题转化模式

这一模式遵循心理咨询操作规范，比如心理咨询时，对心理评估结果和矫治方案双方要平等协商，要对咨询的内容保密，等等。

基本程序：心理评估、双方商定咨询目标和方案、咨询方案的实施、效果评估与跟踪随访。一般采用短程咨询的方式解决心理问题，对咨询师的专业水平要求高。

第二节　心理变化基本规律

一、犯罪与改造（守法）心理大循环规律

（一）理论假说的提出

1986年，叶扬在深入实践与研究的基础上，提出犯罪与改造（守法）心理大循环系统理论[1]，随后又进行了深入探索。[2]其基本观点是：犯罪心理的形成和犯罪行为的发生都十分复杂，但并非没有规律可循。根据对立统一规律，守法心理和犯罪心理在一定条件下可以相互转化。根据唯物辩证法否定之否定原理，一个具有守法心理、遵纪守

① 1986年8月，叶扬在“全国第二次物元分析学术研讨会”（广州）上，提交大会交流的论文《物元分析与改造工程》中，提出犯罪与改造心理大循环系统的理论，公开发表于《智囊与物元分析》1987年第1期，第45页，这一理论在实践和探索中正在不断完善。

② 叶扬：《犯罪与改造工程》，中山大学出版社1992年版，第1页。

法的人，若在一定条件下心理发生质的变化，形成了犯罪心理并在一定机遇下实施了犯罪行为，其心理就经历了由守法心理到犯罪心理的否定过程。犯罪者被依法判刑入狱后经过脱胎换骨的改造，矫正犯罪心理恶习，改造成为守法公民，重新确立了守法心理，心理又一次被否定，由此形成了犯罪与改造（守法）心理大循环系统（图15）。

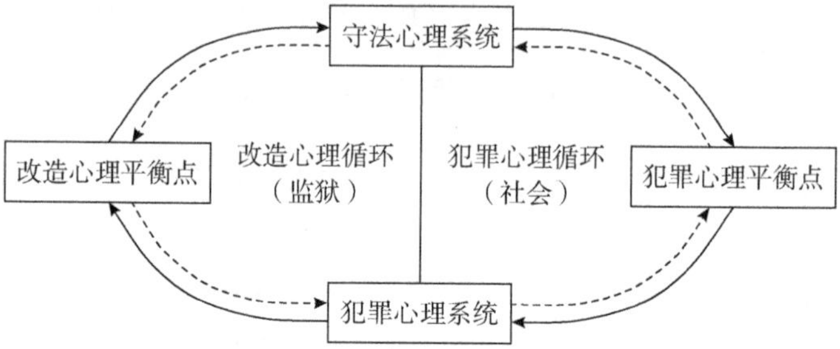

图15　犯罪与改造（守法）心理大循环系统

（二）提出犯罪与改造（守法）心理大循环系统理论的依据

1.理论依据。

（1）根据辩证唯物主义的对立统一观点，犯罪心理与守法心理是对立统一的，矛盾的双方在一定条件下可以相互转化。

（2）根据唯物辩证法否定之否定原理，从守法公民到犯罪者是守法心理被否定的过程，服刑人员被改造成为守法公民，则是犯罪心理被否定的过程，经过两次否定形成了心理大循环系统。循环过程中的否定，是辩证的否定，而不是简单的循环往复。

2.实践依据。

绝大多数服刑人员已被改造成守法公民的事实，说明服刑人员原有的犯罪心理是可以被否定，并代之以守法心理的。我国是世界上重新犯罪率比较低的国家之一，实践证明，绝大多数服刑人员经过服刑改造已成为守法公民。

3.历史文化依据。

（1）哲学基础。根据对立统一规律，心理健康与心理障碍、心理正常与心理异常等，是对立统一的，在一定条件下可以互相转化。

根据唯物辩证法否定之否定原理，心理健康大循环系统经历了从心理健康（正常）到心理障碍（异常），再从心理障碍到心理健康（正常）的两次否定过程，由此形成了心理健康大循环系统，是辩证的否定，不是简单的重复。

（2）传统文化基础。在中国传统文化比如《周易》中关于变易的观点，天下万物是常变的，阴长阳消，阴消阳长，阴阳共存，相互变化。这对建立心理健康大循环系统具有重要参考意义。心理健康（正常）与心理障碍（异常）相互依存，彼消此长，相互变化，永无止境。

这些传统文化中都包含了对立统一、平衡、和谐的思想，是研究心理平衡理论重要的历史文化资源。

心理大循环系统是心理发展变化的规律，对这一系统进行有效控制，预防和消除犯罪心理，重建守法心理，是一项全新的法制心理系统工程。这一理论体系的提出，将极大地丰富我国本土法制心理学理论与技术。

（三）犯罪与改造（守法）心理大循环系统理论的主要观点

1.基本理论层次。

犯罪与改造（守法）心理大循环系统由犯罪心理系统和守法心理系统两个基本维度组成。消除犯罪心理，确立守法心理，是服刑人员改造的基本要求。

2.基本规律层次。

犯罪与改造（守法）心理大循环系统的变化过程是有规律的，变化过程具有阶段性，内容结构具有双重性、稳定性和可变性等。这些规律的研究都建立在量化分析和实证研究基础上，可以通过调查再现。本书将犯罪心理研究从传统的思辨经验总结方式上升到实证的新台阶，对推动服刑人员改造的科学化具有重要意义。

3.基本原理和技术层次。

犯罪与改造（守法）心理大循环系统的调控原理包括：心理通

道理论、人格改造理论、心理平衡理论、心理适应理论、服刑人员改造心理发展时期划分理论和服刑人员悔悟理论等。这是理论创新成果，是科学改造服刑人员的有益工具，极大地丰富了我国本土心理学体系。

4.基本操作层次。

共分八大基本步骤，其中，预防犯罪分为道德行为规范、确立守法心理、预防犯罪心理和抵御犯罪恶习四个基本步骤；服刑人员心理矫治分为矫正犯罪恶习、消除犯罪心理、重建守法心理和重塑规范行为四个基本步骤。

通过建立科学的矫治步骤，使预防犯罪和改造罪犯成为一项指标具体和步骤分明的系统工程。

二、犯罪与改造心理变化阶段性规律

（一）犯罪心理变化阶段性规律及其应用

在犯罪心理循环中，以心理平衡点为中心分为两个阶段（图16）。根据这一规律，在社会上，处在第一阶段的人仍以守法心理占优势，行为上一般能遵纪守法；一旦放任自流，思想走下坡路，进入第二阶段后则守法心理逐步被削弱，犯罪心理开始占优势，犯罪可能性必然不断增大，在一定的机遇下将有可能违法犯罪。在不同阶段要有不同的预防犯罪对策，提高预防犯罪科学性。

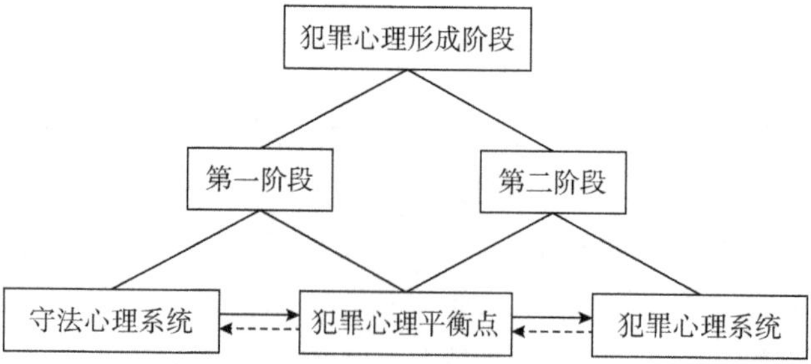

图16　犯罪心理形成阶段划分模式

（二）服刑人员改造心理变化阶段性规律及其应用

1.服刑人员改造心理变化阶段性划分模式。

在改造心理循环中，以心理平衡点为中心分为两个阶段（图17）。在第一改造阶段，一般是入监初期，服刑人员的犯罪心理尚未得到有效改造，部分服刑人员主观上缺乏改造愿望，慑于法律威力被迫改造；进入第二改造阶段，服刑人员的犯罪心理恶习得到基本矫治，主观上逐步有了改造愿望，开始自觉改造。平时所说的走过场，就是指服刑人员在服刑期间，没有实现从第一改造阶段到第二改造阶段的心理转变，劣根未除，只是混满刑期回家，难免重蹈覆辙。比如服刑人员李某，因贩毒罪被判处3年有期徒刑投入监狱改造，后来获得政府宽大处理，假释1年回家，然而回家不到1个月，李某就吸毒，而且以贩养吸，竟敢铤而走险利用到监狱会见之机向服刑人员推销毒品。法网恢恢，疏而不漏，李某终究难逃法律制裁，被撤销假释重新收监。这个教训是深刻的。

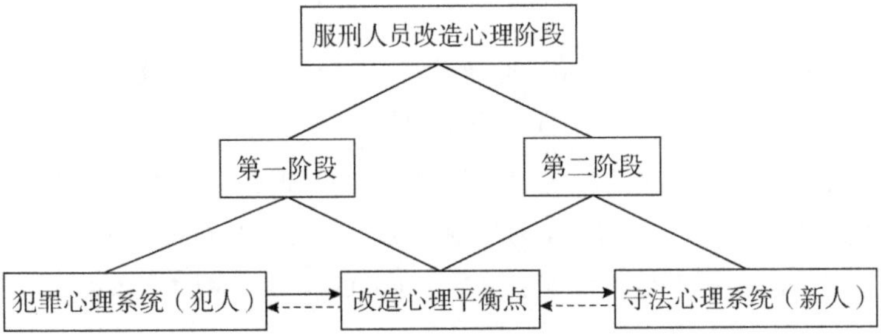

图17　服刑人员改造心理阶段划分模式

2.服刑人员不同改造阶段表现。

笔者分析了原判刑期大于4年服刑人员半年内的每日考核记分材料，结果表明两个改造阶段服刑人员在相同条件下实得分之间存在显著差异（表2）。[①]这表明改造心理阶段的划分是科学的。这种差异，

---

① 叶扬：《犯罪与改造》，群众出版社1999年版，第102页。

是管教工作实践中对不同改造阶段的服刑人员开展分级矫治的重要依据。

表2　刑期大于4年服刑人员不同改造阶段日考核得分比较

改造阶段	人数	月基本分	奖分	扣分	实得分	t值
第一改造阶段	36	474.94	5.80	3.38	477.36 ± 16.47	13.39**
第二改造阶段	48	481.54	9.80	0.59	490.75 ± 16.97	

注：统计学中，*表示在0.05的水平上显著，**表示在0.01的水平上显著，***表示在0.001的水平上显著，下同。

3.服刑人员犯罪心理恶习矫治任务。

服刑人员的改造，说到底就是破除犯罪心理系统，建立守法心理系统。犯罪心理与守法心理的矛盾是服刑人员改造心理的基本矛盾。服刑人员只有实现由改造初期的以犯罪心理占优势，到改造后期的以守法心理占优势并逐步定型的矛盾转化，才能从根本上改造成新人。

服刑人员对整个服刑期间心理矫治的任务要有一个正确认识，那种认为改造与不改造一个样，只要刑期一满就行了的观点是错误的。初入监狱的服刑人员与经过改造的服刑人员比较，对人生观、法治观问题的理解是不一样的。笔者曾做过专门调查，随机抽取261名入监一年以上的服刑人员，对下面5个方面的问题进行了问卷调查：

（1）认罪服法；

（2）人生观；

（3）文化技术知识；

（4）法治观；

（5）前途等。

与新投犯进行比较，结果如表3，经过改造的服刑人员正向认识水平明显高于新投犯，这说明改造与不改造确实不一样，服刑人员须完成不同改造阶段的心理矫治任务，才能实现新生。

表3　新、老服刑人员认识水平比较

项目	正向认识占比（%）	负向认识占比（%）
新犯	50.00	–3.33
老犯	69.23	–3.38

由于不同改造阶段服刑人员的心理特点不同，因此必须要有针对性的矫治要求（表4）。

表4　不同改造心理阶段的基本矫治要求

<table>
<tr><th>改造阶段</th><td colspan="2">第一改造阶段
（被迫改造）</td><td colspan="2">第二改造阶段
（自觉改造）</td></tr>
<tr><th>心理矫治</th><td colspan="2">破除犯罪心理系统
（改造人）</td><td colspan="2">确立守法心理系统
（造就人）</td></tr>
<tr><th>矫治（改造）手段</th><td colspan="2">以政治教育统领下的劳动改造为主，其他手段为辅</td><td colspan="2">以政治教育统领下的教育改造为主，其他手段为辅</td></tr>
<tr><th>分级矫治</th><td>第一级
（入监）</td><td>第二级
（主要是被迫改造阶段）</td><td>第三级
（主要是自觉改造阶段）</td><td>第四级
（出监）</td></tr>
<tr><th>管理要求</th><td>以严格管理为主</td><td>以严格管理为主</td><td>一般管理</td><td>从宽管理</td></tr>
<tr><th>时间</th><td>入监3—6个月</td><td>约刑期二分之一的时期到自觉改造阶段以前的时期</td><td>上一级结束，下一级之前的时期</td><td>出监前3—6个月</td></tr>
</table>

三、犯罪与改造心理双重性规律

（一）基本含义

犯罪与改造心理双重性是指，犯罪与改造（守法）心理大循环系统由守法心理和犯罪心理两个对立的心理维度组成，犯罪心理是相对于守法心理而言的，在循环过程中始终存在着两者的矛盾和斗争。根据对立统一规律，这种矛盾在一定条件下可以相互转化，当守法心理占优势时，犯罪心理会受到抑制，相反，则守法心理受到抑制。在服刑期间，服刑人员在警察指引下一般能顺利实现心理良性转化，确立守法心理。

（二）实证分析

根据对某监狱服刑人员1120宗恶习行为和1919宗守法行为的研究，尽管服刑人员行为表现形式多样，总体上服刑人员恶习行为（选取违规、违纪和狱内犯罪行为为样本）随服刑时间增加而下降，守法行为（受到嘉奖和表扬行为等）则相反（图18）。恶习行为主要发生在服刑人员服刑改造初期，后期则以守法行为占主导。从初期到后期形成一个贯穿始终的恶习行为与守法行为交叉共存带（图18两直线相交后与横轴组成的区域）[①]，这就是心理双重性的实证根据。

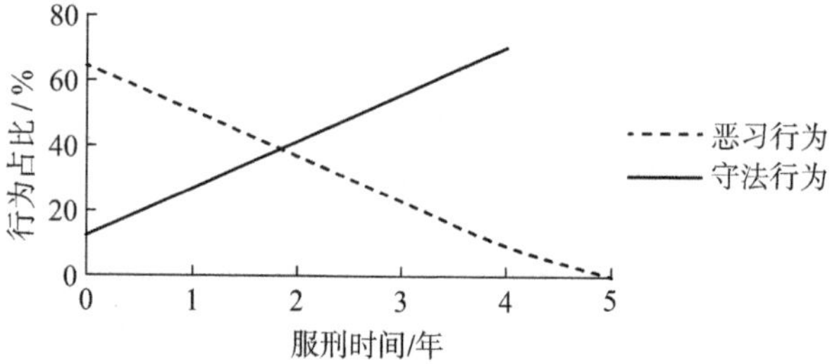

图18　罪犯心理双重性模式

笔者从某监狱随机抽查30名服刑人员，对他们连续5个月的日考核记分材料进行统计分析，见表5。[②]

---

① 叶扬主编：《中国罪犯心理矫治教程》，法律出版社2003年版，第127页。

② 叶扬：《犯人改造和生产得分特点的分析》，载《劳改劳教理论研究》1986年第2期，第32—39页。

表5　服刑人员日考核得分结构分析

服刑人员得分类型	人数	月基本分	奖分	扣分	实得分
实得分比基本分高	23	287	19.92	1.92	305.00
实得分比基本分低	7	287	5.97	18.80	274.17
合计平均	30	287	16.67	5.86	297.81

结果是，无论是实得分比基本分高，还是相反，其得分中都包含奖分和罚分两种形式。奖分与罚分是有本质区别的，奖分是服刑人员超额完成改造任务或有其他突出的良好表现而获得的，是守法心理活动的反映。当奖分比罚分多时，则服刑人员实得分比基本分高，改造表现好。罚分是因服刑人员不按时完成改造任务，违反监规纪律等而被罚的，是犯罪心理活动的反映，是犯罪恶习还没有得到改造的表现。由于奖分与罚分的这种区别，服刑人员在某一时期的得分结构中又都有这两种形式的分存在，服刑人员日考核记分分析所具有的双重性，正是服刑人员改造心理存在双重性的反映。

（三）应用价值

这一规律表明，对心理问题要一分为二地看，具体问题具体分析，不能草率下定论。在改造工作中，警察有这样的发现，某服刑人员在警察面前信誓旦旦会守法守规，但在另一个场合，就违规受罚。

四、犯罪与改造心理稳定性与可变性规律

（一）犯罪与改造心理稳定性规律

守法心理或犯罪心理一旦形成都具有一定的稳定性，这是由于受到人所形成的人生观和信念支配的缘故。笔者1986年的研究结果表明[①]，服刑人员不同月份的得分指数是基本稳定的，变异系数只有

① 叶扬：《犯人改造和生产得分特点的分析》，载《劳改劳教理论研究》1986年第2期，第38—39页。

2.74%—3.99%，平均3.41%（表6）。比如，服刑人员邹某5个月的日考核得分都比较接近（图19），表现是比较稳定的。服刑人员得分指数的相对稳定性是服刑人员心理稳定性的反映。

表6 服刑人员得分指数的稳定性分析

单位：%

服刑人员	4月	5月	6月	7月	8月	平均	标准差	变异系数
李××	108.23	111.67	110.53	104.15	108.04	108.72	3.09	2.84
陈××	108.30	107.01	102.08	100.32	109.97	105.54	4.14	3.92
邹××	108.23	106.87	102.00	106.06	109.75	106.58	2.92	2.74
欧××	108.23	106.88	101.90	100.00	109.75	105.35	4.19	3.99
郭××	110.04	117.93	111.22	117.21	109.75	113.23	4.02	3.54
平均	108.60	110.10	105.60	106.80	109.45	107.88	3.67	3.41

注：1.得分指数是服刑人员得分占总体平均数的百分数。

2.变异系数是标准差占平均数的百分数。

（二）犯罪与改造心理可变性规律

稳定性是相对的，心理是社会客观条件的反映，当外界社会条件对人的心理发生影响时，心理也会发生变化：一是量变，不改变心理变化方向和性质，但加快或减慢变化速度；二是质变，改变心理变化方向和性质，由好变坏或反之。

比如，某个年轻的出纳员，起初思想还廉洁，但看到单位财务管理混乱，空头单据可以随便报销，该出纳员趁机利用，时间一长，竟然发展到涂改账单、伪造发票和伪造领导签名，最终贪污犯罪事发。可见，心理是可以变化的，服刑人员的改造心理也是如此。表7中服刑人员得分指数的变异系数是表6的4—5倍，表现出明显的可变性。将表7中罗某的得分放到图19，与邹某相比，可见变化较大。

表7　服刑人员得分指数的可变性分析

单位：%

服刑人员	4月	5月	6月	7月	8月	平均	标准差	变异系数
陈 × ×	102.82	106.88	102.59	110.84	126.90	110.01	10.03	9.15
冼 × ×	104.69	80.44	98.62	79.13	100.00	96.18	9.24	9.61
梁 × ×	86.00	76.75	74.39	74.90	76.98	81.80	8.56	10.46
罗 × ×	86.00	56.46	100.69	81.53	61.41	83.22	16.58	19.92
杨 × ×	98.20	80.81	75.09	103.82	91.75	89.93	11.92	13.25
合计	95.54	80.27	90.28	90.04	91.41	92.23	11.27	12.48

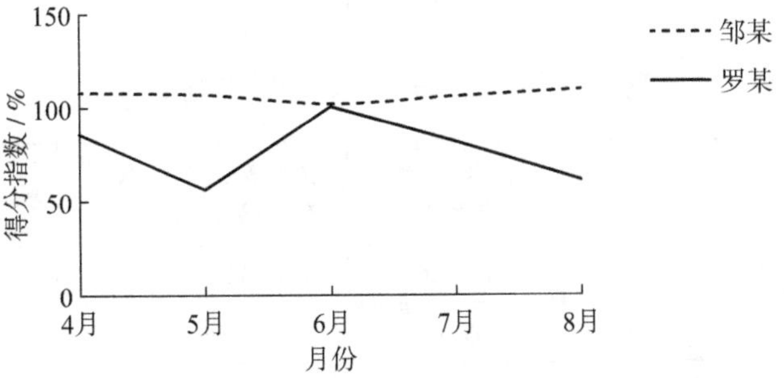

图19　罪犯心理稳定性与可变性模式

（三）应用价值

服刑人员心理稳定性表明，可以通过指标的转化，对服刑人员某一时期的改造心理状况进行定性定量的分析，为矫治提供科学依据。心理的可变性，则表明服刑人员的心理是可以改变的。心理良化，改造质量提高，这要大力提倡和促进；心理恶化，则是改造质量下降，这要预防和控制。

五、犯罪与改造心理梯度性与同度性规律

（一）犯罪与改造心理梯度性规律及其应用

在相同条件下，同一措施对大循环中条件基本相同的个体所产生的心理效应是各异的，无论是正效应（促进守法心理形成），还是负效应（有利于犯罪心理形成），效应值在个体间从最小到最大值之间呈现梯度性的分布。对某监狱第一监区全体服刑人员3个月得分指数分析的结果表明，全监区服刑人员得分指数的分布呈明显的从低到高的梯度性分布，7月份为80.00%—127.20%，8月份为88.97%—106.28%，9月份为72.70%—117.00%（表8）。以7月份为例，见图20。虽然分布的密度、次数不同，但不改变其梯度性。在实践中，通过对服刑人员日考核记分梯度性分析，对得分较高的服刑人员要及时鼓励，反之则要查明原因，开展针对性教育。

表8　服刑人员得分指数的梯度性分布

月份	人数	平均得分指数/%	得分指数的最大与最小值（梯度）/%	梯度差/%
7	266	105.30	80.00—127.20	47.20
8	263	97.63	88.97—106.28	17.31
9	252	104.55	72.70—117.00	44.30
合计平均	781	102.49	80.56—116.83	36.27

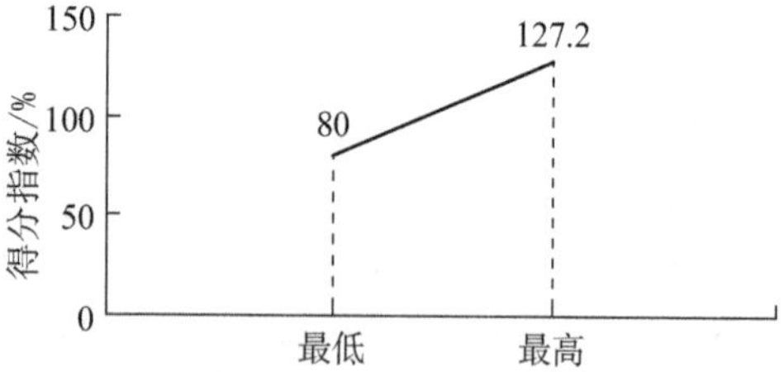

图20　服刑人员月考核得分梯度性分布模式

(二)犯罪与改造心理同度性规律及其应用

心理效应在个体间具有梯度性，但在群体内却存在相对的同度性。即存在对同一措施，条件基本相同的多数服刑人员产生的心理影响“差不多”的现象，以表8中的9月份为例，全监区252人，得分指数在72.70%—117.00%之间梯度分布，平均104.55%，以5%的得分指数作为一个分布区间，统计的次数分布如表9所示，大多数服刑人员的月平均考核得分比较接近平均数，具有趋中性(图21)。这表明，在一定范围内对服刑人员进行集中教育对多数人是行之有效的，可以减少由于过分强调个别辅导造成的人力物力浪费。

表9　服刑人员得分指数分布

得分指数	95%以下	95%—100%	100%—105%	105%—110%	110%—115%	115%以上	合计
人数分布	13	34	78	88	34	5	252
占比/%	5.16	13.49	30.95	34.92	13.49	1.99	100.00

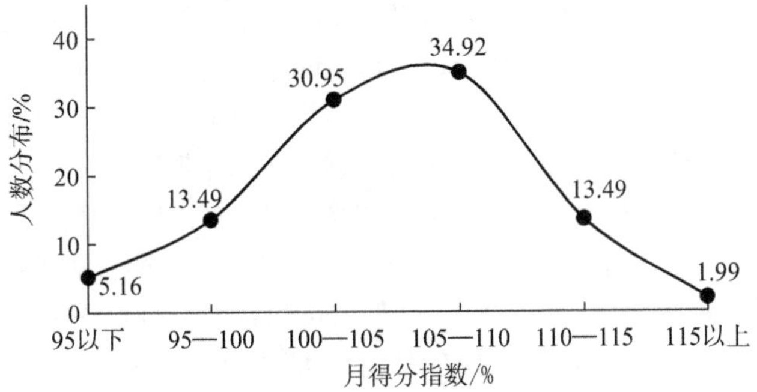

图21　得分指数同度性分布模式

六、犯罪与改造心理周期性规律①

（一）心理周期性变化调查

调查中，将服刑人员心理矫治情况划分为四等：

（1）犯罪心理强烈；

（2）犯罪心理中等；

（3）犯罪心理很弱；

（4）已破除犯罪心理。

按顺序每等相应计-3、-2、-1和0分，要求服刑人员根据自身犯罪心理的矫治情况选择一个答案，独立完成，调查于2001年4月在某监狱进行。调查中将服刑人员守法心理的确立情况也划分为四等：

（1）守法心理强烈；

（2）守法心理中等；

（3）守法心理很弱；

（4）已形成守法心理。

按顺序分别计3、2、1和0分，要求服刑人员根据自身守法心理的确立情况选择一个答案，独立完成，调查时间和地点同上。

1.犯罪心理矫治过程的周期性变化。

对718名原判刑期7—10年服刑人员犯罪心理矫治情况的问卷进行统计的结果表明，他们平均分为-0.46分，在设计的四个等级中得分为-3分至0分，服刑人员问卷的平均得分介于-1分与0分之间，即介于调查设计的犯罪心理很弱与已破除犯罪心理等级之间，即已处于犯罪心理很弱的状况，这表明，服刑人员经过改造，其犯罪心理大部分得到了有效控制或矫治。按服刑人员服刑年份的长短进行统计，结果表明服刑第1年至第7年，服刑人员问卷的平均分呈周期性变化（表10），其图形也是一个具有明显的周期性变化的曲线（图22）。

---

① 叶扬：《犯罪与改造心理周期性变化规律研究》，参加2002年度《全国法制心理学年会》交流（兰州），并载罗大华主编：《犯罪心理与矫治新论》，中国政法大学出版社2003年版，第471—480页。叶扬：《罪犯改造心理运行规律的研究》，载《监管与改造》2002年第2期，第27—31页。

表10　犯罪心理矫治情况问卷调查

项目	第1年	第2年	第3年	第4年	第5年	第6年	第7年	合计
人数	29	211	106	149	147	60	16	718
问卷总分	−9	−101	−62	−58	−56	−40	−6	−332
平均分	−0.31	−0.48	−0.58	−0.39	−0.38	−0.67	−0.38	−0.46
占比/%	100.00	154.84	187.10	125.81	122.58	216.58	122.58	148.39

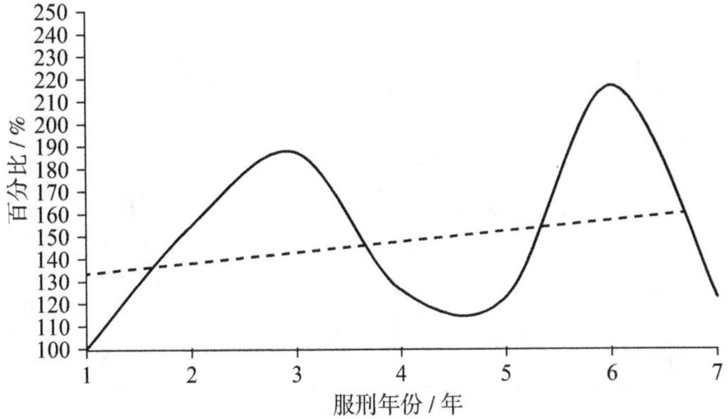

图22　犯罪恶习消除过程的周期性变化

2.守法心理确立过程的周期性变化。

在调查中对725名原判刑期7—10年服刑人员问卷得分进行统计的结果表明，经过服刑改造，绝大部分服刑人员都认为自己已经确立了守法心理，问卷平均分2.77分（满分3分），占满分的92.33%。根据对不同服刑时间服刑人员得分情况的分析，以服刑第1年的平均分为100%，转化为百分数进行比较，其余各服刑年份服刑人员得分的百分数分别是97.88%、98.59%、99.29%、96.47%、92.93%、103.89%和101.06%（表11），其图形也是一条周期性变化的曲线（图23），其特点是服刑人员服刑前期的周期性变化不明显（由于这一时期服刑人员以破除犯罪心理和恶习为主），而到服刑期快满时则有较明显的周期性变化。

表11　守法心理确立情况问卷调查

项　目	第1年	第2年	第3年	第4年	第5年	第6年	第7年	第8年	合计
人数	29	211	106	149	147	60	16	7	725
问卷总分	82	584	296	418	402	158	47	20	2007
平均分	2.83	2.77	2.79	2.81	2.73	2.63	2.94	2.86	2.77
占比/%	100.00	97.88	98.59	99.29	96.47	92.93	103.89	101.06	97.88

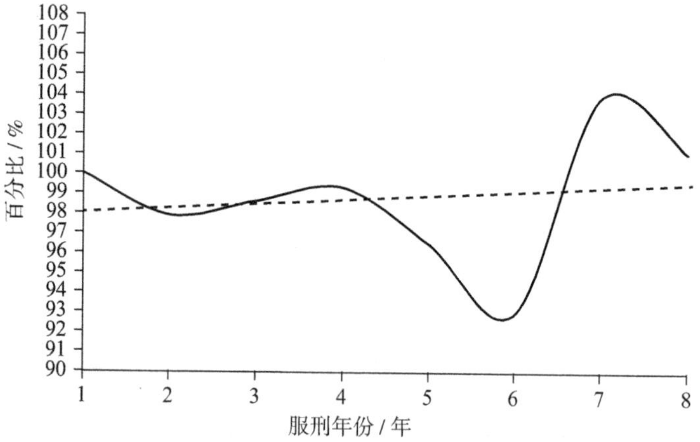

图23　守法心理确立过程的周期性变化

七、心理周期性运行规律

研究结果表明①，犯罪与改造心理运行过程具有周期性规律变化，表现在：

（一）大周期

犯罪与改造（守法）心理大循环系统运行一周是一个大周期。

① 叶扬主编：《中国罪犯心理矫治教程》，法律出版社2003年版，第78—125页。

（二）小周期

在犯罪与改造（守法）心理大循环系统中存在犯罪心理和改造心理两个小的周期性循环。

（三）具体运行过程的周期性

在小周期内部心理运行也以“慢—快—慢”的周期性形式运行（图24），环环相扣。

心理周期性运行的原因：（1）心理的节律性变化特点；（2）心理发展速度不均衡；（3）心理发生质变。掌握心理变化的周期性规律，对心理问题防控具有重要意义。

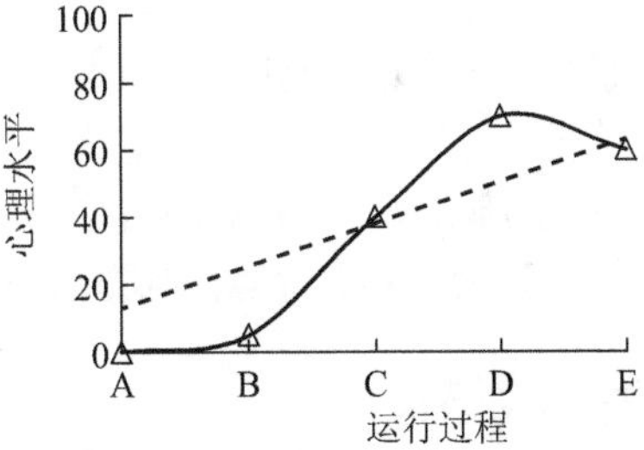

图24　心理周期性运行模式

第三节　心理矫治质量形成原理

一、心理矫治质量标准[①]

由于没有统一的心理矫治质量标准，在对服刑人员检测时采用《改造质量管理学》[①]中提出的质量等级标准，这些标准是基于心理学视角制定的。

---

① 叶扬等：《改造质量管理学》，南海出版公司1990年版，第183—187页。

（一）共同标准

包括认识水平、情感水平、自控力水平、世界观、道德观和法治观6项。

（二）分类标准

1.盗窃、经济类罪犯采用利欲型服刑人员改造质量标准：（1）利己贪婪性消除程度；（2）好逸恶劳消除程度；（3）侥幸心理消除程度；（4）劳动技能熟练程度等。

2.性欲型罪犯：（1）性道德观念水平；（2）性自控力水平；（3）性变态矫正程度等。

3.暴力型罪犯：（1）攻击性改变程度；（2）粗暴性格改变程度；（3）自控力水平等。

4.抢劫罪犯：同时使用利欲型和暴力型罪犯改造质量标准进行检测。

5.毒品罪犯：（1）对犯罪危害认识程度；（2）利己贪婪性消除程度；（3）侥幸心理消除程度；（4）毒瘾控制力水平等。[①]

二、心理矫治质量调查

调查于2002年1月在某监狱进行，根据上述标准设计了问卷，共对1325名服刑人员进行了测试，要求服刑人员根据给出的标准，结合自身的改造情况，自评等级。问卷不记名。

（一）等级评定情况

从总体看，1325名服刑人员评为A级（优）的占54.09%，比例最大；B级（良）的占31.99%，比例次之；C级（及格）的占9.97%，比例又比上一级明显降低；D级（不及格）的占3.95%，比例最小。（表12）对D级这一小部分人万万不可掉以轻心，要通过测试和调查，进一步查明原因，对症下药，矫正恶习，否则后果往往不堪设想。

---

① 杨仁忠主编：《罪犯改造过程方法论》，中国物价出版社1996年版，第410页。

表12　服刑人员心理矫治（改造）质量等级分布

项　目	人数	分布/%				合计/%
		A级	B级	C级	D级	
经济罪犯	162	69.44	24.88	3.83	1.85	100.00
毒品罪犯	247	59.43	28.58	8.87	3.12	100.00
盗窃罪犯	245	51.06	34.04	10.08	4.82	100.00
抢劫罪犯	349	48.42	36.99	10.75	3.84	100.00
暴力罪犯	190	47.95	34.97	12.81	4.27	100.00
性罪犯	132	53.28	26.01	14.06	6.65	100.00
合　计	1325	54.09	31.99	9.97	3.95	100.00

（二）量化分析

将A、B、C、D级分别量化为10、8、6、4分，其中10分为满分，结果表明1325名服刑人员平均分为8.71分。不同类型服刑人员心理矫治质量存在差异，以总体平均分8.71分为100%，进行比较：经济罪犯为105.97%，毒品罪犯为102.07%，盗窃罪犯为98.97%，抢劫罪犯为98.74%，暴力罪犯为97.82%，性罪犯为96.78%，见表13，以经济罪犯和毒品罪犯的得分较高，而暴力罪犯和性罪犯的得分较低，难以矫治。

表13　服刑人员心理矫治（改造）质量量化分析

项目	人数	平均分	标准差	与平均分的比例/%
经济罪犯	162	9.23	1.31	105.97
毒品罪犯	247	8.98	1.56	102.07
盗窃罪犯	245	8.62	1.65	98.97
抢劫罪犯	349	8.60	1.62	98.74
暴力罪犯	190	8.52	1.71	97.82
性罪犯	132	8.43	1.91	96.78
合　计	1325	8.71	1.64	100.00

三、心理矫治质量形成特点

（一）心理过程因素矫治质量形成特点

认知、情感和自控力水平等在心理学上称为心理过程因素，这些因素在调查中，以认知水平平均分最高，平均8.67分；情感水平次之，平均8.30分，比认知水平平均分低4.46%；自控力水平相对较差，平均8.09分，比认知水平平均分低7.17%。经统计检验三者平均分间的差异均达到极显著水准（表14）。以认知水平平均分为100%进行比较，情感水平为95.54%，自控力水平则仅为92.83%。

这一调查结果表明，服刑人员心理过程的矫治质量形成首先是从认知过程开始的，认知过程的矫治质量形成和提高速度最快，情感因素次之，自控力因素最慢。认知过程是突破口，提高服刑人员的认知水平，特别是辨别是非的能力，是提高服刑人员心理过程的矫治质量的捷径之一。社会上一些人的犯罪往往源于一念之差，狱内服刑人员的反改造行为也止于一念之间，认知因素在这当中是起重要作用的。

表14　心理过程因素矫治质量形成特点

项　目	人数	平均分	标准差	平均数差（t值）
认知水平	1325	8.67	1.68	
情感水平	1325	8.30	1.85	0.37（5.362***）
自控力水平	1325	8.09	1.77	0.58（5.675***）、 0.21（3.000***）
合计	3975	8.35	1.79	

（二）个性倾向因素矫治质量形成特点

世界观、道德观和法治观等在心理学上称为个性倾向因素。在调查中，1325名服刑人员世界观矫治质量平均分仅8.43分，比较低，但世界观的概念范围比道德观和法治观都大；道德观平均8.94分，比世界观平均分高6.05%；法治观得分最高，平均9.09

分，比世界观平均分高7.83%（表15），经统计检验三者均达到极显著差异的水准。

若以世界观平均分为100%进行比较，道德观则为106.05%，法治观为107.83%。这一研究结果表明，在个性倾向因素中，矫治质量的形成与提高，与个性因素概念范围的大小成反比，概念范围越大的因素，矫治质量的形成与提高越慢，即法治观的矫治质量形成与提高快于道德观，道德观又快于世界观。根据这一规律，在服刑人员心理矫治过程中，首先要重视法治教育，教育服刑人员学法、守法、文明、进步。

表15　个性倾向因素矫治质量形成特点

项　目	人次数	平均分	标准差	平均数差（t值）
世界观	1325	8.43	1.74	
道德观	1325	8.94	1.41	0.51（8.226***）
法治观	1325	9.09	1.40	0.66（10.820***）、 0.21（2.727***）
合　计	3975	8.82	1.55	

（三）个性特点因素矫治质量形成特点

个性特点因素矫治质量评估，以本章开头提出的各类型服刑人员心理矫治分类标准为项目，分四等级进行评估。服刑人员的个性特点是比较稳定的（个性特点主要包括能力、兴趣、气质等），特别是同类型服刑人员的个性特点是根深蒂固的，在常人看来大有“江山易改，本性难移”之势。在调查前，笔者估计这些个性特点因素的问卷得分可能是最低的，但调查结果却出人意料。在调查中，服刑人员个性特点因素平均分普遍比同类服刑人员的心理过程因素和个性倾向因素高，比如毒品服刑人员，心理过程因素平均分为8.61分，个性倾向因素平均分为8.89分，而个性特点因素平均分高达9.10分（表16）。

表16 个性特点因素矫治质量形成特点

项目	人数	平均分	标准差
经济罪犯个性项目评估	648	9.29	1.26
毒品罪犯个性项目评估	988	9.10	1.48
盗窃罪犯个性项目评估	980	8.99	1.49
抢劫罪犯个性项目评估	1291	8.82	1.49
暴力罪犯个性项目评估	570	8.36	1.67
性罪犯个性项目评估	396	8.73	1.77
合计	4873	8.91	1.53

对心理过程、个性倾向和个性特点三大方面因素进行综合分析比较，结果表明，心理过程因素平均分最低，仅8.35分；个性倾向因素次之，平均8.82分，比心理过程因素高5.63%；个性特点因素平均分最高，为8.91分，比心理过程因素高6.71%。（表17）这表明，与服刑人员犯罪行为关系最密切的心理因素，在矫治过程中质量的形成和提高反而更快。究其原因，这不仅与服刑人员心理矫治质量形成的内在规律有关，也与管教工作针对服刑人员个性特点因材施策、分类施教有关。如果是这样，惩罚与改造直接触动的，正好是服刑人员导致犯罪的最痛处。

表17 各心理因素矫治质量比较

项　目	人数	平均分	标准差	平均数差（t值）
心理过程因素	3975	8.35	1.79	
个性倾向因素	3975	8.82	1.55	0.47（12.368***）
个性特点因素	4873	8.91	1.51	0.56（15.556***）、 0.09（2.727**）
合　计	12823	8.71	1.64	

第四节　心理矫治目标[①]

一、基本概念

目标是指个人、部门或整个组织所期望的成果。服刑人员矫治的总体目标，与改造目标是一致的，是指监狱机关对服刑人员改造成为新人提出的总体要求。在入监教育期间，要求服刑人员以此目标为根据，制订服刑矫治计划，并且这个目标是可以量化、调整和评估的。

二、目标类型

（一）根据时间长短划分的矫治目标

1.近期目标：消除服刑人员当前的主要思想顾虑和心理问题，矫正恶习，培养行为规范，增进心理健康，改造成为守法公民。

2.远期目标：不断完善人格，增强社会适应能力和人际关系协调能力。

（二）根据性质不同划分的矫治目标

1.定性指标：比如将服刑人员改造成为守法公民。

2.定量指标：比如服刑人员改好率在95%以上。

（三）目标的实现层次

1.初级目标：服刑人员如果是以不求有功，但求无过，混满刑期回家去为目标，只要在服刑期间遵守服刑人员行为规范，没有违反监规纪律就可以了。但是，这种服刑人员为数不多。

2.中级目标：服刑人员如果希望得到减刑或假释奖励，争取早日与家人团聚，则要积极改造，具有悔改或立功表现。这类服刑人员比较多。

3.高级目标：服刑人员如果还希望出监后能对社会有所作为，则

---

① 叶扬：《犯罪与改造》，群众出版社1999年版，第143—152页。

还需要学文化，长技能，确立正确的人生观和坚定的守法信念，不但要做守法公民，还要成为社会主义建设的有用之材，与时俱进，适应时代发展的需要。

三、制定目标方法

（一）经验判断法

根据既往经验做出判断。比如，20世纪80年代以前，由于当时社会经济水平限制，提出把绝大多数服刑人员改造成为走社会主义道路、有益于社会主义建设的劳动者这一目标即可。现在，目标则十分明确是守法公民。

（二）定量分析法

以多年积累的数据为基础，运用数理方法确定指标，具有准确性高、可行性强的特点，但专业性强、工作量大。

四、目标特点

综观我国不同时期的改造罪犯的目标，具有如下特点：一是历史性，改造目标随着时代的发展变化而调整；二是法定性，我国改造服刑人员的目标历来都是以国家政策、法律、规定形式号令的；三是科学性，适合不同历史时期改造工作的特点和规律，切实可行，为改造工作服务。

五、基本目标要求

服刑人员矫治基本目标是改造质量总目标的进一步具体化，是每个服刑人员都要达到的基本改造要求。对此，长期以来争论较多，概述为：

（一）认罪悔罪

认罪悔罪是指服刑人员承认犯罪事实，认清犯罪危害，对自己的行为表示悔恨，服从法院判决，不无理缠诉等，具体包括：承认犯罪事实，交清余罪，揭发犯罪；服从法律判决，认识犯罪被依法判刑是咎由自取，罪有应得，不无理缠诉；认清犯罪危害，包括物质和精神方面的危害，内心产生罪责感，真诚忏悔犯罪行为，并写悔罪书；深挖犯罪根源，准确找出犯罪原因，明确改造目标；积极改造，严守监规，认真学习，积极劳动，争取光明前途。

认罪悔罪是服刑人员改造的思想基础，打好基础对服刑人员的改造具有重要促进作用。

服刑人员认罪悔罪情况评估问卷编制与案例分析：

服刑人员认罪悔罪简易评估问卷

姓名：_______　年龄：_______　罪名：_______　刑期：_______

入监时间：_______　籍贯：_______　婚否：_______

文化：_______　服刑前职业：_______　评估时间：_______

指导语：以下问卷用于评估服刑人员认罪悔罪情况，共5道题目，每题有3个可供选择的答案，你可以从中选择1个适合你情况的答案，也可以不选，但不能多选，请认真选答。

项目	可供选择的答案（每题可选一个或不选）打“√”			得分	备注
	1	2	3		
（1）认罪悔罪（定罪）	是	否	拿不准		
（2）服从判决（量刑）	是	否	拿不准		
（3）主要犯罪原因	对犯罪危害认识不清	对他人或社会有对立报复情绪	面对犯罪诱惑自我控制能力差		三选一或不选
（4）犯罪造成了社会危害	是	否	拿不准		
（5）愿意接受改造	是	否	拿不准		

评估方法：（1）第1、2题和第4、5题，选“是”的一个答案得20分；选“否”的一个答案得0分；选“拿不准”或不选的都是0分；第3题选1—3任一答案均为20分，不选为0分。（2）否定项：对“认罪悔罪”和“服从判决”两题中只要一题选择为“否”的答案的，测试结果即为不合格。（3）评估标准：优秀，高于90分；良好，76—90分；及格，60—75分；不及格，低于60分。

【案例】

（一）基本情况

服刑人员陈某，21岁，故意杀人罪，判处有期徒刑10年，2017年12月6日入监，2018年1月获嘉奖1次。2018年2月20日运用上述问卷进行了评估。

（二）服刑人员自评结果

1.认罪悔罪，自选“否”，计0分；2.服从判决，自选“否”，计0分；3.主要犯罪原因，自选“面对犯罪诱惑自我控制能力差”，计20分；4.犯罪造成了社会危害，选“是”，计20分；5.愿意接受改造，选“是”，计20分。

总分：60分，但有否定项，不服判决，评估结果为不及格。

（三）心理咨询师进行具体项目分析

综合评估结果不及格，根据是不认罪服判。

面谈情况：陈某主要认为判决定性不准，自己是故意伤害，不是故意杀人，判刑过重，犯罪后能主动投案。入监后虽不服判，但基本能接受改造，2018年1月获嘉奖1次。经查，陈某的犯罪事实是：被害人胥某是某出租屋的二手房东，陈某原系该出租屋305房租客。2017年1月21日2时许，陈某因不满胥某将租金提价，欲对胥某实施报复，后持菜刀蹿至该出租屋一楼楼梯间的房间内，趁胥某睡觉时，用刀砍了胥某的头部一刀。胥某惊醒后欲夺陈某的菜刀，未果，陈某持刀又向胥某的右脸部、颈部、左手砍了数刀，致其重伤（七级伤残）。在夺刀期间，陈某的额头误被菜刀划伤（轻微伤），胥某趁机跑出房间求救，陈某即逃离现场，后打电话向公安机关投案。

分析：法院判决陈某犯故意杀人罪是有充分根据的，主要是陈某的法律认知问题，需要进行心理矫治和法治教育，并做循证评估。

（二）培养劳动习惯

服刑人员培养劳动习惯的基本要求是：1.锻炼和保持健康身体是劳动改造的基本前提；2.遵守劳动纪律，爱护劳动工具和产品，严格执行劳动规程，没有无故旷工现象，培养良好的劳动纪律作风；3.生产劳动积极性高，服从分工，没有消极怠工现象，按时完成或超额完成劳动定额；4.苦练基本功，熟练岗位技术，提高劳动技能，确保产品质量；5.在劳动过程中互相帮助，团结协作，文明、安全生产；6.培养劳动习惯，提倡以劳为荣，以劳为乐。

（三）掌握一定的科学文化知识和生产技能

要求服刑人员掌握一定的科学文化知识和生产技能。基本要求是：1.完成服刑人员脱盲工作。2.对尚未完成义务教育、不满45周岁、能够坚持正常学习的服刑人员，应当开展义务教育；对已完成义务教育的服刑人员，有条件的可以开展高中（中专）教育，鼓励服刑人员参加电大、函大、高等教育自学考试或者其他类型的学习，并为他们参加学习和考试提供必要的条件。3.结合服刑人员实际开展劳动意识、劳动观念教育。4.组织服刑人员开展岗位技术培训和多样性的职业技能培训，掌握一门以上生产技能，为刑满释放后谋生打基础。

应参加培训的对象，是指年龄不满50周岁、没有一技之长、能够坚持正常学习的服刑人员；岗位技术培训，是指根据服刑人员在狱内劳动的岗位技能要求，进行的“应知”“应会”培训和必要的安全教育培训；职业技能培训，是指按照人力资源和社会保障部门制定的标准进行的技能培训。

（四）确立正确的人生观念

服刑人员改造必须最终能转变错误立场观点，从思想上消除腐化堕落、无视法律、违背社会公德的犯罪心理，确立正确的世界观、人生观、道德观、法治观和价值观。

（五）培养遵纪守法习惯和行为规范

培养遵纪守法的行为习惯，包括：1.学法、懂法，掌握法律基本常识，这是基本要求；2.树立遵纪守法信念，守法光荣，违法可耻，是预防重新犯罪的关键；3.养成守法行为习惯，是改造好的体现；4.敢于同犯罪行为做斗争等行为值得提倡。

六、不同改造阶段的矫治目标和评估方法

（一）改造阶段划分模式[①]

从心理学上，服刑人员的改造过程总体上是一个由犯罪心理系统向守法心理系统转化的心理平衡发展过程，这一过程以心理平衡点为中心相对划分为两大阶段，在第一改造阶段，服刑人员以犯罪心理系统成分占优势，是被迫改造的；在第二改造阶段，服刑人员实现了由犯罪心理系统占优势到以守法心理系统占优势的心理转变，服刑人员由被迫改造到自觉改造（图17）。由于不同改造阶段服刑人员的特点和要求不同，因此，要有针对性的改造质量要求。

（二）第一改造阶段的主要目标

1.矫治目标。总目标是消除服刑人员原先形成的犯罪心理恶习，以“破”为主，“破”字当头，改造人。基本目标是：（1）收敛犯罪恶习。在严格管理的条件下使服刑人员外部表现的恶习行为首先得到控制，确保良好的改造秩序。（2）消除犯罪心理。消除服刑人员原先形成的犯罪心理系统或其残余，铲除犯罪根源，使其告别旧我。

2.基本要求和评估方法：基本上能完成各项改造任务，日考核记分每月累计奖、扣分抵消后总分不低于基本分总和，即不低于监狱机

① 叶扬：《犯罪与改造心理工程》，载《犯罪与改造研究》2011年第5期，第29页。

关对服刑人员改造的基本要求。在这一阶段初期，由于犯罪心理恶习尚未得到根本性改造，服刑人员处在被迫改造状态，出现个别违纪现象被扣分是难免的，到这一改造阶段后期，则奖分和扣分总量上基本持平，从心理进程分析，是服刑人员处于改造心理平衡点状态，开始进入第二改造阶段的标志。

（三）第二改造阶段的主要目标

1.矫治目标。总目标是确立守法心理，以“立”为主，“立”字当头，造就人。基本目标是：（1）确立守法心理，确立守法的人生观、价值观和人生信念，学习文化技术，完善人格；（2）养成良好行为规范，掌握《监狱服刑人员行为规范》和公民道德规范的要求，成为守法公民。

2.基本要求和评估方法：（1）完成和超额完成各项改造任务，日考核记分每月平均高于基本分5%以上，这表明服刑人员受到加分奖励的积极改造行为开始多于被扣分处罚的消极改造行为；（2）确立正确的世界观、人生观、道德观和法治观念，培养守法行为习惯；（3）学会一定的文化科学知识和生产技能，绝大多数服刑人员文化技术水平得到提高；（4）95%以上服刑人员改造质量评估达到及格以上水平。

七、具体矫治目标要求

（一）基本概念

具体计划目标是个体改造质量指标，因人而异，在新投犯入监时结合心理评估制定，过去又叫矫治计划，在服刑过程中评估矫治目标的实现程度，并根据矫治需要进行调整，在临出监前做出鉴定。

（二）基本要求

1.制定矫治计划目标。在入监教育期间，在警察指引下，结合自己的年龄、文化、犯罪性质和重塑新我的目标要求（不同的目标层次）制定总目标和不同时期矫治计划目标等。

2.矫治计划目标的调整。服刑人员矫治目标计划具有可调整性，在服刑改造过程中，可以根据改造目标的实现程度和需要不断进行调整。比如生存适应的目标实现后（实现身体和心理健康），则要将中心目标转移到规则适应上，培养守规守法行为习惯；下一层次目标则是培养社会适应性，做适应社会发展的有用之材。

（三）服刑人员改造好的改造学评估标准

监狱有关主管部门曾经提出了服刑人员改造好的4条标准：（1）认罪服法好（服从判决，无无理纠缠行为）；（2）生产劳动好（长刑犯释放前3年内、短刑犯释放前1年内，能全面完成工时定额和质量指标）；（3）学习好（长刑犯释放前3年内、短刑犯释放前1年内，三课考试成绩无不及格现象）；（4）遵守监规好（长刑犯释放前3年内、短刑犯释放前1年内，未被严管、禁闭或受其他处分）。

八、对刑满释放人员基本要求

1.保持身心健康，适应社会环境；

2.习得社会道德行为规范，实现人格再社会化，遵守法律制度，为预防重新犯罪打下良好基础；

3.能适应就业和谋生需要，建立良好人际关系；

4.适应社会发展，不断进取，做有益于社会和人民的人。

第五节　心理矫治动力

一、内部动力

内部动力是指服刑人员悔过自新、积极改造的内在需要。心理学的研究表明，需要是推动有机体活动的动力和源泉。需要诱发动机，动机引起行为。服刑人员在改造过程中形成的积极心理需要能促进服刑人员改造质量不断提高，反之则改造质量下降。

二、外部动力

外部动力是指监狱改造措施的影响力。监管改造，包括矫治，是对服刑人员施加积极心理影响的过程，综合体现在法、理、情三方面[①]：

（一）法的强制和威慑力

法是法律、法规和规章制度的总称。法是强制性的行为规范，对服刑人员改造起到明确权利义务，规范改造行为，保障合法权益，强制改造和威慑心理等作用。掌握法律基本知识，通过消除法律认知误区和提高是非判断力，起到促进心理转化、提高改造质量和预防重新犯罪作用。

法的范围很广，狭义是指国家公布施行的法律，比如《宪法》《刑法》《监狱法》；广义还包括部门制定的法规，如司法部制定的《监狱服刑人员行为规范》，以及监狱的规章制度，如《服刑人员会见管理办法》和《服刑人员作息管理办法》等。

犯罪行为直接违反了国家刑事法律，有的是知法犯法，有的是误入歧途，学法是服刑人员改造的主课。要求服刑人员掌握法律知识，确立守法观念，培养依法办事习惯，做守法公民，并敢于同犯罪行为做斗争。

（二）理的说服力

理，指服刑人员改造的客观规律。研究结果表明，服刑人员改造是有其规律性的，但是绝大部分服刑人员对此知之甚少。只有掌握服刑人员心理改造规律，才能科学提高改造质量。科学的改造规律和方法对服刑人员改造具有指引、启发、疏导、说服教育等作用；

---

① 叶扬等：《改造质量管理学》，南海出版公司1990年版，第63页。

先进的监狱文化对服刑人员具有积极的导向、同化作用，促进改造质量提高。

理，要求对服刑人员提出科学改造的基本要求，内容包括科学改造的理念、知识、方法等。

（三）情的感化力

情，指服刑人员情绪和感情。在心理学上，情绪情感具有多种功能：1.适应功能，服务于服刑人员对改造环境适应性的改善；2.动机功能，驱动有关活动以满足需要，使服刑人员确立改造动机；3.组织功能，对服刑人员改造起到积极推动作用或消极破坏作用，能双向调节；4.信号功能，传递信息、沟通思想情感、表达服刑人员的喜怒哀乐等。

在改造过程中，要求服刑人员：1.对犯罪行为要有罪责感、悔罪感和赎罪感；2.对人生要有道德感、美感和理智感；3.对改造要有热情等。热情是服刑人员将法律知识和科学理论应用于改造的催化剂，改造热情高，信心足，转化快。

研究结果表明，法、理、情因素对服刑人员改造影响力的规律是：1.总体上法影响力最大，理次之，情的影响力相对较小。[①]2.法对老年服刑人员的心理影响力较大而对青少年服刑人员心理影响力较小；情则反之；理介于法和情之间，对中年服刑人员的心理影响力较大。在改造服刑人员过程中，对老年服刑人员宜多讲法度、规范；对中年服刑人员宜多讲科学规律，晓之以理；对青少年服刑人员则要常动之以情。

三、心理转化机制

服刑人员犯罪心理转化机制：服刑人员矫治动机由需要激发，包括：（1）服刑人员自身改造的需要；（2）通过改造手段，包括

---

① 叶扬：《法理情因素对罪犯改造影响力研究报告》，载《中国监狱学刊》2005年第4期，第46—48页。

政治教育、狱政管理、教育改造、文化改造、劳动改造等影响而产生的心理需要，最终体现在犯罪心理的转化和守法心理的确立两个维度的变化上，如果服刑人员积极改造的正向作用力大，心理则向守法心理方向转化，改造质量提高；反之，改造质量下降。其机制见图25：

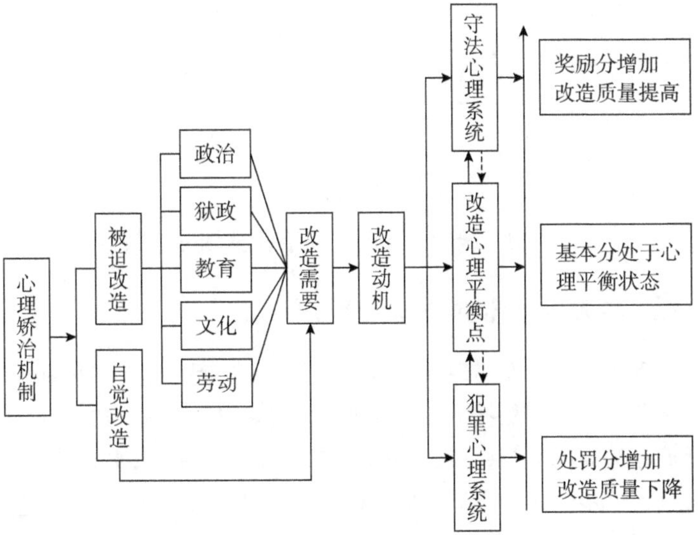

图25　心理转化机制

第六节　矫治基本步骤

一、犯罪心理矫治任务模式

服刑人员心理矫治总任务是：破除服刑人员形成的支配犯罪行为的犯罪心理系统，确立与《监狱法》提出的将服刑人员改造成守法公民目标相一致的守法心理系统，模式见图26：

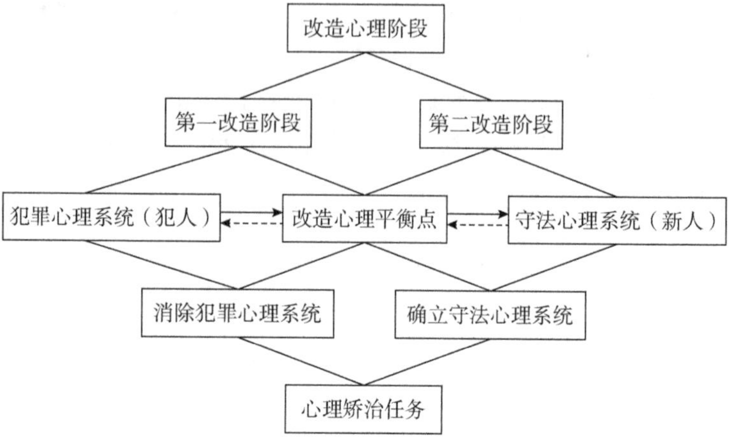

图26 服刑人员心理矫治任务划分模式

二、犯罪心理恶习矫治步骤划分

服刑人员从犯罪心理转化到守法心理的过程，根据阶段和内容不同，划分为四个步骤：矫正犯罪恶习，消除犯罪心理，确立守法心理和道德行为规范等（图27），下图中实线部分是每一步骤的作用范围，虚线是前后步骤间的交叉，步骤划分只是相对的，服刑人员改造过程具有连续性，不能绝对分开：

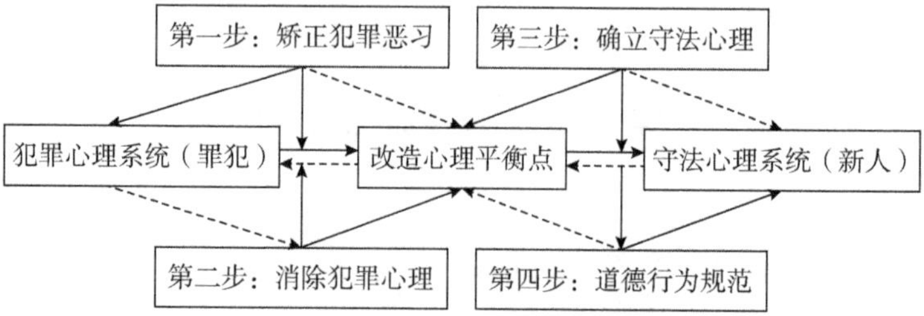

图27 服刑人员个案矫治步骤

三、矫治步骤及基本要求

服刑人员分步骤改造基本要求概述于表18。

表18　服刑人员分步骤矫治基本要求

项目	内容要求			
总目标	守法公民			
矫治全过程	服刑人员由犯罪心理转化为守法心理过程			
阶段划分	消除犯罪心理阶段（第一改造阶段）		确立守法心理阶段（第二改造阶段）	
矫治任务	消除犯罪心理系统		确立守法心理系统	
矫治步骤	矫正犯罪恶习	消除犯罪心理	确立守法心理	服刑人员行为规范
矫治要求	以心理矫治手段为主，整合监管改造等手段，结合入监教育，严格管理，开展行为训练，奖勤罚懒，强化积极改造行为，收敛恶习	运用消极心理平衡疗法、劳动疗法和法制文化疗法等，在严格管理下，引导服刑人员悔悟，消除犯罪心理	运用积极的心理平衡疗法，在一般或宽管的条件下，建立守法心理系统	结合改造质量评估和出监教育，开展社会行为规范训练，巩固改造成果，增强社会适应性

第二章

犯罪恶习矫正

第一节 概述

一、犯罪恶习的概念

犯罪恶习是指服刑人员长期以来形成的与犯罪活动有关的不良行为习惯，通常被认为是不道德的、罪恶的、犯罪的、粗鲁的、禁忌的、堕落的，包括赌博、吸毒、色情和非法销售酒精饮料等活动。

犯罪恶习是在行为上表现出来的，具有直接的危害性和破坏性，入监时就要收敛，防止继续为恶。

二、犯罪恶习的表现形式

服刑人员入监前形成的犯罪恶习主要有：好逸恶劳，贪图享乐；损人利己，贪小便宜，偷鸡摸狗；荒淫无耻，玩世不恭；目无法纪，行为放荡不羁；等等。

服刑期间犯罪恶习的表现则主要有：不认罪服判，不服管教；纪律松懈，常违监规；拉帮结伙，打架斗殴等，表现为对抗改造。

三、犯罪恶习的分类

根据恶习的性质和处罚方式不同，可以将服刑人员的犯罪恶习行为分为三大类。

（一）违规行为

指服刑人员违反监狱日常考核记分规定被扣分处罚的行为，这类行为对狱内安全稳定威胁相对较小，但反复性大，发生次数多。违规不是犯罪，但是这种行为指向离犯罪并不遥远。久而久之，会积重难返。

（二）违纪行为

指服刑人员违反《监狱法》第58条规定，受到警告、记过和禁闭处罚的行为，情节比违规严重。这种恶习行为离犯罪有时只有一步之遥。

（三）重新（再）犯罪行为

指服刑人员违反刑事法律规定被依法起诉加刑的行为，视情节严重程度分一般案件、重大案件和特大案件。服刑人员狱内犯罪对监管安全危害最大，处罚严厉，教训深刻。

这三类恶习行为的发生特点是：违规行为发生人数相对较多，违纪次之，重新（再）犯罪较少。犯罪恶习不收敛的结果很可能是重蹈覆辙。

第二节　恶习行为转化规律

一、大恶惩后少复发

根据对1120宗恶习行为的动态分析，在三类受处罚（违规的扣分处罚、违纪的行政处罚和重新犯罪的刑事处罚）中，违规的扣分处罚最轻。从动态分布看，服刑人员违规行为发生在服刑第1年的占总数的37.97%；服刑人员违纪受到监狱警告、记过和禁闭处罚的性质比扣分处罚重，服刑人员违纪行为发生在服刑第1年的占总数的45.77%，比例比违规明显增多，这表明服刑人员违纪行为的下降速度比违规快；服刑人员狱内犯罪行为发生在服刑第1年的比例高达

57.06%，比例最高，下降速度最快。（表19）这表明处罚越重的恶习行为，在改造运行过程中的下降速度就越快。结果表明，重罚威慑大，大恶惩后少复发，显示了重罚的效应。

根据这一规律，对狱内发生的恶习行为要严惩不贷，这为严厉打击狱内反改造行为提供了科学依据。①

表19　恶习行为的动态比较

项目		在各服刑年份的分布						合计
		第1年	第2年	第3年	第4年	第5年	第6年	
违规行为	宗数	262	166	113	87	47	15	690
	占比/%	37.97	24.06	16.38	12.61	6.81	2.17	100.00
违纪行为	宗数	119	71	46	16	6	2	260
	占比/%	45.77	27.31	17.69	6.15	2.31	0.77	100.00
犯罪行为	宗数	97	34	22	10	6	1	170
	占比/%	57.06	20.00	12.94	5.88	3.53	0.59	100.00
合计	宗数	478	271	181	113	59	18	1120
	占比/%	42.68	24.20	16.16	10.09	5.27	1.60	100.00

二、小恶惩后易反复

调查结果表明，服刑人员改造行为是以周期性变化的曲线形式运行的，而且服刑时间越长，这种周期性变化的现象就越明显。影响这种变化的另一因素是行为受到处罚的轻重，在三类不同性质的受处罚行为中，违规行为在服刑人员服刑第1年至第3年的比例分别是：24.62%、18.85%和16.29%，呈一路下降趋势，而到了第4年

① 叶扬主编：《中国罪犯心理矫治教程》，法律出版社2003年版，第78页。

比例又回升到20.45%，在图形上形成一个明显的波动形态；服刑人员的违纪行为，发生在服刑人员服刑第1年至第2年的比例分别是39.22%和23.53%，呈下降趋势，到了第3年又回升到24.51%，但回升不明显，图形的波动性比服刑人员违规行为的明显减小；服刑人员的狱内犯罪行为则是一路下降的，没有波动的迹象。（表20、图28）这表明受处罚重的行为在下降过程中的速度快，波动小，而受处罚轻的行为下降的速度慢，波动性和反复性大。这一结果同改造服刑人员工作实践中观察到的现象是一致的，服刑人员轻微的违规行为较易出现反复，矫正成果的稳定性差，调查中，有1名犯人在1个月内3次违规受到扣分处罚；而处罚严重的狱内犯罪行为则不易出现反复，矫正成果的稳定性强，服刑人员狱内犯罪行为不用说在一个月内出现两三次反复，在整个服刑期间出现两次狱内犯罪的都极少。由于不同处罚行为矫正质量的稳定性不同，加之服刑人员对严厉打击的畏惧，使得在正常改造秩序下，处罚轻的恶习行为发生的比例大而处罚重的恶习行为发生的比例小，服刑人员狱内犯罪、违纪和违规三类恶习行为的发生比例呈金字塔形分布。

综上，与严重恶习行为的处罚相反，受处罚越轻的恶习行为反复性就越大，轻罚作用小，小恶惩后易反复。根据这一规律，对服刑人员一般恶习行为，要反复抓，抓反复，不能掉以轻心。

表20　原判刑期大于7年服刑人员恶习行为的动态分析

项　目	人数	在各服刑年份的分布/%						合计/%
		第1年	第2年	第3年	第4年	第5年	第6年	
违规行为	246	24.62	18.85	16.29	20.45	14.39	5.30	100.00
违纪行为	102	39.22	23.53	24.51	7.84	2.94	1.96	100.00
犯罪行为	73	58.90	19.18	10.96	4.11	5.48	1.37	100.00
合计	421	33.71	20.05	17.31	14.81	10.25	3.87	100.00

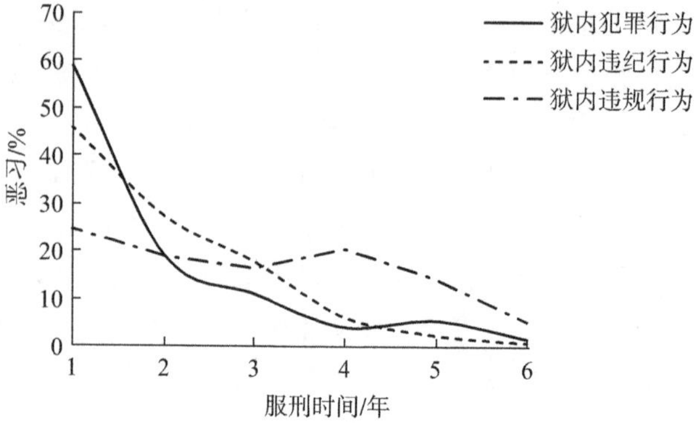

图28　罪犯恶习行为运行模式比较

第三节　犯罪恶习评估

一、恶习矫正情况的问卷调查

服刑人员犯罪恶习矫正情况的问卷调查中，把犯罪恶习分为四级：

A.犯罪恶习很深；

B.犯罪恶习中等；

C.犯罪恶习很浅；

D.已改掉犯罪恶习。

笔者于2001年4月对某监狱1239名服刑人员（下同）进行了问卷调查，有2.66%的服刑人员认为犯罪恶习仍然很深，5.89%的服刑人员认为犯罪恶习中等，4.36%的服刑人员认为犯罪恶习很浅，以上三项合计12.91%，这些服刑人员认为他们的犯罪恶习还没有得到彻底矫正。有87.09%的服刑人员则认为他们已经改掉了犯罪恶习。

二、简易评估问卷

（一）编制简易评估问卷

服刑人员恶性程度简易评估问卷

姓名：______　年龄：______　罪名：______　刑期：______

入监时间：______　籍贯：______　婚否：______
文化：______　服刑前职业：______　评估时间：______

指导语：本问卷主要用于评估服刑人员的犯罪恶习程度深浅，共10题，请结合你的实际情况从每题给的2个可选择的等级中，选择1个答案打√，多选无效，请认真填写。

项目	评估内容和标准分		得分
	5分答案	10分答案	
（1）是否有前科	初犯、偶犯、渎职犯等	惯犯、累犯	
（2）犯意	过失犯罪	故意犯罪	
（3）罪数	只犯一罪	犯数罪	
（4）作案人数	单人作案犯罪	2人及以上共同犯罪	
（5）刑期	15年以下徒刑	15年及以上徒刑	
（6）成年前后重大负面经历	18岁前没有受过警告以上处分或处罚	18岁前受过警告以上处分或处罚	
（7）认罪态度	认罪悔罪，服从判决	不认罪悔罪，不服判决	
（8）遵守监规纪律	遵守监规，本年度内无扣分以上处罚	不遵守监规，本年度内有扣分以上处罚	
（9）心理适应性	保持身心健康，能适应改造生活和改造目标要求	不能适应服刑生活，甚至有自伤、自杀、逃跑或行凶想法	
（10）生活习惯	保持正常生活习惯	过去有嗜酒、赌博或吸毒史	
合　计			
等级标准：轻微，50分以下；中等，50—75分；较重，80—90分；严重，大于90分			

（二）评估实例

1.基本情况：服刑人员夏某，31岁，犯故意伤害和敲诈勒索罪，判5年4个月，初中文化，2013年1月10日入监，2013年2月20日运用上述问卷进行评估。

2.服刑人员自评结果：（1）初犯、偶犯、渎职犯等，记5分；（2）故意犯罪，记10分；（3）犯数罪，记10分；（4）2人及以上共同犯罪，记10分；（5）15年以下徒刑，记5分；（6）18岁前没有受过警告以上处分或处罚，记5分；（7）基本认罪悔罪，服从判决，记5分；（8）基本遵守监规，记5分；（9）基本适应改造生活，记5分；（10）保持正常生活习惯，记5分。合计：65分；评估结论：恶习程度中等。

3.心理咨询师进行具体项目分析：恶习程度中等，主要问题是故意犯罪，犯两罪，并且是合伙作案，要加强矫治。

第四节　犯罪恶习矫正的基本要求

一、教化

行为不但与习惯有关，更受人的观念、习惯性思维模式和情感因素制约。转变行为必须消除消极认知模式和不良情绪。

（一）认知化解

开展法治教育，引导服刑人员树立守法观念，认罪悔罪，打好思想改造基础。恶习矫正最大的障碍是对法律的无知或曲解。主要表现在：

一是认为自己无罪，不服法院判决，比如李某认为伤害自己弟弟是家事，无须国家法律“干扰”，要求监狱将其放回去。

二是认为政府办事不公，自己犯罪被判刑，而有的人犯了罪却不吃官司，因而心理不平衡，不服判决。

三是有的服刑人员认为法院量刑过重，轻罪重判，不服判决等。

服刑人员必须自觉地接受教育疏导，化解对法律和犯罪等问题存在的认知误区，疏通心理通道的入口。

（二）情绪管理

情绪影响行为，情绪的悲观和对立是影响改造的两大“拦路虎”。服刑人员悲观和对立情绪突出，要进行科学的疏导或宣泄。可以自我调节，比如运动和唱歌等，也可以在心理咨询师的帮助下进行专业的心理宣泄，比如击打假人，消除对社会和政府的消极对立情绪，恢复心理平衡，从而加速恶习行为矫正。

（三）守监规正行为

服刑人员昨天已经是社会的罪人，身为囚犯的今天再执迷不悟，抗拒改造，就是罪上加罪。积极改造前途光明，抗拒改造无出路，这样的正反例子不胜枚举。监狱机关依法执行刑罚，对服刑人员的反改造活动和违反监规纪律的行为，都将毫不留情地给予否定，进行严厉查处。因此，服刑人员必须丢掉幻想，服法改造，好好把握今天，共同维护监管场所的安全稳定，要树立正气，自觉抵制歪风邪气，营造良好的改造环境，使犯罪恶习没有市场。

一切放荡不羁的行为都是以无组织、无纪律为起点的，入监后，服刑人员必须严格约束自己的言行，善于克制自己，冲动、野蛮是服刑人员打架斗殴的祸根，遇事宜三思而后行。

服刑人员要学会克制自己，宽以待人，坚信人是可以改造的道理。水滴石穿，要有决心有恒心去改恶从善，重新做人。

二、规范化

（一）行为规范学习

监狱在服刑人员入监教育时专门开展《监狱服刑人员行为规范》教育训练和监规纪律教育，使服刑人员掌握生活、学习、劳动、文明礼貌等基本规范，遵守监规纪律。服刑人员要加强社会行为规范的学习，谨言慎行，乐善好施，助人为乐，自觉抵制和消除犯罪恶习。

（二）行为规范训练

监狱开展行为规范的操作训练，包括服刑人员队列训练和日常行为规范的操作考核，以及以服刑生活指导和心理适应为主的行为训练，以促进良好行为和守纪意识的形成，破旧立新，改恶从善，消除恶习行为。

三、强化

心理学家斯金纳提出的强化理论分为两种类型：正强化和负强化。斯金纳认为，人或动物为了达到某种目的，会采取一定的行为作用于环境。当这种行为的后果对其有利时，这种行为就会在以后重复出现；不利时，这种行为会减弱或消失。人们用这种正强化或负强化的办法来影响行为的后果，从而修正其行为。

负强化，就是对于符合矫治目标的行为，撤销或减弱原来存在的消极刺激或者条件，以使这些行为发生的频率提高。比如，为了培养守法行为习惯，就要对不良的行为习惯或称为恶习的行为进行批评和抵制，比如给予警告，进行负强化等，使恶习消除，使守法行为习惯得以确立。

服刑人员的犯罪恶习行为一旦形成，即具有一定的稳定性，经过不断强化，有的甚至成为牢固的心理定式。个性大多数是后天习得的，特别是童年期最为关键。家长是人生的第一任老师，对孩童从小的教养会影响其一生。犯罪恶习需要科学矫治。服刑人员的恶习行为的负强化要求有：

（一）找准目标

即准确找出服刑人员违规和违纪等具体恶习行为，以及服刑人员在心理咨询中提出的希望矫治的不良行为。

（二）采取行为负强化措施

包括两大类，一是整合改造手段，比如对违规和违纪行为进行处罚，如扣分、警告和记过等，采取处罚法进行威慑；二是运用心理治疗的专门方法，比如行为治疗中的厌恶疗法等，使服刑人员产生厌恶情绪，自动放弃恶习。

（三）观察效果

观察，并根据效果好坏确定后续治疗方案，直到消除恶习为止。

四、自我约束

法治和规范的约束范围有限，内在的自我约束至为重要，是人生的必修课，服刑人员务必谨记约束自己的言行。

自我约束力是指自制力、自控力、自律力。自我约束力是传统文化的思想精髓。强调自我约束，立德修身，是古代先贤所推崇的高尚品质。立德修身是教育人们自觉进行自我约束，自我监督，自我教育，自我完善，达到至善、至仁、至诚、至道、至德、至贤，要有富贵不能淫，贫贱不能移，威武不能屈的情怀；要有修身、齐家、治国、平天下的志向。

人不但要有自知之明，还要慎独。中国人有“君子慎独”的文化传统。“君子慎独”语出《礼记·中庸》：“天命之谓性，率性之谓道，修道之谓教。道也者，不可须臾离也；可离，非道也。是故君子戒慎乎其所不睹，恐惧乎其所不闻。莫见乎隐，莫显乎微，故君子慎其独也。”

意思是说：“上天赋予的最根本的支配万物运行的原理叫作规律，遵从规律而行叫作正确的原则，修习正确的原则便是教育。凡是正确的原则，都是片刻不可以背离的；如果可有丝毫背离而无咎，那就不是真正正确的原则。所以明道之人于不闻、不睹之地，仍时刻保持戒慎恐惧的状态，不让最隐微处的违背正确原则的行为显现坐实，所以修行到此境界的君子就会非常慎重地对待他自己的每一个想法、言语、行动。”

自我矫正犯罪恶习的方法主要有以下几种：

（一）行为写实法

在一定的期限内，把自己的不良行为如实地记载下来，并通过一段时期的观察、分析，进一步考察自身的行为轨迹，以调整和改善自己的行为方式。比如，可以采用写日记的方法，把自己的行为如实地记录下来，然后通过自我反省、自我检查、自我批评来提高自控能力，以达到矫正行为的目的。

（二）倾诉法

就是把自己内心深处不良的欲望向自己信赖的人倾诉。恶习或负面情绪如果积压到一定程度就会由量变到质变，造成行为上的不良后果，已经有了恶习的服刑人员更易误入此道。因此，服刑人员遇到挫折时，可以找自己信赖的警察或同改倾诉，以放下思想包袱。

（三）意志磨炼法

人的行为直接受到意志控制。个别人意志控制力差，需要通过磨炼意志的训练来提高自控能力，抑制不良行为习惯。要加强政治思想课、文化技术课、心理健康教育课的学习，积极劳动，吃苦耐劳，树立正确的人生观，提高明辨是非的能力，自查自纠不良行为和负面思想，矫正恶习。

（四）自我激励法

自我激励是服刑人员自己激励自己、勉励鼓舞自己，坚信自己可以从罪恶的泥坑中重新站立起来。通过积极参加学习、生产劳动和各种有益的文体活动，调节自己的情绪和欲望，向守法心理系统看齐，逐步形成良好的行为习惯，改掉恶习。

第三章
犯罪心理矫治

第一节　犯罪心理概念

犯罪心理是指在实施犯罪行为之前形成的，对实施犯罪行为起决定作用的各种心理因素有机组成的体系，其内容包括：

一、不良的个性倾向

心理倾向包括人的需要、动机、价值观和理想等。

服刑人员不良的个性倾向主要表现为主观唯心主义的世界观和极端利己主义的人生观、价值观，以及非分的、畸形的需要等。

二、消极的心理过程

心理过程是指心理活动发生、发展的过程，也就是人脑对现实的反映过程。心理过程是心理活动的重要方面。整个心理过程包括认识过程、情感过程和意志过程，这三个过程既互相区别又互相联系。

服刑人员消极的心理过程，主要表现为错误的认知、不健康的情感和具有两极性的意志品质。

三、变异偏执的个性特征

心理特征是指心理活动进行时经常表现出的稳定特点。比如，有的人有敏锐、精确的观察力，而有的人则粗枝大叶；有的人思维灵活，而有的人则思考问题保守；有的人情绪稳定、内向，有的人情绪易波动、外向；有的人办事果断，有的人优柔寡断；等等。这些差异体现了个体在能力、气质和性格上的不同。

服刑人员变异偏执的个性主要包括特殊的观察模仿能力、不良的兴趣和异常的气质性格等方面。[①]俗话说：江山易改，本性难移。一般情况下，变异偏执的个性矫治难度非常大，从小培养良好的品行十分重要。

四、犯罪心理中的心理状态

心理状态是指人在某一时刻的心理活动水平。例如，一个人在一定时间里是积极向上还是悲观失望的，是紧张激动还是轻松冷静的。心理状态犹如心理活动的背景，心理状态的不同，可能使心理活动表现出很大的差异性。

犯罪心理中的心理状态，是指与犯罪活动相适应的心理状态的总称（图29）。

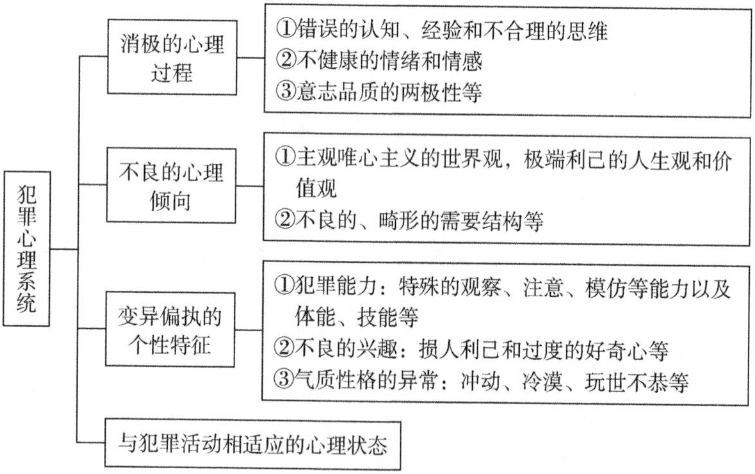

图29　犯罪心理系统

① 刘灿璞、何为民：《罪犯改造心理学》，群众出版社1987年版，第142页。

第二节　犯罪心理转化特点与评估

一、犯罪心理转化特点

第一，根据对某监狱发生的49起狱内犯罪行为与服刑时间关系的分析，发生在服刑第一年的占63.20%，第二年的占28.57%，第三年的占8.17%，第四年的没有，这表明消除服刑人员犯罪心理的任务主要是在服刑人员服刑初期。

第二，与一般违规违纪心理相比，犯罪心理消除后反复性小，在狱内一再犯罪的服刑人员并不多见。

二、犯罪心理评估

（一）标准化评估

根据笔者2007年运用司法部研制的《中国罪犯心理评估个性分测验》对某监狱在押服刑人员进行的调查，有16.7%的服刑人员仍具有不同程度的犯罪思维模式，尚待消除。

（二）常规问卷调查

笔者对某监狱1239名服刑人员进行问卷调查，认为自己犯罪心理强烈的占2.66%，中等的占4.20%，很弱的占7.10%，合计为13.96%，服刑人员犯罪心理恶习大部分被消除，与前文具有犯罪恶习的服刑人员人数接近。①

服刑人员消除犯罪心理情况简易评估方法如下。②

服刑人员消除犯罪心理情况简易评估问卷

姓名：______　年龄：______　罪名：______　刑期：______
入监时间：______　籍贯：______　婚否：______

① 叶扬主编：《中国罪犯心理矫治教程》，法律出版社2003年版，第91页。
② 叶扬：《犯罪与改造》，群众出版社1999年版，第174页。

文化：______ 服刑前职业：______ 评估时间：______

指导语：以下是评估服刑人员原先形成的犯罪心理被消除情况的简易问卷，请结合你的改造实际，从每题给出的4个等级中，选择适合你改造情况的1个等级打“√”，请认真填写。

项目		题目	从每题给出的4个等级中选择适合你改造情况的1个等级打“√”				得分
			优	良	及格	不及格	
心理过程	认知过程	（1）澄清了对法律和犯罪行为等的错误认识	8	7	5	4	
	情感过程	（2）对犯罪行为有罪责感、悔罪感和赎罪感，消除不健康的情绪情感	8	7	5	4	
	意志过程	（3）消除了非分物欲、性欲和暴力冲动，克服了意志品质的两极性	10	8	6	5	
个性倾向	人生观	（4）消除了唯心主义和个人主义的人生观	8	7	5	4	
	道德观	（5）矫正了唯利是图的道德观	10	8	6	5	
	法治观	（6）消除了目无法纪的观念	12	10	8	7	
	信念	（7）消除了消极无为的人生信念	8	7	5	4	
	需要	（8）消除了畸形的物质欲望和精神需要	8	7	5	4	
个性特点	能力	（9）深刻认识将观察和模仿等能力用于犯罪活动的危害性，消除恶习	6	5	4	2	

续表

项目		题目	从每题给出的4个等级中选择适合你改造情况的1个等级打“√”				得分
			优	良	及格	不及格	
	爱好	（10）消除了损人利己的好奇心和恶习	6	5	4	2	
	气质性格	（11）矫正了自卑、忧郁、冲动、冷漠和玩世不恭等气质性格的异常	10	8	6	5	
心理状态		（12）消除了与犯罪相适应的异常心理状态	6	5	4	2	
合计							

评定标准：优秀，高于90分；良好，76—90分；及格，60—75分；不及格，低于60分。

【案例】

（一）基本情况：服刑人员汤某，32岁，初中学历，非法持有毒品罪，判7年，2008年入监，2013年2月19日运用上述问卷进行了评估。

（二）服刑人员自评结果：1.认知过程，自评优等，计8分；2.情感过程，自评良好，计7分；3.意志过程，自评良好，计8分；4.人生观，自评良好，计7分；5.道德观，自评良好，计8分；6.法治观，自评优等，计12分；7.信念，自评优等，计8分；8.需要，自评及格，计5分；9.能力，自评优等，计6分；10.爱好，自评优等，计6分；11.气质性格，自评良好，计8分；12.心理状态，自评良好，计5分。合计：88分，自评结果综合为良好等级。

（三）心理咨询师进行具体项目分析：根据对其改造表现进行调查，入监以来没有扣分以上处罚。2009年嘉奖7次；2010年嘉奖12次，表扬2次，评为改造积极分子1次，记功1次；2011年嘉奖11次，表扬2次，评为改造积极分子1次，记功1次，11月获减刑1年8个月；

2012年嘉奖10次，表扬2次，评为改造积极分子1次；2013年1月又受到嘉奖，当月获减刑11个月，2月24日刑满。改造表现好，与自评结论相一致。

第三节　消除犯罪心理基本要求

一、科学评估心理状况

根据平时行为表现，比如奖惩记录、面谈情况、心理测验、档案调查等结果，进行科学评估。其中，比较科学的是根据《中国罪犯心理评估个性分测验》，对犯罪思维模式等因子进行测试。

二、引导悔悟

悔悟是服刑人员新生的转折点，掌握悔悟理论和方法对服刑人员改造意义重大。[①]

（一）悔悟概念

悔悟是指服刑人员对犯罪行为悔过并醒悟的过程，是矫治成败的关键环节。据笔者对某监狱384名服刑人员的问卷调查结果：（1）已经悔悟的达89.33%，占大多数；（2）没有悔悟的占2.34%，比例较小；（3）悔悟后又反悔的占8.33%。

根据心理学理论，服刑人员一旦对犯罪行为产生意识层面的悔悟，犯罪心理的危害性就能消除。调查结果表明，大部分服刑人员已经悔悟，原犯罪心理已不具有危害性，这是刑罚执行效果的体现，也是狱内安全稳定的心理学基础。

（二）悔悟时期

据调查，被逮捕时悔悟的比例最大，占58.93%，在审判时悔悟

① 叶扬：《罪犯悔悟研究》，载《中国监狱学刊》，2003年第6期，第69—71页。

的占11.73%，在投监时悔悟的占10.40%，在服刑第一年悔悟的占11.73%，在服刑第三年悔悟的占2.93%，第三年悔悟的占1.60%，此后逐年减少。

（三）悔悟特点和规律

1.悔悟的自愿性，悔悟是发自内心的，外因只能起到促进作用；

2.悔悟的突发性，悔悟往往发生在某一瞬间，有时警察一句关心鼓励的话服刑人员就茅塞顿开，如梦初醒；

3.悔悟的反复性，悔悟后约有8%的服刑人员有反悔现象。

（四）服刑人员悔悟标准

在心理上，悔悟发自服刑人员内心，悔意表露是自愿而不是强迫的；在程度上，悔悟是彻底的，不再反复；在行动上，表现是积极的，做到认罪服法，积极改造。

（五）悔悟的影响因素

根据调查，服刑人员悔悟的内部原因是：

1.服刑人员通过学习懂得法律知识或增强法治观念，切身领悟到违法必究后产生悔悟。

2.服刑人员经过服刑改造确立了正确的人生观、价值观后悔悟。

3.服刑人员因被法律追究、接受刑罚，在刑罚体验的痛苦中产生悔悟。

4.因犯罪后毁了好前程而产生悔悟。

5.经过学习提高了明辨是非能力之后产生悔悟，等等。

悔悟的外部原因是：

1.警察的管理和教育。

2.服刑人员亲属和朋友的帮教。

3.同改之间的帮助。

4.阅读和参与学习等。

（六）悔悟的基本要求

通过心理辅导，消除认知误区，清算犯罪的危害性，挖掘犯罪根源，分析犯罪原因与犯罪结果之间的关系，产生悔悟，回头是岸，重塑新我。

三、认知醒悟

所谓误入歧途，从犯罪心理学视角，就是认知上受到迷惑而走向了犯罪道路。这些人犯罪的心理学基础是受到了别人在认知上的误导。有的错误认知已经扎根在脑海中，要消除这种根源，预防重新犯罪，就需要运用认知醒悟机制进行认知的深度化解（图30），要求是：

第一，解决认罪服判问题，认清犯罪危害，面对现实，积极改过，重塑新我。

第二，深刻地分析产生犯罪的生物、心理和社会原因，消除犯罪根源，斩草除根，杜绝犯罪行为的复发。

第三，对犯罪原因与犯罪行为进行相关性分析，明确因果关系，从而对犯罪行为产生认知上的反思、觉察和醒悟，放弃犯罪的错误立场和观点，重构认知。

比如，某醉驾犯罪的人员，其犯罪原因是听信了酒友的误导并且存在侥幸心理，认为一般情况下公安民警不会查，不会出事的，但是事实上，那天他一上路就被查了。他对自己心存侥幸的心理和行为产生认知领悟，从而消除侥幸心理的根基，重新确立时刻遵纪守法的观念，醉驾犯罪行为就不会再发生。

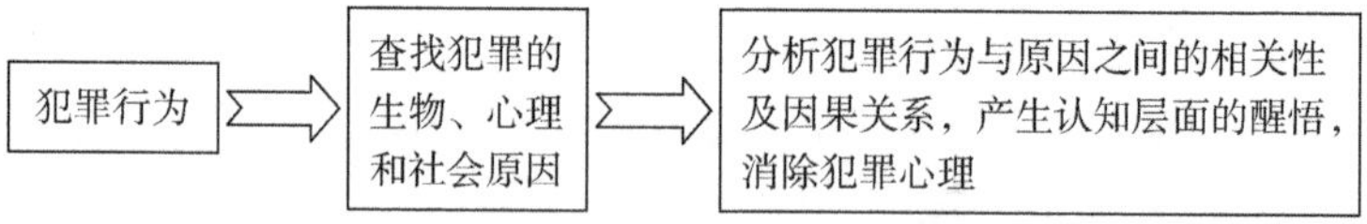

图30　认知醒悟机制

四、心理创伤和挫折情结的消除

在心理学上有个“挫折—侵犯”理论可以解释心理创伤人员的犯

罪行为。侵犯是挫折的一种后果，侵犯行为发生，是以挫折存在为条件的。如果这种心理得不到有效矫治，即使出监，犯罪还会发生。这种案例在服刑人员中比较多。比如：

服刑人员郑某，31岁，犯抢劫、脱逃罪。他自幼聪明，读书成绩常列班中第一、二名。初中时与同班某女生恋爱，很投入，但最后女友和同班的某男生在一起了，他还被几个"烂仔"痛打了一顿，深受打击和创伤，从此不敢上学，到处玩耍。其家人在市区开商场，收入不错，但他对正常的生意不感兴趣，心理不平衡，通过打架、偷抢别人的东西来发泄，以平衡自己的心理，结果越陷越深，犯罪被判12年刑入狱。入监后又不能从认罪服法的正面角度来考虑问题，而是从消极面想问题，企图通过关系做轻松工种，但被安排做轻工后还不满足，在劳动工地竟然趁机脱逃，在外躲藏长达10年之久。被抓回后，日思夜想就是要记检举揭发人的仇，不记仇就睡不着，晚上梦到如何报仇第二天就开心，并在衣服的两个口袋上分别写上了"仇"和"恨"二字，意思是今后的目标就是报仇雪恨。后来因无故打人被惩罚，他在警察面前扬言："戴镣不能冲凉，拉一个人做铺垫，一死了之，同归于尽""自己刑期长，无任何希望了，只有死"等。人生历程中留下的心理创伤让他一错再错，难以自拔。郑某需要在心理咨询的帮助下，解开创伤情结，引导悔悟，才能恢复心理平衡。

服刑人员大部分有挫折经历，并因此产生心理问题。如服刑人员黄某，犯破坏电力设备罪，申请心理咨询时主诉："我对社会有种反感，对自己也没有什么希望，我小时候受到很大创伤，触电全身被烧伤，伤痕很难看，现在我无法像正常人一样生活了，在洗澡时不敢和别人在一起，怕脱衣后被人取笑，请老师给我心理咨询。"

服刑人员黄某的主诉提出了四个心理问题：（1）对社会有种反感情绪；（2）对自己的未来不抱什么希望，情绪悲观，自卑；（3）小时候受到很大创伤，"触电烧伤"的创伤一直成为抹不去的心结；（4）"现在我无法像正常人一样生活了，在洗澡时不敢和别人在一起，怕脱衣后被人取笑。”可见，其社会功能已经受损。

在上述四个问题中，第三个是原因，其他的都是这一生活事件的后果。服刑人员黄某由于被电伤，留下满身难看的伤痕，社会功能受损，挫折心理得不到及时疏导，发展到与社会对立，进而发展到破坏电力设备犯罪，目前悲观绝望，自信全无。他在这次犯罪前也因破坏电力设备行为被公安机关处罚过。由于得不到及时的心理疏导，他不断地将不满发泄到曾经使他遭受不幸的电力设备上，不止一次地对社会进行报复性违法犯罪。这本来是一个并不复杂的问题，错不在电力设备和电，而在于他缺乏安全用电知识；身体有伤痕就不敢与别人一起洗澡也是自身的心理问题，但由于得不到及时咨询，发展到犯罪，积重难返。咨询的关键是消除由于“触电烧伤”造成的心结，消除自卑和对立、报复心理。在心理学上这是一个典型的“挫折—侵犯”咨询个案，侵犯是挫折的一种后果，侵犯行为发生是以挫折存在为条件的。如果这种心理得不到有效矫治，即使出监，破坏电力设备的犯罪还是会发生。心理咨询人员的这些分析使他有所醒悟，心理咨询后，该服刑人员的心理问题得到了有效矫治。

在押服刑人员中，有相当部分人的犯罪是由于挫折引起的，消除挫折的基本方法是：

1.挫折的认知化解。挫折包含挫折情境、挫折认知、挫折反应。挫折情境不堪回首，挫折反应是消除目标，认知才是切入点，是平衡心理、点燃希望的所在。

（1）正确认识挫折。应对挫折，战胜挫折，首先要正确认识挫折，树立正确的挫折观。在现实生活中，挫折无处不在。有的人总认为生活中的挫折、困境、失败都是消极的、可怕的，受挫折后往往悲观抑郁，甚至丧失了生活勇气。事实上，经受一些挫折并不完全是坏事，它可以成为自强不息、奋起拼搏、争取成功的动力和精神催化剂。生活中有许多优秀人物就是在挫折中磨炼成熟的，在困境中崛起的。相反，一个人如果不经历困难和挫折，总是一帆风顺，就会如同温室里的花朵，经不住风霜雨雪的考验，很容易被一时的挫折压垮。因此可以说，挫折也是一种机遇，只要能保持积极乐观的人生态度，坦然地面对挫折，树立战胜挫折的勇气和信心，就一定能够适应环境的变化。

（2）改变不合理的信念。不合理信念的观点源于美国心理学家艾利斯的ABC理论。他认为，挫折是否引起人的挫折感，不在于事情本身，而在于对挫折的不合理认识。根据艾利斯的观点，人既是理性的，又是非理性的。人的大部分情绪困扰和心理问题都是来自不合逻辑或不合理性的思考，即不合理的信念。这种不合理信念会导致挫折感的产生。不合理信念一般具有三个特点：

第一，绝对化要求。这是最常见的一种不合理信念。指人们以自己的意愿为出发点，对某一事物怀有其必定会发生或必定不会发生这样的信念，它常与“必须”“应该”这样的词连在一起，如“我的家人就应该在春节前来看我”“他必须那样做才对”等。

第二，过分概括化。它是一种以偏概全的不合理信念。过分概括化的人在看问题时容易走极端，往往导致对自身或对他人的不合理评价。如遇挫折和失败便认为自己“无能”“没用”“无可救药”；或者别人稍有过失就认为他这个人无一可取之处，进行全面否定。持有这种信念的人，要么会盲目自责自罪、自暴自弃，要么会一味责备他人，或对外界环境产生敌意、愤怒等不良情绪。

第三，糟糕透顶。这种不合理信念认为某一事情发生了，必定是非常糟糕的、可怕的、不幸的。个体一旦具有这种信念，就会产生焦虑、悲观、抑郁等不良情绪体验，如“我这次跟警察顶嘴了，我彻底完了，以后我不管做得怎样，他肯定都不会给我好果子吃的”。

出现不合理信念并不可怕。因为人生来就具有以理性信念对抗非理性信念的潜能。如果人们能够认识到自己的信念是不合理的，并主动调整看法和态度，就可以降低挫折感并调整好情绪。

2.合理宣泄自己的负性情绪。挫折造成的情绪压抑是心理变态的根源，特别是消极的情绪压抑和郁积到一定的程度，拥有足够的“能量”时，将会“自行决堤”般崩溃，成为犯罪的重要原因，造成危害。

中医认为：“郁则发之。”郁即郁结，发即发泄。心理学讲，一个人受到挫折后，用意志力量压抑情绪，表现出超乎正常状态的谈笑自若，这只能是表面缓解了紧张，却按捺不住内心的情绪纷扰，不仅不能从根本上解决问题，还会使人陷入更深的心理困境，就像埋下了一颗定时炸弹，时刻会有毁灭自己或他人的危险。现在医学证明，结肠炎、消化性溃疡病、神经衰弱、失眠，以及许多癌症都与情绪长期压抑有关。犯罪心理学的研究表明，许多犯罪行为，特别是青少年犯罪，与心理创伤或挫折有关。所以，及时把积结的怒气、怨气、丧气宣泄出来是非常必要的。常见的宣泄方法有：

（1）生理宣泄。运动可以消耗不良情绪，产生“快乐因子”。每周进行两次至三次体育锻炼，每次30分钟，是一种健康的减压方式。到室外活动，跳操、跑步等，只要能消耗体能、积极有趣就行。还可以通过击打沙袋、橡皮人等，宣泄不良情绪。

（2）心理宣泄。沟通，与人交往、倾诉，从而减压。很多人的压力，是经常把自己封闭起来，不向别人诉说而产生的。一件不顺心的郁闷事，如果你向朋友诉说，你的苦恼就释放了；如果积压下来，就容易得病，出现心理问题。

从心理健康角度而言，宣泄可以消除因挫折而带来的精神压力，减轻精神疲劳；同时，宣泄也是一种自我心理救护措施，它能使不良情绪得到淡化和减轻。

五、强化劳动改造对犯罪心理的矫治作用

从刑罚执行角度，劳动改造是服刑人员改造的基本手段之一；从心理矫治角度，有针对性的劳动，是矫正服刑人员犯罪心理恶习的方法。①

1.劳动疗法是指对具有劳动能力但没有养成劳动习惯或缺乏劳动技能，因好逸恶劳走上犯罪道路的服刑人员，通过劳动矫正其犯罪心

---

① 叶扬：《论具有中国特色的服刑人员心理矫治技术》，载《河南司法警官职业学院学报》2003年第4期，第26—29页。叶扬：《以人为本视角下的罪犯改造创新研究》，参加中国监狱学会《以人为本与监狱工作理论研讨会》交流（2009年6月1日于湖北），并收进会议论文集。

理恶习，消除心理障碍，学会劳动技能，培养劳动习惯，恢复心理健康，确立守法观念，完善人格的一种心理矫治理论和方法，是我国在开展劳动改造基础上形成和发展起来的。

2.劳动疗法具有心身平衡、认知化解、情感宣泄、意志磨炼、人格重建、再社会化、注意转移和身体康复等矫治功能。

3.劳动疗法适用范围是服刑人员犯罪心理恶习矫正、人格障碍矫治、吸毒服刑人员和艾滋病服刑人员等病犯身体康复等。

4.根据服刑人员劳动特点分四种类型：单纯没有劳动技能的缺乏技能型；没有劳动习惯、好逸恶劳的恶习型；病犯需要通过劳动康复的身体康复型和其他类型。

5.矫治要求：（1）对缺乏技能型服刑人员主要结合劳动技能教育和培训，使服刑人员在改造思想的同时学会技能。（2）对恶习型服刑人员首先要强化劳动过程中的纪律管理，对服刑人员积极劳动改造的行为表现依法给予物质和精神方面的奖励，强化其积极改造行为；对消极劳动改造行为，特别是违反劳动纪律，破坏劳动工具和产品的给予处罚，开展劳动教育，消除恶习，从而养成良好的劳动习惯。（3）劳动康复的关键是要确定科学的劳动定额和选择合适的生产项目，突出劳动康复主题。

六、自我矫治犯罪心理的方法

（一）自我诊断法

自我诊断法就是进行自我心理分析评价，找出心理缺陷，制订出切实可行的改造目标和计划，有目的、有针对性地进行改造。

（二）克制法

克制法就是克制自己非分的欲望和冲动。要消除犯罪心理，要做到自我克制：一是要有理智，明辨是非；二是要有坚强的意志，用高尚的道德情操战胜心灵深处的黑暗，用法治观念去战胜犯罪心理的萌动。克制自我对每个人来说都是一种意志锻炼和自我控制能力的培养过程，要学会有效地克制自己，就要增强法治观念、道德观念，掌握科学知识，加强意志磨炼，树立奋斗目标，勤奋学习，刻苦改造。

（三）转移法

转移法就是转移人的注意力达到矫治犯罪心理的目的。注意是指人的心理活动对一定对象的指向和集中。注意的指向指在每一个瞬间，自己的心理活动有选择地指向一定对象，比如干警走进点名大厅时，大家起立，把心理活动指向干警的点名。注意的集中，就是把自己的心理活动关注于某一事物，比如干警点名讲评时，大家的注意力都集中到干警对当日改造情况的讲评事例上，做到“全神贯注”。转移，就是注意的转移，在改造工作中，要求服刑人员不要把注意力放在对昔日醉生梦死生涯的回味上，而要转移到生产、劳动和文体活动中来，从而形成新的爱好、好的习惯。

（四）内省法

内省就是反省自己的不良心理：一是要反省自己不良心理的主要表现，特别是容易产生犯罪心理的时段。每一个服刑人员都要准确地找出自己犯罪心理的主要形式，有针对性地反省。二是要反省自己形成犯罪心理的原因及形成过程，吸取教训，做到警钟长鸣，明确改造的目标和方向，下定决心悔改。

第四章
重构守法心理[①]

第一节　概述

一、守法心理概念

守法心理是指人们形成的对守法行为起决定作用的各种心理因素有机组成的体系，基本内容包括三大部分。

（一）积极的心理过程

主要内容包括：具有合理的思维模式，学法懂法；具有守法光荣、违法可耻的情感；具有遇事不走极端、遵纪守法的行为习惯。

（二）和谐的心理特征和个性倾向

主要内容包括：正确的世界观、人生观和价值观，健康的需要，知足常乐的人生态度和守法信念。

（三）良好的心理状态

与遵纪守法要求相一致的心理状态等[②]（图31）。

① 叶扬主编：《中国罪犯心理矫治教程》，法律出版社2003年版，第102页。
② 叶扬：《犯罪与改造》，群众出版社1999年版，第14页。

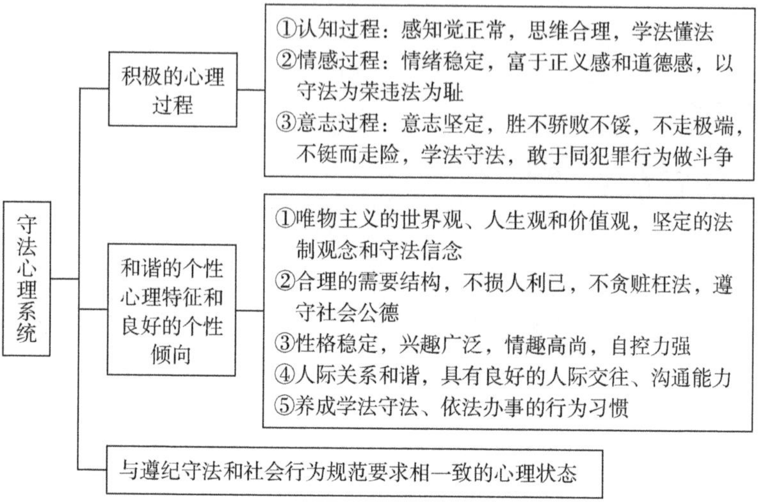

图31 守法心理系统

二、守法心理评估

（一）问卷调查[①]

调查中，将服刑人员守法心理划分为四个等级：

A.守法心理强烈；

B.守法心理中等；

C.守法心理很弱；

D.未形成守法心理。

据笔者对1239名服刑人员进行问卷调查的结果，有82.40%的人认为自己守法心理很强烈，有13.32%的人认为自己守法心理中等，有1.29%的人认为自己守法心理很弱，有2.99%的人认为自己未形成守法心理。经过改造，大部分犯人都受到了深刻的教育，不同程度地形成了守法心理。

---

① 叶扬主编：《中国罪犯心理矫治教程》，法律出版社2003年版，第103页。

（二）简易评估问卷

1.确立守法心理评估项目。[①]

服刑人员确立守法心理简易评估问卷

姓名：______　年龄：______　罪名：______　刑期：______
入监时间：______　籍贯：______　婚否：______
文化：______　服刑前职业：______　评估时间：______

指导语： 以下是评估你在服刑期间原先形成的犯罪心理被消除情况的简易问卷，请结合你的改造实际，从每题给出的4个等级中，选择适合你改造情况的1个等级打"√"，请认真填写。

项目		题目	从每题给出的4个等级中选择适合你心理改造情况的1个等级打"√"				实评分
			优	良	及格	不及格	
心理过程	认知过程	（1）能明辨是非，学法懂法	8	7	5	4	
	情感过程	（2）情绪稳定，情感健康，有守法意识和正义感	8	7	5	4	
	意志过程	（3）能理智控制非分欲望冲动，具有抗犯罪行为诱惑能力	10	8	6	5	
个性倾向	人生观	（4）确立正确的人生观	8	7	5	4	
	道德观	（5）确立社会主义道德观，遵守社会行为规范	10	8	6	5	
	法治观	（6）培养遵纪守法的信念和行为习惯	12	10	8	7	
	信念	（7）有积极的人生态度和理想	8	7	5	4	
	需要	（8）有健康的物质和精神需要	8	7	5	4	

① 叶扬：《犯罪与改造》，群众出版社1999年版，第175页。

续表

项目		题目	从每题给出的4个等级中选择适合你心理改造情况的1个等级打“√”				实评分
			优	良	及格	不及格	
个性特点	能力	（9）学会一技之长，有建立友好关系能力	6	5	4	2	
	爱好	（10）养成劳动习惯，培养对科学知识的兴趣和追求，助人为乐	6	5	4	2	
	气质性格	（11）性格乐观，遇事能理性思考，冷静克制	10	8	6	5	
心理状态		（12）心理健康，个性稳定，精神状态好	6	5	4	2	
合计							
评估标准：优秀，高于90分；良好，76—90分；及格，60—75分；不及格，低于60分。							

2.评估实例。

基本情况：服刑人员刁某，21岁，初中学历，因故意伤害罪被判处有期徒刑4年，于2010年12月20日入监。其基本表现为：2011年获嘉奖8次，表扬1次；2012年获嘉奖12次，表扬2次，获评监狱级改造积极分子1次，记功1次；2013年1月28日获减刑1年，2月20日刑满释放。其出监前于2013年2月19日运用上述问卷进行了评估。

自评结果：1.认知过程，自评优等，计8分；2.情感过程，自评良好，计7分；3.意志过程，自评良好，计8分；4.人生观，自评良好，计7分；5.道德观，自评及格，计6分；6.法治观，自评及格，计8分；7.信念，自评及格，计5分；8.需要，自评及格，计6分；9.能力，自评良好，计5分；10.爱好，自评良好，计5分；11.气质性格，自评及格，计6分。12.心理状态，自评优等，计6分。综合评估：77分，为良好等级。

心理咨询师对具体项目的分析：道德观、法治观、信念、需要和气质性格五项自评仅及格，要加强心理矫治。

三、守法心理形成特点

守法心理是相对于犯罪心理而言的，与犯罪心理变化的特点相反，服刑人员悔改或立功表现多发生在服刑中后期。据对某监狱1998年刑满释放犯人共138次的减刑、假释时间的分析，结果表明，在投监第1年获得减刑假释的仅3人次，占2.17%；第2年的占5.07%，此后比例逐年上升，犯人获得减刑假释次数与服刑时间长短成正比，与狱内犯罪的变化方向和趋势刚好相反，服刑人员守法心理的形成主要是在服刑中后期。（表21）

表21　服刑人员减刑假释与服刑时间关系

服刑时间	第1年	第2年	第3年	第4年	第5年	第6年及以后	合计
人数	3	7	25	30	29	44	138
占总人数比例/%	2.17	5.07	18.12	21.74	21.02	31.88	100.00

第二节　认罪悔罪是重构守法心理的重要基础[①]

认罪悔罪是服刑人员改造的基本要求之一，笔者于2000年9月对某监狱第五监区的268名犯人进行了全面调查。

一、认罪悔罪（服法）基本情况

调查的268名犯人中，认罪服法的238人，占88.81%；对认罪服法有不正确认识的30人，占11.19%，这一比例比较高，表明服刑人

① 叶扬：《当前服刑人员认罪服法情况的调查报告》，载《警校论坛》2001年第1期，第7—11页。

员认罪服法存在的问题比较突出。

二、认罪悔罪（服法）的项目分析

调查设计了10个项目，根据统计，服刑人员对所提出的10个项目的认识水平存在差异，最低分是“对法院量刑的认识”，平均分仅为1.39分，最高分是“对服刑改造的态度”，平均得1.91分，比前者高37.41%（表22）。

表22　服刑人员认罪悔罪（服法）调查项目分析

序号	项目	量化平均分	占平均数/%	排序
1	对犯罪事实的认识	1.68	103.70	4
2	对犯罪性质的认识	1.50	92.59	8
3	对法院量刑的认识	1.39	85.80	10
4	对法院定罪的认识	1.52	93.83	7
5	判决后心理的感受	1.62	100.00	5
6	对犯罪危害的认识	1.55	95.68	6
7	对犯罪原因的认识	1.73	106.79	3
8	对遵守监规的认识	1.82	112.35	2
9	对狱内生活、学习和劳动的认识	1.44	88.89	9
10	对服刑改造的态度	1.91	117.90	1
	合计平均	1.62	100.00	

总体上，服刑人员一是对法院量刑的认识较差，一般认为自己是轻罪重判；二是对服刑生活、学习和劳动认识不足，不适应；三是对犯罪性质的认识不到位。

三、不同犯罪性质服刑人员认罪悔罪（服法）情况比较

对认罪悔罪（服法）有不正确认识的比例最大的是诈骗犯，占该

类服刑人员总数的18.75%；第二是毒品犯，占14.29%；第三是抢劫犯，占13.83%；第四是性犯罪服刑人员，占13.33%。（表23）

表23　不同犯罪性质服刑人员认罪悔罪（服法）情况比较

项目	诈骗	毒品	抢劫	性犯罪	故意伤害	盗窃	其他	合计
人数	16	14	94	15	28	60	38	268
对认罪服判有不正确认识的人数	3	2	13	2	3	4	3	30
占同类人数的百分比/%	18.75	14.29	13.83	13.33	10.71	6.67	7.89	11.19

四、原判刑期对认罪悔罪（服法）的影响

调查分三组进行比较，结果表明，原判刑期越短的服刑人员，其认罪悔罪（服法）的水平就越差，原判刑期4年以下的服刑人员，在30名对认罪悔罪（服法）有不正确认识的人中有15名，占50%；原判刑期大于8年的服刑人员仅占20%。（表24）

表24　原判刑期对认罪悔罪（服法）的影响

项　目	原判刑期4年以下	原判刑期4年至8年	原判刑期8年以上	合计
对认罪服判有不正确认识的人数	15	9	6	30
占同类人数的百分比/%	50.00	30.00	20.00	100.00

五、入监时间对认罪悔罪（服法）的影响

服刑人员的认罪服法是一个动态过程，不同的改造时期，服刑人

员的认罪服法各有不同的特点，据分析，30名对认罪服法有不正确认识的服刑人员，主要是投监第一年，即2000年投监的多，为14人，占比为46.67%。（表25）

表25　入监时间对认罪服法的影响

入监年份	2000	1999	1998	1997	1996	1995	合计
对认罪服法有不正确认识的人数	14	4	6	5	0	1	30
占同类人数的百分比/%	46.67	13.33	20.00	16.67	0	3.33	100.00

注：调查时间为2000年。

六、不同团体心理辅导方式的效果比较

在上述调查基础上，结合服刑人员认罪服法教育工作的实际，采用反面事例、正面事例和一般说理教育3种办法，于2002年1月对某监狱服刑人员进行了认罪服法教育，做效果比较研究。方法是将被调查的服刑人员分为4组。

（一）说理辅导组

对这一组服刑人员进行认罪服法辅导时，讲了3个方面的内容：1.服刑人员认罪服法概念。2.服刑人员认罪服法标准。3.服刑人员认罪服法要求，不列举具体事例。

（二）正面事例辅导组

对这组服刑人员进行认罪服法辅导时，列举了3个正面的典型事例：1.由反改造分子到改造积极分子的正面典型。2.认罪服法态度好，服刑期间获得减刑提前释放的正面典型。3.改造表现好，释放后回归社会当上保安大队长的正面典型。

（三）反面事例辅导组

列举了3个反面典型：1.隐瞒余罪、受到处罚的反面典型。2.狱内犯罪被加刑的反面典型。3.脱逃被加刑的反面典型。

（四）对照组

不进行辅导。

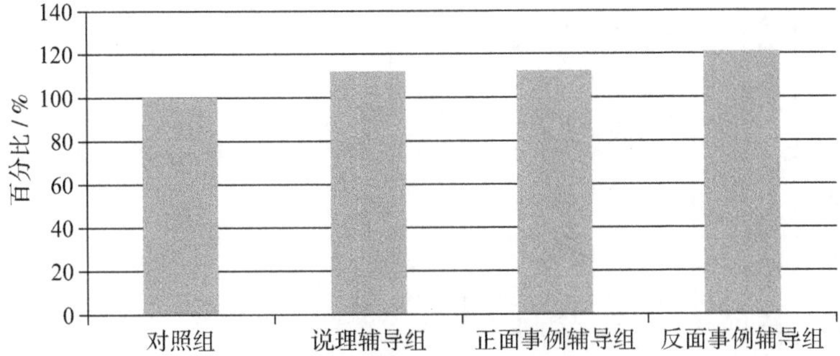

图32　认罪服法辅导效果比较

根据图32、表26统计分析结果：一是进行教育的3个组平均分均显著高于对照组，这说明进行教育与不进行教育，其效果是不一样的，必须加强对服刑人员的认罪服法教育。二是基于使用反面事例进行教育的所在组，其平均分显著地高于正面事例辅导组和说理辅导组。这表明对罪犯进行认罪服法教育时，用一些生动的事例进行教育比进行一般的讲概念、摆道理的效果要好，用反面事例进行教育的效果最好。

表26 认罪服法辅导效果比较

单位	说理辅导组			正面事例辅导组			反面事例辅导组			对照组			合计		
	n	$\bar{x}$	s	n	$\bar{x}$	s	n	$\bar{x}$	s	n	$\bar{x}$	s	n	$\bar{x}$	s
新犯区	25	59.60	30.45	25	60.40	29.93	25	77.00	12.50	25	60.60	23.60	100	64.40	25.85
一监区	30	73.83	22.97	30	76.23	15.70	30	70.33	20.75	30	54.67	40.15	120	68.79	27.61
二监区	30	77.83	22.81	30	73.50	15.71	30	78.33	18.40	30	67.50	13.94	120	74.29	18.33
三监区	30	74.00	13.60	30	75.83	16.25	30	81.67	15.99	30	74.67	23.38	120	76.54	17.33
四监区	60	71.08	25.17	60	71.17	19.44	60	77.42	16.09	60	62.50	25.97	240	70.55	22.68
合 计	175	71.57	24.10	175	71.71	20.08	175	77.03	17.08	175	63.83	27.14	700	71.04	22.92

注：n表示样本数，$\bar{x}$表示平均数，s表示标准差。

第三节　人生价值观重构

对服刑人员进行人生观、道德观和法治观教育是教育改造罪犯的重要内容，为了分析服刑人员人生观、道德观和法治观的特点，笔者进行了问卷调查，对服刑人员人生观、道德观、法治观方面分别提出了10个问题，每个问题设有3个可供选择的答案，分别记1、0、-1分。调查点是某监狱第一监区一至三分监区，发出问卷353份，收回325份有效问卷。专项调查研究时间是2000年10月。[①]

一、价值观念重构基本情况

从总体平均数看，道德观得6.76分，占最高分的67.60%，相对比较低；人生观问题问卷平均得7.28分，占最高分的72.80%，排名第二；法治观得分最高，为8.50分，占最高分的85.00%，得分最高。在三项目中以法治观与犯罪的关系相对密切，这表明大部分服刑人员都能痛定思痛，吸取了违法犯罪的深刻教训。

二、不同犯罪性质服刑人员价值观重构情况比较

对不同犯罪性质服刑人员人生观、道德观和法治观问卷的得分分析结果表明，价值观念重构中，以毒品服刑人员得分最高，效果最好；盗窃犯次之；再次是抢劫犯。诈骗犯，性犯罪者和故意伤害、故意杀人罪犯的价值重构效果则相对较差，要加强矫治（表27）。

表27　不同犯罪性质服刑人员价值观念重构情况比较

类别	人数	道德观问卷得分	人生观问卷得分	法治观问卷得分	平均分	百分制得分/%	排序
毒品犯	28	6.78	7.61	8.96	7.78	77.80	1
盗窃犯	107	6.78	7.51	8.48	7.58	75.80	2

① 叶扬：《服刑人员人生观、道德观和法制观问题的调查报告》，载《警校论坛》2000年第1期，第54—58页。

续表

类别	人数	道德观问卷得分	人生观问卷得分	法治观问卷得分	平均分	百分制得分/%	排序
抢劫犯	129	6.78	7.00	8.58	7.45	74.50	3
故意伤害、故意杀人犯	23	6.26	7.74	8.17	7.39	73.90	4
性犯罪者	10	6.20	7.20	7.90	7.10	71.00	5
诈骗犯	10	6.80	5.36	7.70	6.62	66.20	6
其他犯	18	7.35	8.00	8.41	7.92	79.20	
合计平均	325	6.76	7.28	8.50	7.51	75.10	

三、不同判刑次数服刑人员价值观重构情况比较

不同判刑次数服刑人员价值观念重构中，第一次被判刑服刑人员平均为7.55分，第二次被判刑的平均仅6.67分，低11.66%（表28），这表明二次判刑的服刑人员犯罪恶习深，对人生观、道德观和法治观问题的认识水平差，需要加强针对性矫治，以提高改造质量，这是切合实际的。

表28　不同判刑次数服刑人员价值观念重构情况比较

项目	人数	道德观问卷得分	人生观问卷得分	法治观问卷得分	平均分	百分制得分/%
第一次判刑	311	6.77	7.33	8.55	7.55	75.50
第二次判刑	14	6.50	6.14	7.43	6.67	66.70

从总体上看，服刑人员人生观、道德观和法治观的重构情况存在差异，以法治观方面的问卷内容得分最高；从犯罪性质分析，毒品犯、盗窃犯、抢劫犯的认识比较好，性犯罪者和诈骗犯的认识水平比较差；从判刑次数看，二次判刑的服刑人员的认识水平比一次判刑的差。

第四节　重构守法心理的基本要求

一、增进心理健康是重构守法心理的重要基础

目前新收服刑人员的心理问题越来越突出，根据调查，某监狱2003—2008年这6年当中的新收服刑人员，心理不健康的人数比例平均为36.59%；[①]根据某省监狱管理局对全省监狱在押服刑人员心理健康状况普查的结果，心理健康的比例为58.64%，心理不健康的比例为41.36%[②]，有将近一半服刑人员心理不健康，服刑人员最明显的心理症状是强迫症状，部分服刑人员存在强迫思维和强迫行为，影响改造。究其原因，首先是服刑人员不能及时从犯罪被判的挫折中醒悟过来，挫折感强烈，对艰苦的服刑改造不适应；其次是抑郁、躯体化和焦虑等症状。从当前国内监狱发生的服刑人员自杀、行凶和脱逃等突发事件分析，心理问题日益成为诱发狱内严重危害监管安全突发事件的重要因素，成为限制改造质量提高的瓶颈。积极参加心理健康教育，不断增强心理保健意识，保持健康的心态，是从针对性上重构守法心理的重要基础。

调查结果表明，服刑人员确立自信心的内容、方法和途径如下：

第一是服刑期间学会"正确处理人与人的关系的方法"，人际关系问题显得特别重要。

第二是接受"民警辅导"，他们认为民警的辅导帮助对确立自信心比较重要。这一调查结果是对监狱民警辛勤工作的充分肯定，大部分服刑人员从内心深处感激民警的辅导，将民警的正确指引转化为改造的实际行动，在这种积极的改造过程中也不断增强了自信。此外，从服刑人员向心理咨询师的倾诉情况得知，他们对惯用简单粗暴手段

---

① 叶扬：《罪犯心理疾病防控研究（上）》，载《犯罪与改造研究》2010年第7期，第23—37页。

② 广东省监狱管理局：《广东省监狱罪犯心理状况调研报告（上）》，载《犯罪与改造研究》2009年第3期，第13—22页。

的民警感到害怕，易产生对立情绪，在这种民警的管理下难以确立自信心。

第三是“服刑期间学会了劳动技能”，有一技之长，出去后能自食其力，对服刑人员确立自信有举足轻重的作用。

二、积极参加法治宣传教育活动

在服刑人员中进行法治宣传教育，对其确立守法心理结构具有很强的针对性。服刑人员有两种主要类型：

一是知法犯法者，比如渎职犯罪的人大部分知道自己的行为是法律所不允许的，然而由于其意志薄弱，法治观念淡薄，对犯罪存侥幸心理，认为犯罪行为不可能发生，或发生了没人知晓，或顶多批评了事，用不着判刑坐牢、吃官司等。

二是不懂法者，比如有的人认为打自己老婆或孩子是家事，用不着法律干预等。

对前者要增强法治观念，养成依法办事的良好习惯，后者则要引导他们学法、守法。

三、重构守法心理的基本途径和方法

（一）重构守法心理系统的基本途径

破除犯罪心理系统，要在政治教育统领下以劳动改造为主，教育改造为辅；建立守法心理系统则在政治教育统领下以教育改造为主，劳动改造为辅，发挥教育改造在这时期的主导作用，努力学政治、法律、道德和科学文化技术，用科学知识武装头脑，战胜愚昧无知。不仅课堂学，工余时间也要学。一些科学家之所以取得成功，重要的原因就是充分利用8小时以外的时间。服刑人员只要下定决心和有恒心，一定能克服年龄以及条件艰苦等困难，学好文化和法律知识。同时要积极参加监狱组织的各种文体活动，丰富精神生活，培养高尚品格。人不仅要物质财富富有，更要精神财富富有。

（二）重构守法心理系统的方法

建立守法心理的方法很多，除上面的方法外，这里再介绍一种立标明路法。立标就是将自己的各项改造表现每天一记录，每月一小结，并结合分监区的月小结、季评比，长期积累资料，则可以看到自己付出多少努力就可以得到多少改造成绩。付出得多，收获也多，所谓种瓜得瓜，种豆得豆，一分汗水一分收获，不种不收；明路就是在立标的基础上，明确改造方向，不走弯路，不走下坡路，不时冷时热，在监狱民警的正确指引下改造好。

第五章
重新规范行为

第一节　概述

一、重新规范服刑人员行为的必要性

由于犯罪恶习的形成，服刑人员原先合格的社会行为规范被破坏，甚至可能荡然无存。要再社会化，回归社会，就必须重新规范行为。

这一步骤所指的服刑人员行为规范，不仅仅是服刑人员改造行为规范，也包括一般社会行为规范的要求，特别是在服刑后期，为刑满释放做准备。

研究结果表明，由于服刑人员在狱内习得的服刑改造行为规范与社会行为规范存在差异，服刑人员刑满释放之初，主要心理矛盾是在狱内习得的改造行为规范与回归社会后对社会行为规范，即社会化要求不相适应的矛盾。如果他们能主动接受帮教，顺利实现规范过渡和适应，就能更有效地预防重新犯罪。

二、服刑人员改造行为规范情况调查

调查将服刑人员改造行为规范形成情况分为4级：

A.改造行为规范优良；

B.改造行为规范中等；

C.改造行为规范很差；

D.未形成改造行为规范。

对某监狱1239名服刑人员进行问卷调查，结果表明，有83.70%

的服刑人员改造行为规范优良，13.80%的服刑人员改造行为规范中等，0.97%的服刑人员改造行为规范很差，1.53%的服刑人员未形成改造行为规范。[①]

三、服刑人员改造行为规范形成特点

在分析服刑人员犯罪恶习的变化特点时，在犯罪恶习矫正部分，以受到行政警告或记过的犯人为样本，相应地，分析服刑人员改造行为规范养成的特点时，则以受到行政表扬或立（记）功的服刑人员为样本。以某监狱为例，根据对该监狱30起服刑人员立（记）功材料的分析，服刑人员发生立（记）功行为的时间与服刑时间有一定的相关性，服刑第1年的仅占立（记）功犯人总数的3.33%，第2年的占13.33%，第3年的占26.67%，第4年的高达46.67%（表29）。立（记）功行为发生的时间与服刑时间长短成正相关。但第5年及以后则有所下降，原因是这些服刑人员的平均刑期为6.68年，除去在看守所羁押时间和获减刑的时间，大部分在服刑3—4年后提前释放，服刑到第5年的只是少数。这一变化方向和趋势与服刑人员犯罪恶习的变化方向刚好是相反的。

表29　服刑人员立（记）功行为与服刑时间的关系

项目	第1年	第2年	第3年	第4年	第5年及以后	合计
立（记）功人数	1	4	8	14	3	30
占比/%	3.33	13.33	26.67	46.67	10.00	100.00

第二节　服刑人员守法行为运行规律

一、奖励层次越高，服刑人员争取奖励行为的持续性越强

据对某监狱1919宗大样本服刑人员各类奖励分析的结果，服刑人

① 叶扬主编：《中国罪犯心理矫治教程》，法律出版社2003年版，第122—131页。

员争取减刑这一行为的持续性最强。减刑是对服刑人员最高层次的奖励，重奖作用最大，持续性最强；服刑人员争取表扬和立（记）功这一行为的持续性次之；服刑人员争取月嘉奖这一行为的持续性相对较弱。

本调查中，从509宗月嘉奖的分布来看，在服刑人员服刑的第2年就达到最高峰，比例为37.13%，此后下降；从1024宗服刑人员受表扬、立（记）功和评为改造积极分子的分布来看，在服刑人员服刑的第2年出现第一个分布高峰，比例为26.76%，在服刑的第4年出现次高峰，比例为24.41%，而在同期，服刑人员月嘉奖的人数分布比例仅为14.53%（表30），可见，服刑人员争取立功、表扬这一行为的持续性比嘉奖要强；服刑人员争取减刑这一行为的持续性最强，获得减刑的人数比例从服刑第1年的1.04%直线上升到第4年的26.17%。

这一研究结果显示了重奖的效应，这为对确有悔改和立功表现的罪犯实行重奖，扩大奖励面，加大对服刑人员的奖励力度提供了科学的依据。

表30 服刑人员守法行为动态分析

项目		在各服刑年份的分布							合计
		第1年	第2年	第3年	第4年	第5年	第6年	第7年	
受嘉奖行为	宗数	116	189	77	74	37	14	2	509
	占比/%	22.79	37.13	15.13	14.54	7.27	2.75	0.39	100.00
	累计占比/%	22.79	59.92	75.05	89.59	96.86	99.61	100.00	100.00
受表扬、立（记）功、评积极分子行为	宗数	127	274	243	250	91	32	7	1024
	占比/%	12.40	26.76	23.73	24.41	8.89	3.13	0.68	100.00
	累计占比/%	12.40	39.16	62.89	87.30	96.19	99.32	100.00	100.00
受减刑奖励行为	宗数	4	83	95	101	46	41	16	386
	占比/%	1.04	21.50	24.60	26.17	11.92	10.62	4.15	100.00
	累计占比/%	1.04	22.54	47.14	73.31	85.23	95.85	100.00	100.00

续表

项目		在各服刑年份的分布							合计
		第1年	第2年	第3年	第4年	第5年	第6年	第7年	
合计	宗数	247	546	415	225	174	87	25	1919
	占比/%	12.87	28.45	21.63	22.15	9.07	4.53	1.30	100.00
	累计占比/%	12.87	41.32	62.95	85.10	94.17	98.70	100.00	100.00

二、奖励层次越低，服刑人员争取奖励行为的波动性就越大

在调查中，嘉奖的奖励层次最低，但其波动幅度最大，其最大波动幅度为37.13%；表扬和立（记）功次之，最大波动幅度为26.76%；减刑的波动幅度最小，仅26.17%（表32），从图33上则能更加直观地观察不同奖励行为的波动情况。

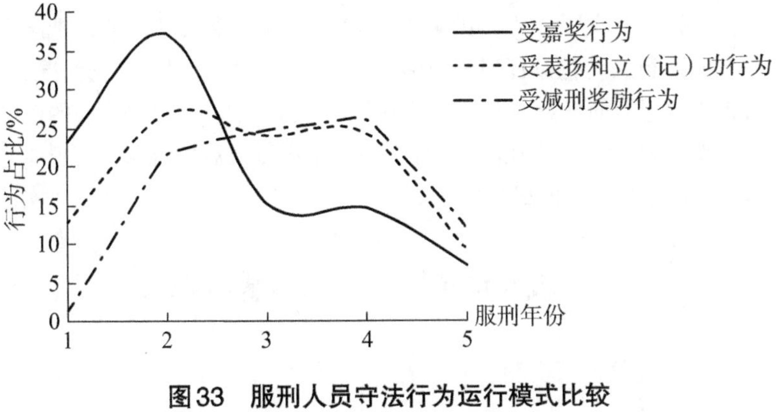

图33 服刑人员守法行为运行模式比较

三、服刑人员改造行为运行模式比较

（一）行为变化的统计分析

服刑人员恶习行为从总体上随服刑时间的增加而呈下降趋势，而

受奖励的守法行为则相反，两者在形态上尽管具有曲线运行的特征，但从总体上看，仍可以建立直线方程，两者在运行过程中形成一个交叉点，在这个点上服刑人员两类行为达到平衡（图34）：

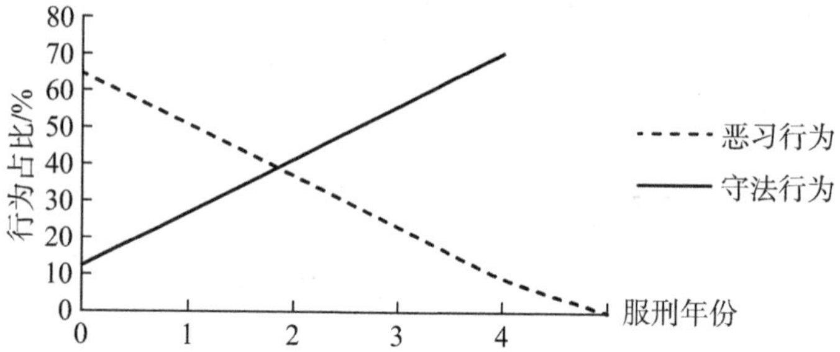

图34　罪犯心理双重性模式

（二）心理平衡点的重要意义

服刑人员改造行为平衡点的科学划分和确定，对改造服刑人员的工作实践具有重要意义。以服刑人员改造行为平衡点为中心，把服刑人员改造行为转化过程划分为两个阶段，从犯罪恶习的转化情况看，矫正犯罪恶习的任务主要是在平衡点以前的时期。从守法行为的形成情况看，确立守法行为的主要任务是在平衡点以后的时期，与犯罪恶习矫正的比例变化刚好相反。

第三节　重新规范行为的基本要求

一、监管约束机制

监管约束机制主要表现在：第一是监狱组织服刑人员学习行为规范，服刑人员应了解规范，掌握规范，提高认识；第二是开展行为规范训练，特别是社会适应性训练，使服刑人员知悉社会道德规范要求；第三是行为养成，加强服刑人员日考核管理，对积极行为进行奖励强化，严肃处理恶习行为，养成良好的行为。

（一）行为规范的强化机制

行为需要激励，服刑人员良好行为一旦形成，即具有一定的稳定性，经过不断强化，得以进一步巩固，可产生影响效应，带动其他个性的良化。个性的小改变可以引起大改变，以小化大。

（二）改造行为规范的学习

司法部公布施行的《监狱服刑人员行为规范》，是继《犯人守则》和《服刑人员改造行为规范》之后又一部较全面的服刑人员改造准则，内容包括基本规范、生活、生产劳动、学习、文明礼貌规范等，对服刑人员的改造行为提出了严格具体的要求，规定服刑人员从入监到出监的全过程都要无条件地执行和遵守这个行为规范。监狱机关每天对服刑人员执行这个规范的情况进行观察、记载和考核，作为对服刑人员实施奖惩，比如评选改造积极分子、提请减刑或假释等的重要依据。服刑人员不仅要学好、背诵好《监狱服刑人员行为规范》，而且要时时刻刻落实到行动中去，在改造期间自始至终地遵守这个规范，以养成良好的行为习惯。

（三）社会行为规范的学习

服刑人员改造过程是人格再社会化过程，要适应社会化要求才能正常地与他人相处，找到工作，谋求生存与发展，更好地融入社会。但可以肯定的是，服刑人员改造行为规范与社会行为规范之间存在着程度上的差异，这就必须明确最终要回归社会的服刑人员如何习得良好的社会行为规范，特别是在服刑人员改造的后期，专门学习社会行为规范的任务更加迫切，要有具体的、有针对性的教育内容和要求，要组织他们进行专门的社会行为规范的教育、训练，以提高他们的道德水平和遵守社会行为规范的自觉性。如果服刑人员回归社会后不能适应社会化的要求，有的人就难免会重蹈覆辙。笔者曾先后对某监狱1982年—1991年这10年间刑满释放的人员进行跟踪调查[①]，结果表

① 叶扬：《对茂名监狱刑释人员回归社会表现情况的调查报告》，载《犯罪与改造研究》1998年第8期，第22—24页。

明，有96.07%的刑释人员在释放后的3年内没有重新犯罪。对重新犯罪的20人进行分析的结果表明，他们是否重新犯罪除了与原改造表现有关，还与释放后是否再接受帮教、形成社会化人格有很大关系。重新犯罪的20人在释放后前3年考察期内的第1、2、3年的分布，分别是17人、2人、1人，如果重新犯罪主要受原来改造表现的影响，则3年考察期内应以第1年的影响为最大，效果最显著，重新犯罪人数最少；第2年次之；第3年改造效果的影响力减弱，重新犯罪比例增大。而事实刚好相反，3年考察期内重新犯罪率与释放的时间成反比，重新犯罪率以第一年为最大，第2年次之，第3年最小。这一结果同某省原劳改局对全省1986年刑满释放人员进行抽样调查结果相一致，在重新犯罪的26人中，释放后第一年重新犯罪的有16人，第二年有7人，第三年有3人（见《广东司法行政论文》第三辑，第198页）。

缘何如此？由于服刑人员在狱内习得的行为规范与社会行为规范不完全一致，由此而产生对社会化的不适应问题。要形成这种适应性，服刑人员不仅在释放之前，而且在回归之初就应有一个学习和适应的过程。在回归之初，主要矛盾是狱内形成的改造行为规范与回归社会后对社会行为规范，即社会化要求不适应的矛盾。当他们能主动地接受帮教，顺利地实现由改造行为规范向社会行为规范的过渡，形成对社会化的适应性，就能有效预防重新犯罪，这就是预防重新犯罪的重要机制和关键环节所在。否则，忽视过渡时期的帮教，即使是原改造表现再好的人也有可能重新犯罪。

因此，在入监前、中期，在改造的后期，都一定要要求服刑人员认真参加专题的社会行为规范学习和训练，学好出监教育的全部课程，多与家人、亲友联系，及时了解和掌握社会发展的新动向、新形势，跟上时代发展的脉搏，认清时代发展的趋势，适应改革的要求，做一个适应社会发展潮流的、文明的、守法的公民，同时强化社会帮教工作。

二、自我约束机制

（一）培养良好行为规范的方法

良好的行为是习得的，学习、培养良好行为规范的方法很多，除了在上面已经介绍的方法，在这里介绍对比法，也就是在熟读服刑人员改造行为规范条文和掌握社会行为规范基本内容的基础上，经常地进行对比，每月一次，甚至可以每天一次，或者每事一次，衡量自己的行为是否符合行为规范的要求。可以将自己的言行同模范人物比，也可以同改造积极分子比，亦可以自己同自己比；可以将现在同过去比，也可以将今天同未来的要求比，从而明确行为规范的目标要求，不断提高行为规范的水平。

（二）服刑人员守法行为（改造史）评估办法

根据服刑人员各类受到奖励行为的变化，可以判断服刑人员守法心理形成情况。正常情况下，随着服刑人员服刑时间增加，受到奖励的各类行为也会增加（表31）。

表31　服刑人员服刑过程行为规范情况观察评估（改造史评估）

项目	入监教育期间	服刑第一年	……	出监教育期间
受奖分行为（宗数） 受嘉奖行为（宗数） 受表扬行为（宗数） 记功行为（宗数） 立功行为（宗数） 受减刑假释奖励（宗数）				
受扣分行为（宗数） 受警告行为（宗数） 受记过行为（宗数） 受禁闭行为（宗数） 受加刑行为（宗数）				
综合评估				

比如服刑人员陈某，24岁，初中文化，因故意伤害罪，被判处有期徒刑8年，于2007年8月22日入监，于2010年12月9日刑满释放，其服刑行为表现为：2007年获得嘉奖3个；2008年获得嘉奖12个、表扬2个、记功1个，评为改造积极分子，扣1分；2009年获得嘉奖12个、表扬2个、记功1个、减刑1年1个月；2010年获得嘉奖10个、

表扬2个，获评为改造积极分子，推荐减刑1年。改造表现比较好。

第四节　重新犯罪预防

一、重新犯罪原因

关于重新犯罪，按原因分为三种类型：（一）出监时改造质量不达标、不合格导致重新犯罪；（二）出监时改造质量达标，但新形成的守法心理不够巩固，定型不强，导致重新犯罪；（三）出监后因情况发生了变化，主要由其他社会因素引起的重新犯罪。从行为表现分析如下几种类型服刑人员时要特别注意：1.释放前1年内受过警告或记过或禁闭处罚的；2.心理评估为不健康的；3.入监前有过吸毒史或前科的，在释放前1年内受过扣分处罚的。

二、重新犯罪预防

（一）出监前补课

根据出监评估结果，结合出监教育，开展有针对性的团体心理辅导或个别咨询，调动积极的心理资源，消除服刑人员的心理障碍。处理好几个主要问题：1.对没有改造好的人，他们在出监后若重新犯罪，将会受到刑罚制裁，要自警自省，认真守法；2.对出监后就业无门和生活无着落的忧虑；3.对出监后社会适应性的问题，特别是如何对待受歧视的情况等。

（二）增强法制观念是关键

在依法治国的今天，在现代法治社会，守法最安全，作为一名公民，守法最光荣，要有时刻敬畏法律的意识，并保持积极进取和知足常乐的心态。

（三）培养守法的行为习惯

无欲则刚，为人不做亏心事，半夜敲门也不惊，这说明守法的价值。服刑人员要适应社会潮流，发展自己的基础是培养遵纪守法的行为习惯。

第五编

案例编

案例一

“幸亏我没死……”

一、一般资料

服刑人员刘某，男，22岁，汉族，高中文化，未婚，因抢劫罪被判处有期徒刑14年。

二、主诉与个人陈述

（一）主诉

自杀未遂后出现失声倾向，已有近三个月时间。

（二）个人陈述

“因为被判刑14年，感觉刑期漫长，遥遥无期，前途渺茫。判刑后与女友分手了，更觉活着没什么意义，总想自杀。但因为自小得到母亲的疼爱，所以还有一丝牵挂。最近越来越感到母亲也不是我自杀的障碍了，这个世界上再没人值得我牵挂了，也没有人会关心我了，求死的心更坚决了，于是我割腕自杀，因发现及时被救了，之后我的嗓子不能发声，说不出话来了。”

三、个人成长史

刘某平素身体健康，从小父母关系一向不和，父亲经常打骂母亲，所以他对父亲非常痛恨。其父的管教方式就是“棍棒底下出孝子”，没有宽松自由的成长环境，父子之间缺乏沟通，导致其叛逆性格严重。

四、咨询师观察

该服刑人员感知能力正常，能意识到自己存在的问题，思维清晰，言行一致，情绪低落。

五、心理测试与诊断

经《90项症状清单（SCL-90）》测试，总分315分，总均分3.5分，阳性项目数87个，阳性症状均分3.58分，心理不健康。经《艾森克人格问卷》（EPQ）测试：P=75，E=50，N=80，L=35，典型的情绪不稳。行为类型测试结果：A型。

（一）诊断

1.该服刑人员的知情意统一，对自己的心理问题有自知力，无逻辑思维混乱现象，无感知觉异常，并且没有表现出幻觉、妄想等精神疾病的症状，因此可以排除重性精神病。

2.对照症状学标准，结合心理测验结果，该服刑人员表现出焦虑、抑郁、睡眠障碍等症状；从严重程度标准来看，心理问题是由现实挫败所引起的，反应强烈，不良情绪失去了控制，有泛化现象，对其社会功能造成了严重影响；从病程标准来看，时间较短。可以排除器质性病变所致。

3.综上，初步考虑为：神经症性心理问题（癔症性失声倾向）。

（二）该服刑人员表现出上述症状的原因

1.生物原因：该服刑人员现正处于青年期，性格较叛逆，对情感反应比较敏感。

2.社会原因：（1）受负性生活事件的影响，被判刑入狱，刑期较长，感到前途渺茫；（2）缺乏社会支持系统的帮助，觉得没得到亲朋的理解支持，缺乏正确的指导。

3.心理原因：不能正视现实，没有认识到罪行给家庭和社会造成的不良后果，存在不合理信念，认为没有人关心他。

六、制定咨询目标

近期目标：帮助其改变不合理信念，重新体会到家庭和社会对其的关爱，打消其自杀意念，恢复正常发声。

远期目标：帮助其正视现实，建立改造信心，提高心理承受能力，促进人格成长。

七、制定咨询方案

方法与原理：应用合理情绪疗法，使其获得三种领悟：一是信念引发了情绪和行为后果，而不是诱发事件本身；二是其要对情绪和行为反应负起主要责任；三是只有改变了不合理信念，才能消除目前的不良症状。

八、咨询过程

（一）第一次咨询：了解其内心活动，找出问题诱因，消除抵触心理

刘某被民警带进预约等候室，情绪低落，表情冷漠，目光迟疑，手里拿着信纸和笔。咨询师简短的几句问话，他都用纸笔来回答，意思是不会说话了，不知道是什么原因导致的。基于这种状况，咨询师把他带到了沙盘治疗室。当看到沙盘里的沙子时，他飞快地在纸上写道："看到沙子，我想到了大海。"

咨询师问："你喜欢大海？"

刘某用纸笔回复："喜欢。"

咨询师问："喜欢沙具架上的那些玩具吗？"

咨询师又引导他看沙箱及沙具，使其对沙箱及各类沙具有了初步的了解。然后咨询师说："你可以用这些玩具在沙盘里摆出任何你想摆的模样，只要不把沙子撒到沙箱外就可以了！"他点点头，仔细察看各种沙具，认真挑选着自己喜欢的，旁若无人地摆到沙盘中。

他首先用手小心地开出一大片海，之后选择了一块黑色的石头放在沙箱中间，接着选择了一个老妇人放置于这块石头上，最后选择了几块小石子和几个小贝壳摆到黑石周围。他将几样沙具都集中于沙盘中间，老妇人在石头之上站立。他摆沙盘的速度很快，没有过多的思考，但能看出，他已沉浸在沙盘游戏中了，以至于脸上笑容消失，代之以严肃的表情。

咨询师请刘某讲一讲沙盘故事，刘某看着沙盘呆呆地不说话。后来，咨询师问他：“你觉得沙盘里哪件玩具能代表你？能给我讲讲你为什么放这些东西吗？”

他将沙盘场景画在了日记本上，通过纸笔回复咨询师：“我想在一个没有别人打扰的大海边静静地坐着，可以看看远方，可惜我画的是黑夜，或许什么也看不见……若是我死了，妈妈会非常伤心，也可能因我而病发失去生命。可最近一个多星期，妈妈和我女友都已不是我死的障碍了，好像对我来说，死比她们更重要……妈妈站在这个大石头上可以望着我，可惜我们离得太远了，越来越远……”

咨询师问：“嗯，那你想想看，世上还有些什么是值得留恋的呢？”

刘某用纸笔回复：“14年的刑期，谁敢保证等我出去我妈还活着？我妈有很多病，高血压、心脏病、腰疼……她连生活有时候都不能自理。我两个哥哥都成家了，对我妈照顾得少了，我妈一个人住在山里的老宅子里，周围没有其他人家。至于我爸，我都不想提他，他对我妈妈不好，他说的话很绝情……”

咨询师问：“我能帮你做点什么呢？比如告诉你妈妈有关你的状况、你的心情，或是告诉你妈妈你的悔过、自责？你的改造成绩？”

刘某用纸笔回复：“我妈妈肯定会高兴的。”

咨询师问：“那你想让妈妈高兴吗？”

刘某用纸笔回复：“我想，我很想让妈妈高兴！但我不知道应该怎么做……我也想尽快把自己的心态调整好。可是现在我都不知道怎么发声、吐字，那些简单的还可以说。”

咨询师微笑着说：“不急，慢慢来，我们可以先从放松开始。”

布置作业：送给他一本书，让他反复念，练习发声和吐字。

（二）第二次咨询：监舍，开始发声交流

在咨询的间隔期，咨询师查阅了监狱亲情短信管理平台中的信息，以了解刘某与亲属间的沟通情况，依此线索联系到了刘某的父亲。经过沟通，其父亲放弃了原先想跟儿子绝交的念头，愿意前来监狱探视。

咨询师到刘某所在的监舍会见刘某，见其面部表情平静。刘某继续

用纸笔的交谈方式，称自己的嗓子更不好了，连简单的字都不会发音了。

咨询师："我想给你看一样东西。"

刘某用纸笔回复："什么东西？"

咨询师："这是你和你妈妈在亲情帮教大会上的合影，我想，你看着照片也许能叫出妈妈的。"

刘某：（表情似乎很艰难，费劲儿地吐字，然后用普通话长吼出声音）"妈……妈……"

（刘某看着照片，艰难地叫妈妈，趴在床边号啕大哭起来，很伤心，很委屈，持续了很长时间）

咨询师："我还想告诉你一个消息，我已经跟你的父母联系上了，爸爸要来看你了……"

刘某发声回答："我不见他！我不想见他！他太绝情了！"

咨询师："哦，你现在还不想见他。这是因为什么呢？"

刘某："他很虚伪。他不理解我的心情，从来不和我沟通，我想做厨师，是他把我从饭店拽回家，他对我除了打骂，没有别的……他想让我按照他的想法生活，我的性子执拗，我不愿意被约束管制，我想按照自己的想法去打拼去生活……"

咨询师："爸爸这样做是什么目的呢？那时候，你试过跟爸爸交流沟通吗？"

刘某："他是怕我学坏了。他不给我这样的机会，我也不会与他交流。"

咨询师："或许爸爸在沟通交流方面存在欠缺。但关键是他把你当作孩子来看待，没考虑到你已长大了，你有思想，你到了叛逆年龄，所以他的管教没达到目的，相反你更加逆反，更不听他的话，最终走到了这一步，爸爸也感到很难过，是这样吗？我与你父亲通话时，告诉他关于你目前的状况，你的父亲哭了，一个50岁的父亲为儿子哭了，你心里是怎样的感受？"

刘某："我不知道怎样去面对他，我不敢面对他，我怎么变成这样。"（趴在床边痛哭起来）

咨询师："你犯罪确实给家人带来了痛苦和压力，你的爸爸也是很难适应的。你试着想想你爸爸对你的爱，列举出几条，哪怕是最小的事儿都可以，你能感受到父爱的。”

（三）第三次咨询：团体辅导室，特殊的亲情帮教

高墙内会见，刘某见到了妈妈，也见到了爸爸。父亲拍着儿子的肩头嘴里不停说着：“你是我的儿子，你是我最牵挂的人，没管好你，爸爸也很痛苦，很失败，你可要好好改造，真的要学好啊……”咨询师打开了刘某的心结，并把他的注意力转移到了理解和关爱父母的角度，为其树立了生活的希望。

（四）第四次咨询：沙盘治疗室，语言交流

刘某开始认认真真地做沙盘。首先选择一个漂亮的房子，然后依次选择了栅栏、院门、鸡、猪、兔，还有两棵果树，在院门前铺设了一条路，最后选择了一个人。他说：“父母坐在门前等着我回家，家里养着猪、鸡、兔，房子两侧种着果树，这是我小时候家的样子。我在回家的路上，我想早点儿回家……”

刘某的消极悲观厌世情绪得以进一步宣泄，他说，自己利用废料设计和制作了好多样式漂亮的笔袋，以前总惹父母生气，太对不住他们了。

（五）第五次咨询：沙盘治疗室，语言交流

刘某带着新的绘画作品笑盈盈地来到咨询师的面前，给咨询师看他这几天新画的漫画，很是开心。咨询师和他一起欣赏漫画，听他讲述这些故事，感受到其内心的变化。咨询师让他自己来肯定自身的优点、特长，证实自己的能力及才华，从而激发对生活的兴趣和希望。咨询师还告诉刘某两个好消息，一是他写的歌词正在谱曲，二是他的漫画得到了很多人的认同和赏识。

九、咨询效果

刘某自述：“感觉心情好多了，以前总是在想死，思考怎么去死，现在不想这些了，人们能喜欢我写的东西，很惊讶，感觉自己挺有才气，想走好以后的路，觉得以前自己的行为有些可笑。幸亏没死，原来我还能有这样多的乐趣！”

案例二

服刑人员抑郁情绪心理咨询

一、一般资料

唐某，男，汉族，1988年出生，初中文化，未婚，因抢劫罪被判处有期徒刑11年，2008年9月9日起在某监狱服刑，家庭无精神病史。他是家中独子，备受父母宠爱，性格较为内向，不善人际交往。初中毕业后无所事事，有一同居两年的女友，感情甚好。

二、主诉与个人陈述

（一）主诉

情绪低落、食欲减退、睡眠不佳近4个月。

（二）个人陈述

“几个月前与女友会见，对方提出分手，准备与他人结婚，我当时觉得不可思议，认为两人感情深厚，女朋友应该等我出狱才是，不应该在我最需要她的帮助时移情别恋。其后近4个月内出现情绪低落、沉默寡言、人际关系紧张、焦虑，伴随失眠、食欲下降等问题，感到十分痛苦。怕长此以往，对自己的改造成绩影响大，故主动求询。”

三、咨询师观察与他人反映

（一）咨询师观察到的情况

唐某衣着整齐，举止得体，情绪低落，但意识清晰，问答切题，无幻觉、妄想，自知力完整，有求助意愿。所述问题符合实际，叙述时面带痛苦表情，时有叹息、落泪的情况，说话节奏缓慢，交流比较被动。

（二）他人反映

干警反映，唐某较内向，平时话不多，但服从管理，基本能完成劳动任务。最近发现其言行异常，时有唉声叹气或独自发呆的情况，劳动效率大大下降，常出现差错。组员反映，唐某近期夜间有在被窝中偷偷哭泣的行为，有时静坐发呆，别人问了也不理睬。

四、测试与评估

（一）心理测试

SCL–90测试各因子分：躯体化2.7分，强迫1.3分，人际关系敏感2.2分，抑郁3.2分，焦虑2.7分，敌对1.8分，恐惧1.1分，偏执1.9分，精神病性1.1分，其他1.6分。其中躯体化、人际关系敏感、抑郁、焦虑因子分明显高于常模。

抑郁自评量表（SDS）分：粗分51分，标准分64分。提示有中度抑郁。

焦虑自评量表（SAS）分：粗分40分，标准分49分。提示无焦虑症状。

（二）评估及依据

严重心理问题，依据如下：1.唐某知情意协调一致，个性稳定，主客观世界统一，自知力完整，主动就医，没有幻觉、妄想，因此可以排除精神病；2.对照症状学标准，心理问题持续4个月，已泛化，社会功能受到一定的影响。

（三）成因分析

1.生物原因：没有明显的生物原因。

2.社会原因：（1）感情深厚的女朋友另嫁他人，直接影响了唐某对爱情必须从一而终的爱情观，强化了无助感、失望感，削弱了改造动力；（2）唐某因抢劫被捕而入狱，失去人身自由，感到自己的人生毁灭，导致其出现自责自罪、悲观失望等心理体验；（3）唐某平时少与他犯说话，人际关系紧张，缺乏社会支持系统。

3.心理原因：（1）存在不合理信念（“爱情必须从一而终”的绝对化要求）；（2）个性特征偏内向、孤僻，较难适应外部环境，缺少人际沟通，情绪悲观；（3）遇到问题缺乏解决问题的办法。

五、咨询目标

（一）短期目标

1.改善低落情绪，缓解抑郁情绪，能够正常劳作；

2.认清不合理信念与抑郁症状、人际交往不良的现状；

3.确认认知错误，找出自己错误思维方式的表现形式；

4.学会向消极思维和情感挑战，与不合理信念进行辩论，代之以合理信念。

（二）最终目标与长期目标

1.形成有关自我和世界的健康认知模式和信念，从根本上消除抑郁情绪，促进心理健康发展；

2.确立内在自我价值感，相信自己有信心和能力完成改造任务。

六、咨询计划和矫治过程

整个心理咨询过程分为三个阶段：第一阶段是诊断评估与咨询关系建立阶段，第二阶段是心理帮助阶段，第三阶段是结束与巩固阶段。

（一）第一阶段：诊断评估与咨询关系建立阶段（第1—2次咨询）

通过平等、坦诚的交流，消除了唐某心中的阻抗，双方建立了良好的咨询关系，得到唐某的理解和信任。对于他的“不幸”，咨询师深表同情，咨询师的“共鸣”令他感到温暖，使他乐于接受咨询师指导。

（二）第二阶段：心理帮助阶段（第3—5次咨询）

1.领悟阶段（第3次咨询）。

唐某把自己产生抑郁、紧张、焦虑、失眠等的原因通通归结于女朋友提出分手这件事，在认知上发生了偏差。他只进行单一的外归因，即信念出现了问题。引导其全面分析原因，纠正其不合理信念，同时确定了咨询目标。

咨询对话节选：

咨询师：“假如你在阅览室静静看书时，突然有一同改冲进来大吵大闹，你会怎么想？”

唐某：“我会很生气，骂他。”

咨询师：“假如后来你知道他是一名精神病正在发作的患者，你还会对他生气吗？”

唐某：“不会，我会很同情他。”

咨询师：“对同一件事，你前后的情绪反应却相反，那是因为你对这件事的看法不同了。”

唐某：“我好像明白了，但我不知道自己的不合理信念是什么。”

咨询师：“这就是我们下一步要讨论的问题。”

2.改造修通阶段（第4—5次咨询）。

结合合理情绪疗法原理，咨询师与唐某进一步讨论问题，使其确信问题是由不合理信念引起的，宜放弃不合理信念，代之以合理信念。通过角色扮演（咨询师扮演其女朋友，唐某扮演他自己），观察唐某的情绪反应，让其描述具体想法，学会人际交往技巧并提升相关能力。让其意识到今天坐牢不等于人生全完了，引导其正确看待自己的刑期，教其用合理的信念重树改造勇气和信心。通过引导辩论，唐某认同了咨询师归因的观点，相信自己的问题是由不合理信念造成的，从而改变了错误认知，建立了合理信念。

咨询对话节选：

咨询师：“她跟你提出分手，你为什么这么苦恼呢？”

唐某：“因为我很爱她，不想失去她，并希望早日出狱与她结婚，而她却提出分手，准备与他人结婚。”

咨询师：“你在酒店工作时，有一女孩追求你，而你却拒绝了她，为何呢？”

唐某：“因为我不喜欢她。”

咨询师："可是她很喜欢你，你为什么不喜欢她呢？"

唐某："因为感情是两情相悦的，我不能委屈自己。"

咨询师："这是不是说你有选择爱的权利？"

唐某："是的。"

咨询师："每个人都应该有这样的权利是吗？"

唐某："是的。"

咨询师："包括你的女朋友吗？"

唐某："当然。"

咨询师："那为什么她行使这项权利的时候，你又感到苦恼呢？"

唐某沉默不语。

咨询师："她的做法与你拒绝喜欢你的女孩的做法有区别吗？"

唐某："……没有。"

咨询师："我认为你的'爱情必须始终如一'的观念导致了你目前的不良情绪，你认为呢？"

唐某："看来是这样的。"

咨询师："心理学上叫'绝对化的要求'，这是一种不合理信念。"（阐述什么是绝对化的要求）

唐某："嗯，您说得很对。"

咨询师："现在你对女朋友的这一做法怎么看？"

唐某："我虽然还很爱她，但她有选择爱人的权利，我尊重她的选择。我犯罪了，判了11年，却要求她必须等我，这对她不公平，我在狱内祝她幸福。"

咨询师："很好。在今后的生活中你可能还会遇到类似的烦恼，你要善于运用ABC理论进行分析和辩论，摒弃不合理的信念。"

（三）第三阶段：结束与巩固阶段（第6次咨询）

这一阶段主要是通过强化帮助唐某分清什么是理性的信念，什么是非理性的信念，并用理性的信念取代非理性的信念，巩固之前的咨询成果；帮助唐某客观地看待问题和正确地解决问题，使他学会面对现实和挫折，树立信心。唐某的郁闷、焦虑情绪及身体上呈现的不良症状基本消失，起到了预期的效果。

七、咨询效果

（一）自评

郁闷与焦虑基本得到缓解，工作时也能心情平静，改善了人际关系，愿意与同改们交流。睡眠质量改善，身体不适感基本消失。

（二）他评

干警反映，唐某的劳动效率提高很多，基本能完成劳动量，没再出现之前的发呆现象，能主动与他人沟通交往，脸上也有了笑容。

（三）咨询师评

唐某的整体精神面貌明显向好，说话较之前流利自然，性格较之前开朗。咨询目标基本达成。

（四）心理测验结果

SCL-90测试结果显示：躯体化1.5分，抑郁1.9分，焦虑1.5分，人际关系敏感1.4分，其余各因子均正常。SDS测试结果显示：标准分为48分。SAS测试结果显示：标准分为46分。可以看出其主导症状抑郁情绪明显改善，焦虑情绪得以缓解。

八、启示

本案例针对服刑人员失恋这一特殊情境下产生的严重心理问题展开，运用了合理情绪疗法使求助者的抑郁情绪得以改善，唐某的社交能力、社会适应能力、心理承受能力都得到了提高，人格进一步完善。

案例三

因加刑引发焦虑情绪的咨询

一、一般资料

（一）人口学资料

服刑人员刘某，贵州人，男，24岁，初中文化水平，未婚。

（二）个人成长史

刘某出生在农村，足月顺产，兄妹3人，排行最小，有一哥一姐，父母在家务农。刘某自幼体健，无重大疾病史，无精神病家族史。父母务农养家。刘某初中毕业后到东莞打工，打工期间在社会上结交了一群不良人员，因被教唆，失手致人死亡而获刑入狱。服刑期间，刘某与他人发生口角而出手伤人，导致对方耳膜穿孔、右耳听力受损，经鉴定为轻伤二级。2016年1月，刘某因故意伤害罪被加刑6个月。自加刑裁定生效后1个多月以来，刘某睡眠较差，头晕、易疲劳、食欲下降，后悔、自责、焦虑。

（三）精神状态

衣着整洁，意识清晰，面容憔悴，焦虑烦躁，举止拘谨紧张，感知觉正常，语言表达清晰。

（四）社会功能

近来情绪容易波动，较少与人交流，劳动积极性不高，劳动效率下降，次品率较高，当月无法完成劳动任务，其服刑生活及人际交往受到较大的影响。

（五）心理测验结果

SCL-90测试结果见表32：SDS测试标准分为52分，正常；SAS测试标准分为58分，显示轻度焦虑。

表32 刘某咨询前SCL-90测试结果

项目名称	躯体化	强迫	人际关系敏感	抑郁	焦虑	敌对	恐惧	偏执	精神病性	其他
项目均分	2.50	2.10	2.00	1.62	2.10	1.17	1.14	1.83	1.60	2.29

注：项目均分大于或等于2分即达到筛选阳性的临界值。

二、主诉与个人陈述

（一）主诉

焦虑烦躁、心情低落伴失眠、食欲不振有月余。

（二）个人陈述

“坐牢后，我还算是安分守己，能积极改造，争取早日重获自由，毕竟家人在等我。可谁想会碰上这样一摊事，那人做得太过分了，将烟头丢在我身上还不肯道歉，本来我也不想闹事，可当时在气头上受不了，所以才动手的。原本刑期就比较长，现在倒好，又给我加刑半年了，唉……我现在一天到晚都在想这些事情，夜里经常睡不着，白天又没精神，学习和劳动都提不起劲。真不知道该如何过今后的日子！这一个多月来，我心里总是感到后悔和自责，人也挺烦躁的，头晕，白天容易疲劳，吃饭胃口也不好。”

三、咨询师观察与他人反映

（一）咨询师观察了解到的情况

求助者身材瘦小，衣着整齐，意识清晰，神情较紧张。对自己比较失望，自责感比较强。其自知力完整，心理过程协调一致，在提及被加刑一事时伤心难过，无逻辑思维混乱现象，思想略显偏激，不存在人格缺陷。有主动求助的愿望。

（二）监区警察的反映

据监区警察介绍，求助者自收到法院的（加刑）刑事判决书后情绪波动较大。日常监管中发现他变得不怎么跟同改来往，生产效率也越来越低，完成不了任务。监区警察几次找求助者谈话教育，都感觉加刑一事对其影响较大，思想包袱较重，谈话教育的效果不佳，所以推荐其到心理矫治中心寻求帮助。

（三）服刑人员的反映

最近不太愿意与他人说话沟通，比较敏感，情绪容易激动。

四、评估与诊断

（一）初步印象

一般心理问题——因加刑而引发的焦虑情绪。

（二）诊断依据

由明显的事件诱因产生内心冲突，体验到愧疚、焦虑、压抑等不良情绪。从刺激的性质看，是由被加刑这一事件激发。从持续时间看，持续一个多月，时间较短。从反应的强度看，求助者尚能理智控制情绪反应。从反应是否泛化来看，未泛化，情绪困扰局限于心理冲突范围内，未严重影响社会功能。

五、咨询目标的制定

（一）具体及近期目标

1.缓解求助者焦虑不良情绪及体验，改善睡眠。
2.改变求助者的不合理信念。

3.提高劳动效率，改善人际关系。

（二）最终及长远目标

在达到具体及近期目标的基础上，使求助者改变非理性认识，学会现实、合理的思维方式并在实际生活中加以运用，促进其心理健康和发展。

六、咨询过程

（一）第一阶段：诊断评估与咨询关系建立阶段

第1次咨询（2016年2月23日）：在咨询前，因了解到求助者思想压力较大，通过监区干警事先与他父母取得了联系；在咨询中，通过其父母的一封鼓励信来打开他的心扉，让其在无戒备的基础上说出自己的感受，情绪得到了宣泄，建立起良好的咨询关系；然后诊断、评估、确立咨询目标。

（二）第二阶段：心理帮助阶段

第2次咨询（2016年3月1日）：首先，继续采用支持疗法，加深与巩固咨询关系。其次，根据家庭作业中刘某记录的想法，指出他更深层次的情绪困扰是由不合理信念造成的。最后，针对其明显的焦虑情绪，教刘某做放松训练，减轻焦虑，改善睡眠。

咨询摘录一：

咨询师："这些是你生活中的一些事情，可以称之为诱发事件，但并不是导致你现在状况的直接原因。"

刘某："哦，那原因是什么呢？"

咨询师："回答这个问题之前，我先假设一个情景：早晨列队开工，走在你后面的服刑人员踩到了你的鞋子，有两种情况：一种是你认为他故意踩的，另一种是你认为他无意踩的。这两种情况你是如何认识的？"

刘某："面对第一种情况，我会很生气，心里会想，这么不礼貌，找茬吗？踩了鞋子也不道歉，如果我忍不住了，可能就会跟他发生口角；第二种情况，我会不在意，他踩鞋子不是有意的。”

咨询师：“同样是踩了你的鞋子，你的情绪反应却不一样，这就说明了同样的事情由于我们的看法不同，产生的情绪就不一样，采取的行为也会大相径庭。”

刘某：“哦，我以前没发现会是这样。”

咨询师：“在踩鞋子这件小事上是这样，你这次违纪也是如此，对方丢烟头可能不是恶意的，或许只是不小心，可你认为别人是在挑衅你，你很生气，才导致了矛盾的激化。你想一想，道理是不是一样的？”

刘某：（思考中）“嗯，难道问题真的出在自己的想法上？”

第3次咨询（2016年3月8日）：用合理情绪疗法的ABC理论，找出其非理性的观念，更深入地分析求助者的心理困扰不是源于被加刑事件，而是对这些事情的不合理的解释和评价。

咨询摘录二：

咨询师：“和你有同样遭遇的服刑人员，为何并没有像你一样？”

刘某沉思。

咨询师：“如果你能意识到你现在的情绪是你头脑中的一些不合理的想法造成的，那么你也许就能控制你的情绪。”

刘某：“嗯，你这么说有些道理。也有同改会遇到困难，但他们没有像我一样影响到工效和减刑。看来是我看问题有偏差，我要好好想想！”

……

第4次咨询（2016年3月15日）：让求助者进一步认识到“无法完成劳动任务，减刑无望”是一种“糟糕至极”的不合理信念，进行修正。

咨询摘录三：

咨询师：“你的意思是现在的情况已经糟透了吗？”

刘某：“是的。”

咨询师：“如果我能举出比你糟糕十倍的情况呢？”

刘某："还有比我更糟糕的吗？"

咨询师："每当遭遇大灾难，如海啸、地震和洪灾等，多少人失去亲人，失去家园，与他们相比，你至少还拥有疼爱你的父母期盼着你回家。"

刘某："有道理，与他们相比我算是幸运的。"

咨询师："所以你的情况并没有你想象的糟糕至极。听警官反映，你昨天和家里人通了亲情电话，劳动效率慢慢有所提高了，真令人高兴。"

刘某：（思考）"是的。过去的就过去了，我想最起码我还年轻力壮，父母健在，我今后好好改造，争取减刑，早日出狱照顾父母。"

（三）第三阶段咨询：结束与巩固阶段

第5次咨询（2016年3月22日）：检查并讨论家庭作业，发现求助者领悟能力较强，能够积极地自省，对求助者的思考、领悟和进步，咨询中及时给予了肯定和鼓励。巩固前期咨询效果，帮助求助者进一步摆脱原有的不合理信念及思维方式，使已经掌握的合理信念加以强化，从而使求助者运用学到的合理信念、思维方式应对遇到的问题，更好地适应未来的改造生活。对咨询过程进行全面回顾和总结。征得求助者同意，进行了SCL-90、SDS、SAS复测，结束咨询。

七、咨询效果评估

（一）自评

现在心情平静不少，焦虑情绪有了明显缓解，睡眠改善，饮食正常，与同改关系改善了不少，劳动效率也逐步提升，通过自己的努力，这个月还拿到了嘉奖。

（二）他评

同监舍服刑人员反映刘某变得开朗了许多，情绪也比较稳定；专管干警反映刘某比以前有了一定的进步，还主动找警官表决心，说他要好好表现，把刑期当学期，争取早日出狱孝敬父母。

（三）心理测验评估

5次咨询结束，SCL-90测试结果见表33，说明心理咨询有效；SDS测试标准分为48分，正常；SAS标准分为48分，恢复正常。

表33　刘某咨询后SCL-90测试结果

项目名称	躯体化	强迫	人际关系敏感	抑郁	焦虑	敌对	恐惧	偏执	精神病性	其他
项目均分	1.17	1.00	1.11	1.00	1.30	1.00	1.14	1.00	1.20	1.29

（四）咨询师的观察与评定

咨询的具体目标及近期目标基本实现，刘某基本消除或缓解了焦虑情绪，睡眠改善，饮食正常，改造表现有良好的转变。在咨询结束后第3个月，咨询师进行了追踪回访。刘某称症状基本消除，能适应改造生活，有改造信心，无违纪行为发生。

案例四

因自学考试不及格引发情绪困扰的咨询

一、一般资料

（一）人口学资料

服刑人员冯某，男，23岁，出生于广东省，父母在家务农。高中文化水平，未婚。因抢劫罪被判处有期徒刑8年。

（二）个人成长史

冯某足月顺产，无重大疾病史。出生于农村家庭，自幼身体健康，无重大疾病史，无精神病家族史。父母初中毕业，家境一般，靠种地和打零工将其养大。由于冯某系家中独子，从小被宠着，家人对其有求必应。高考落榜后，他到镇里的工厂上班。工作了两年，其间称因工作太累陆续换了四份工作，并在社会上结交了一群不良人员，因觉得打工既辛苦又挣不到钱，于是伙同他人抢劫财物，因而获刑。入狱后希望通过自学考试获得成绩以利于减刑，故参加自学考试，后得知成绩不及格，在三周后前来咨询。

（三）身体状态

睡眠情况不佳、食欲不振。无重大疾病史。最近的服刑人员年度体检报告显示其身体无异常。

（四）社会功能

劳动效率降低，劳动中偶有发呆、心不在焉的现象。最近三个星期劳动效率下降，情绪易波动，较少与他人交流，服刑生活及人际交往受到一定的影响。

（五）心理测验结果

抑郁自评量表（SDS）标准分为57分，显示轻度抑郁。焦虑自评量表（SAS）标准分为73分，显示重度焦虑。

二、主诉与个人陈述

（一）主诉

焦虑烦躁、情绪低落，伴失眠、食欲不振，有三周时间。

（二）个人陈述

“几个月前，我在咨询后得知，通过自学考试能取得改造成绩，有利于争取减刑，我报了名并告诉了父母。他们很高兴，寄来了相关教材给我认真复习，我想办法克服困难，遇到不懂的问题能请教同改、请教警官。父母每个月都坚持搭半天的车来狱会见我，鼓励我好好改造，努力看书复习，争取通过自学考试。我相信自学考试一定能通过，更加努力地看书复习。谁知在自学考试前一晚，我在床上反复想着考试的事情，居然失眠了。我想尽了各种方法，但最终还是一夜未眠！第二天很累，又急躁，只能勉强打起精神把题目答案填满。考完后对照书本，感觉还是有机会及格的。但公布成绩才知道，我三科挂了两科。在知道成绩的那晚，我难过极了，觉得这辈子算是完了。我明明已经很努力，正常发挥的话是肯定可以通过的，但那晚怎么就睡不着觉呢？父母若知道我考试不过，肯定会对我很失望！每当想到这些，我就伤心、焦急。每当听见有人讨论自学考试的事情时，我就远远走开。我责怪自己，更担心父母知道这个坏消息。”

三、咨询师观察与他人反映

（一）咨询师观察了解到的情况

求助者中等身材、偏瘦，衣着整齐，说话有条理，能充分表达，神情紧张。对情绪现状有一定的认识，心理过程协调一致，提及自学考试不及格时伤心难过，情绪表现与会谈内容一致，逻辑思维正常。

（二）监区警察的反映

求助者自得知自学考试成绩后情绪波动大，经常独处。日常监管中发现他变得不怎么跟同改来往，劳动时偶尔发呆，勉强能完成劳动任务。监区警察几次找其谈话，他都感觉自学考试不及格对其前途影响较大，有思想负担，谈话教育有一定的效果，但不明显，所以约请心理矫治中心帮助他。

（三）同组服刑人员的反映

求助者最近不太愿意与他人说话交流，敏感，不愿听别人议论考试的情况，情绪较为低落、烦躁。

四、评估与诊断

求助者主客观世界统一，人格相对稳定，对自己的心理问题有自知力，有求助的意愿。其表现出来的问题有一定的诱因（自学考试不通过），病程一个月，基本能维持正常的工作学习，但效率有所下降。初步印象为：因自学考试不及格引起的情绪困扰，是一般心理问题，属于心理咨询的范畴。

五、咨询目标的制定

（一）具体及近期目标

1.缓解求助者自责、焦虑等不良情绪及体验。

2.改变求助者对于自学考试不及格的不合理信念，代之以合理信念。

3.提高劳动效率，改善人际关系，更好地适应改造生活。

（二）最终及长远目标

在达到具体及近期目标的基础上，使求助者改变非理性信念，学会现实、合理的思维方式并在实际生活中加以运用，促进其心理健康和发展。

六、咨询过程

咨询过程分为三个阶段（5次咨询）。第一阶段（第1次咨询）：诊断评估与咨询关系建立阶段；第二阶段（第2—4次咨询）：心理帮助阶段；第三阶段（第5次咨询）：结束与巩固阶段。

（一）第一阶段：诊断评估与咨询关系建立阶段

第1次咨询（2015年8月11日）。

咨询在监狱心理矫治中心的心理咨询室进行。做SAS、SDS测试后，通过摄入性会谈搜集求助者大量的临床资料，进一步了解求助者家庭环境、成长历程等。由于考虑到自学考试不及格这一负性事件是引发其情绪困扰的重要因素，因此首先对这部分情绪通过倾听、支持、共情等方法进行疏导或宣泄。咨询师利用言语和非言语行为对求助者充分表现了尊重、积极关注，对求助者的困扰表示一定的共情，对求助者的能力加以肯定，建立了良好的咨询关系，与求助者商定咨询目标，制定了咨询方案。

（二）第二阶段：心理帮助阶段

第2次咨询（2015年8月18日）。

首先继续采用支持疗法，加深与巩固良好的咨询关系。然后根据家庭作业中求助者记录的答案，指出他更深层次的情绪困扰是由不合理信念造成的。介绍合理情绪疗法关于情绪的ABC理论，帮助求助者寻找问题ABC，使求助者能够接受这种理论及其对自己的问题的解释。

咨询摘录：

冯某：“是这样的，我现在只能做这一件事，还做不好，怎么向他们交代呢？”（低下头）

咨询师：“难道真的只有自学考试通过了才能回馈父母吗？”

冯某：（思考沉默）……

咨询师：“其实生活中很多情绪困扰源于我们不合理的认识和观

念，并非源于事件本身。当人们坚持某些不合理的信念，长期处于不良的情绪状态之中时，将会导致情绪障碍的产生。”

冯某：“也许真的是这个原因，我总觉得自学考试对于我来说太重要了，现在经过警官你这样分析，我感觉这次自学考试就没那么重要了，但是我现在心里面还是堵得很。”

……

第3次咨询（2015年8月25日）。

用合理情绪疗法的ABC理论，找出其非理性的观念。如“我很努力复习考试，我肯定会通过自学考试的”（绝对化的要求）；“父母一直以来这么支持我，我考试失败，父母肯定很失望”“我自学考试失败，劳动也不能超产拿成绩，减刑无望了”（糟糕至极）等。通过ABC理论，更深入地分析求助者的心理困扰不是源于自学考试不及格事件，而是对这一事件的不合理的解释和评价。

咨询摘录：

咨询师：“如果你能意识到现在的情绪是你不合理的想法造成的，那么你也许就能控制你的情绪。”

冯某：“有道理。也有同改遇到困难，但他们没有像我一样影响到劳动和减刑。看来是我看问题有偏差！”

……

第4次咨询（2014年9月1日）。

咨询师通过检查家庭作业，加强求助者对理论的领悟；围绕求助者信念的非理性特征，与不合理信念进行辩论，以修正和改变求助者不合理的信念。

咨询摘录：

咨询师：“我看到你表格上针对这个糟糕至极的想法做了不那么糟糕的探讨，现在你的情绪如何？”

冯某：“没那么糟糕了，舒服些了。”

咨询师：“还会感觉到没有前途和希望吗？”

冯某：“现在减轻了很多。在车间我也能用工作去冲淡脑子里的苦闷了。”

咨询师："你感受到了吗？只要改变了你糟糕至极的想法，你的情绪就会变好，行为也跟着改变。"

冯某："好像是这样。心情好转后，我感觉自学考试成绩不合格并不那么可怕，考试总有不合格的时候，况且当时自己犯困，发挥不出真正的水平，我还可以在平时的改造中积极劳动，先保证每个月的成绩，以弥补考试的不足。自学考试能通过当然最好，不能通过也只能下次努力。"

咨询师："你现在还会认为只要努力了，就一定能通过考试吗？"

冯某："这又是不合理想法的句式吧？"

……

（三）第三阶段：结束与巩固阶段

第5次咨询（2015年9月8日）。

咨询师检查并讨论家庭作业，发现求助者完成得比较积极，领悟能力较强，能够积极自省，有反思精神。咨询师及时给予充分的肯定和鼓励。巩固前期咨询效果，帮助求助者强化合理信念，让求助者在以后的工作生活中举一反三，以更好地适应未来的生活。对咨询过程进行回顾和总结，进行了SDS、SAS的复测。

七、咨询效果评估

（一）自评

接受了考试失败，心情平静不少；焦虑、紧张等情绪有了明显缓解，睡眠改善，劳动效率有所提高。

（二）他评

监区警察评估：求助者近来精神面貌有了很大的改善，劳动及各方面表现也较以前进步。

同改反映：求助者睡眠、饮食情况好多了，有时也会和同改们聊聊天，虽然不多，但感觉其心情比以前好多了。

（三）心理测验评估

SDS评分49分，显示无抑郁情绪；SAS评分为52分，显示轻度焦虑情绪。测验结果前后对比有明显下降。

（四）咨询师的观察与评定

求助者已认识到自己不合理的认知，学会了用新的合理信念看待发生的事情，对自己和外界的评价也更为客观。四个月后回访，求助者称症状基本消除，改造生活趋于正常。

案例五

因家庭变故引发情绪困扰的咨询

一、一般资料

（一）人口学资料

服刑人员陶某，男，25岁，广西人，小学文化，未婚，因犯盗窃罪被判10年有期徒刑。

（二）个人成长史

陶某自幼与妹妹在农村和奶奶生活，受奶奶宠爱，小学毕业后辍学，父母离异。成年后跟随亲戚外出打工，不务正业，走上犯罪道路。

（三）精神状态

中等身材，偏瘦，衣着规范，思维清晰，面露倦色，行为拘谨。

（四）身体状态

睡眠不佳、略显疲倦，食欲不振，近期体检报告显示身体无异常情况。

（五）社会功能

近期情绪容易波动，焦虑、烦躁，与他人交流减少，不愿主动交往，学习提不起劲，劳动效率降低，对警官的谈话教育感觉到压力大。

二、主诉与个人陈述

（一）主诉

食欲不振、焦虑、烦躁、失眠月余。

（二）个人陈述

“因判刑入狱，让一直对自己疼爱有加的奶奶失望。奶奶省吃俭用给我寄钱，让我有更强大的动力去积极改造，希望出狱后孝顺奶奶。可是，当我得知奶奶病逝的消息后，感到无法接受，痛苦万分，感到人生没有了希望，失去了改造的动力。”

三、咨询师观察与他人反映

（一）咨询师观察了解到的情况

求助者情绪低落，语速缓慢，行为拘谨。对焦虑现状有一定认识，心理过程协调一致。提及亲人时伤心难过，意识清晰，逻辑思维正常。

（二）干警反映

求助者与家人会见时得知奶奶去世，之后整个人变化较大，情绪低落，无精打采。学习注意力分散，参加活动提不起劲，劳动出工不出力。监区警察找他谈话得知，其奶奶去世对他影响比较大，他内心认为自己不孝顺，害死了奶奶，所以寻求心理咨询师的帮助。

（三）同组服刑人员的反映

求助者最近比较少与他人说话聊天，不愿跟大家谈起家事，人也变得容易激动。

四、评估与诊断

（一）心理测试

1. SCL-90测试结果见表34。

表34　陶某咨询前SCL-90测试结果

项目名称	躯体化	强迫	人际关系敏感	抑郁	焦虑	敌对	恐惧	偏执	精神病性	其他
项目均分	2.08	1.90	2.33	3.50	2.00	1.17	1.43	1.67	1.00	2.29

该求助者SCL-90测试总分为179分，总均分为1.99分，阴性项目数为49项，阳性项目数为41项，阳性项目总均分为3.17分。此测验结果显示，躯体化、人际关系敏感抑郁、焦虑和其他项目均达到筛选阳性的临界值。其中，抑郁症状尤为明显。

2. SDS测试标准分66分，显示中度抑郁。

3. SAS测试标准分60分，显示中度焦虑。

（二）评估

1. 求助者提出需要解决的问题：希望能改变痛苦、抑郁、焦虑的情绪以及睡眠不佳状况，这些对其日常改造生活影响比较大。

2. 心理表现：

（1）对奶奶的去世，感到痛苦、焦虑、自责。

（2）感到人生失去意义，改造情绪低落，睡眠差。

（3）与同改交流减少，人际交往减退。

求助者陈述与警察、同改提供的情况基本一致。心理问题的关键点是亲人去世后长期悲痛造成认知偏差。

（三）诊断与诊断依据

1. 诊断：一般心理问题——因家庭变故引起的情绪困扰。

2. 诊断依据：求助者有一定自知力，有求询动机，可以排除精神疾病，因奶奶去世这个较强烈的生活事件形成内心冲突，持续一月余，时间较短。求助者体验到紧张、焦虑、压抑等不良情绪，能理智控制，尚未出现泛化现象，排除严重心理问题。但单纯依靠求助者自我调节或监区干警的谈话教育未能解决。参照许又新标准，该案例可以排除神经症，符合一般心理问题的诊断标准。

五、咨询目标的制定

（一）具体及近期目标

1. 缓解求助者焦虑、烦躁、抑郁等不良情绪及睡眠不佳的体验。

2. 改变求助者“我不听话不孝顺，害死了奶奶”“奶奶去世后，再也没人疼我了，完了完了”的不合理信念，建立合理信念。

3.提高劳动改造信心，改善与同改的关系，更好地参加改造。

（二）最终及长远目标

在达到具体及近期目标的基础上，改变不合理信念，将合理的信念运用到实际生活中去，促进心理健康发展。

六、制定咨询方案

通过支持疗法帮助求助者改善目前抑郁和焦虑的心理状态；然后运用合理情绪疗法通过辩论使求助者修正或放弃原来的非理性信念，建立合理信念。

七、咨询过程

咨询过程分为三个阶段（6次咨询）。

（一）第一阶段：诊断评估与咨询关系建立阶段

第1次咨询：首先使用摄入性谈话技术开放式切入，然后运用支持疗法、共情、积极关注等技术引导求助者说出心理不良反应的诱发事件，其间结合倾听、给予支持、共情等方法进行疏导，让其情绪达到充分的宣泄，缓解内心的压抑情绪。最后应用心理测验工具辅助分析，与求助者共同协商确立咨询目标和制定咨询方案。

（二）第二阶段：心理帮助阶段

第2次咨询：继续采用支持疗法巩固咨询关系。然后解释合理情绪疗法的ABC理论，使其认识到情绪困扰是由不合理信念造成的。若咨询过程中出现焦虑紧张等情绪，学会通过放松训练，减轻焦虑。

咨询摘录：

咨询师：“你觉得是你奶奶去世就情绪不好，还是对奶奶去世这件事有什么想法才情绪不好呢？”

陶某：（想了一会儿才说）“嗯……我也说不明白。”

咨询师：“我看能否这样理解呢？先来打个比方：你在路边走着，突然楼上有个人扔了个纸团下来，正好砸在你身上，这时你会感觉怎样？”

陶某：“当然会非常生气，谁那么缺德乱扔东西，很想骂他。”

咨询师：“可他是因为被人困在传销窝里，他是想通过这样的方式去寻求帮助救命的，让人知道他的危险处境，如果是这样，你还会生气吗？”

陶某：“如果真是这样我当然不会生气了，我还会可怜他，立刻帮忙报警。”

咨询师：“同一件事，你前后的情绪反应不一样，你知道为什么吗？”

陶某：“因为我对它的看法改变了。”

咨询师：“对，完全正确。同样的一件事，当你持有不同看法时，你的情绪反应就不一样。这就是我们说的ABC理论。A是现实的诱发事件，事件本身是不会影响你的情绪的；B是你对这个诱发事件的看法如何，它才是影响你情绪的直接原因；C是你的态度，也就是你的情绪反应。”（解释技术）

陶某：“噢……同一件事，对它的看法不一样，那么情绪结果就不一样了。我好像明白了。”（领悟）

……

第3次咨询：通过倾听、解释，协助找出其非理性的观念，通过改变不合理看法去消除痛苦的症状。通过家庭作业完成RET自助表，进行辩论驳斥。求助者能够很好地领悟到存在的不合理信念。

第4次咨询：通过面质技术让求助者进一步认识到“自己不孝顺，害死了奶奶”属于“过分概括”的不合理信念，然后通过辩论，使其放弃此不合理信念。通过家庭作业，让求助者每天记录几件让自己开心的事情。通过辩论驳斥，求助者能领悟、放弃“过分概括”不合理理念。

第5次咨询：通过面质技术让求助者进一步认识到“奶奶去世后，

再也没人疼我了，完了完了”属于“糟糕至极”的不合理信念，然后通过辩论，使其放弃此不合理信念。继续完善RET自助表，特别是“D”和“E”的完善，尽量运用到日常生活中。

咨询摘录：

咨询师：“你是说目前你是最惨的人了，奶奶去世后再没人疼你，糟糕透了？”

陶某：“是这样的。”

咨询师：“有很多比你更惨的人，你相信吗？”

陶某：“有吗？”（疑惑不信）

咨询师：“那些因车祸、地震、火灾等灾难失去亲人的人，你说他们情况比你糟糕吗？相比之下你还有妹妹，父母健在，他们都盼着你早日回家呢。”

陶某：……（反思）“是的，你说得有道理。”

咨询师：“远的不说，就说当下，监区知道你奶奶去世后的情况，是不是有给你做谈话教育呢？监区是不是在你没有很好完成任务的情况下，还适当给予你嘉奖呢？同改们是不是都支持你呢？”

陶某：“是的，这些我都知道，他们都很关心我。”

咨询师：“所以，还是有很多人关心你的，大家也会一如既往地关心你。只要你勇敢面对，正确对待自己，承担起责任，调整好心态，好好改造，同样可以早日出监，重获自由的。”

陶某：“我明白了……”

（三）第三阶段：结束与巩固阶段

第6次咨询：通过会谈，了解求助者领悟问题的情况，运用RET自助表，对非理性观念进行辩驳。帮助求助者巩固ABC理论，进一步摆脱不合理信念，征得同意并进行SCL-90、SDS、SAS复测，结束咨询。求助者学会了思考问题，对问题的分析水平有所提高，学会了领悟合理的信念和思维方式。

八、咨询效果评估

（一）求助者自我评估

求助者表示，现在对奶奶去世这件事能正常接受了，焦虑紧张、烦躁抑郁的情绪得到明显缓解，晚上也能正常入眠了，总体感觉心情舒畅多了。

（二）社会功能恢复情况

和同改的交往恢复到以前那样，劳动和学习时也能提起干劲，希望能够早日出监。

（三）他人评价

监区警察评估：求助者近来精神面貌有了很大的改善，劳动及各个方面的表现甚至比以前还有进步。

同改反映：求助者睡眠、饮食情况较好，虽然聊天不多，但也不会逃避了。

（四）心理测验评估

1. SCL-90测试结果见表35：

表35　陶某咨询后SCL-90测试结果

项目名称	躯体化	强迫	人际关系敏感	抑郁	焦虑	敌对	恐惧	偏执	精神病性	其他
项目均分	1.50	1.70	1.56	1.80	1.62	1.00	1.29	1.50	1.30	1.71

该求助者SCL-90测试总分为137分，总均分为1.52分，阴性项目数为52项，阳性项目数为38项，阳性项目总均分为2.24分。此测验结果显示，各项均没有因子表现为阳性。总分的减分率达到31%，

减分率≥25%，评估疗效为有效。

2. SDS测试标准分55分，显示轻度抑郁情绪。

3. SAS测试标准分50分，显示轻度焦虑情绪。

SDS和SAS复测结果前后都有明显下降，抑郁、焦虑情绪均得到缓解，可以作为有效依据参考。

（五）咨询师的观察与评定

经过咨询后，咨询的具体及近期目标基本实现，情绪得到较大改善。求助者能认识到自己的不合理信念，学会用合理理念看待问题，从而改善了不良情绪。而且求助者建立了良好的改造自信，为自己的理想去努力追求。求助者痛苦、焦虑、抑郁情绪得到有效缓解，睡眠情况得到明显改善，饮食也恢复正常。

三个月后进行面谈回访，求助者称症状基本消除，目前情绪平稳，能积极改造，已经拿到了三个嘉奖，很有信心争取减一次刑，就能出监。向专管警察了解情况，证实了其报告的真实性，而且该求助者还参加了监区《感恩的心》大合唱节目，学会了如何去面对，懂得去感恩生活。

案例六

“死了就都解脱了……”

一、一般资料

（一）人口学资料

王某，男，汉族，高中文化，1970年出生，无业，因故意杀人罪被判处有期徒刑15年。

（二）家庭情况

王某小时候家里条件较好，有两个姐姐，他备受父母娇惯。高中毕业后当兵，四年后参加工作，因多次违规被辞退后，一直无稳定职业。王某入狱后，父亲去世，母亲一人在监狱附近租房生活。

二、主诉与个人陈述

（一）主诉

烦躁、冲动三月余。

（二）个人陈述

“入监后对环境不适应，心情烦躁，无法控制自己的情绪，思绪很乱，不知该做些什么。平时看监舍里某些人不顺眼，很想打他们但又不能打，自己心烦又无处发泄。觉得改造环境太严格，适应不了。想到这些，脑子就乱，心里就烦。再想到减刑的事就更烦了。自己很想多拿分、多减刑，但自己总不如别人挣分多减刑快，心里着急。那么长的刑期，什么时候才能赶上别人？平时特别看不惯别人的所作所为，觉得别人老在给我下套。我担心哪天不小心掉进套里去，被扣分。我成天提心吊胆的，有时还想快让警察或其他犯人打死算了，或者到一个更艰苦更恶劣的地方早点死掉算了。近来我自觉看谁都不顺眼，看什么事都不顺心，而且特别烦，有时听到别人说笑，也觉得讨厌，特别想骂他们，甚至还想动手打他们。想想老母亲每个月都来探视，又觉得我成了母亲的累赘，心里更难受。甚至想如果死了就都解脱了……”

三、咨询师观察与他人反映

王某身体健康状况较好，无重大疾病史。精神状态差，情绪起伏大，交谈时经常表现出烦恼和愤怒的情绪。人际关系不良，与他人不能正常接触，看别的服刑人员都不顺眼，不愿意同他们交往，自卑心理严重；觉得这些人常给他下套，让他往里钻，令人气愤，很想动手打他们，冲动、敏感，但有碍于现在的监管形势，不敢随便打架，所以觉得非常压抑、烦恼，防御心理非常强。性格较为内向，对于自己的不良情绪调节能力差，考虑问题简单，逃避问题，言语偏激极端，导致人际关系敏感、紧张。

同改反映：情绪比较急躁，易激动，焦虑，紧张；言语表达能力正常，对自己所处的现实环境和问题有较清晰的认知，智力、记忆力正常。

干警反映：该服刑人员能够服从监规纪律，正常参加日常劳动改造生活。平时表现较为懒散，劳动不是很积极；性格冲动，爱与他人挑衅吵嘴；每次会见后情绪波动大。

四、评估与诊断

（一）心理表现

1.精神状态差，情绪起伏比较大，烦恼忧虑，紧张不安。
2.改造情绪低落，人际关系差。
3.有受欺辱的委屈感，有愧疚感、负罪感。

（二）心理测试

EPQ个性测试结果显示：E=60、P=85、N=70、L=35，属于典型精神质。

（三）诊断及依据

初步印象评估与诊断：王某有求询动机，有一定自知力，行为表现正常，行为和认知表现基本一致，可以排除精神疾病。从其主诉以及医院检查结果来看，可以排除器质性疾病。其心理冲突属于人际关系不良导致的烦恼症状，属于常形的心理冲突；病程多于3个月，处境的变化可以缓解内心的烦恼，社会功能轻度受影响。根据许又新教授关于神经症的评分标准，病程得分为2分，精神痛苦的程度为2分，社会功能得分为1分，总分为5分，可以排除神经症。从其主诉及临床症状来看，属于严重心理问题的表现。

（四）成因分析

1.生物原因：王某身材较为矮小，可能导致其从小与他人交往时产生自卑心理，影响人际交往能力的养成，缺乏合理有效的人际交往技巧。

2.社会原因：（1）从小家庭经济状况较好，备受家人的宠爱和娇惯，形成了唯我独尊的思想、随心所欲的错误的思维方式及我行我素的行为模式；（2）随着年龄的增长，父亲的死去，妻子离婚事件的发生，他才体会到自己的行为真正伤害了亲人。现在每个月其母亲都来探视，他难以面对母亲，觉得自己成了母亲的累赘，或许自己死了，母亲就不用这么辛苦地在漫长的探视路上奔波了。

3.心理原因：缺乏自信，对前途没有信心；存在不合理信念，认为自己是母亲的累赘，深感对不起母亲，有强烈的负罪感，持久的负性情绪导致其行为失控。

五、咨询目标

短期目标：

1.疏导其内心不良情绪，让其对自身的情绪状态有个良好的认识。

2.完成正常的服刑生活和日常社交和生活。

3.重获自信、情绪控制和平静感。

长期目标：帮助其正确客观认识自我，提高应对挫折和承受压力的能力，促进其人格健康发展。

六、咨询计划

整个心理咨询分为三个阶段。第一阶段建立良好的咨询关系并进行诊断（2—3次，每周1次）；第二阶段分析心理问题成因，并运用认知行为疗法对其心理问题进行处理（3—5次，每周1次）；第三阶段巩固成果（2—3次，两周1次）。

（一）第一阶段

建立良好的咨询关系并对其进行初步诊断。任何心理咨询的方法，都必须以良好的咨询关系为平台。因此，建立良好的咨询关系是心理咨询的核心内容。在使王某了解心理咨询原则、意义等内容后，咨询师表达对王某心理问题的积极关注，对其情绪感受表示理解和无条件的尊重，用温暖的语言表达了共情，初步建立了咨询关系。

（二）第二阶段

分析王某心理问题的成因，并利用认知行为疗法寻求问题解决方案。在这个阶段主要运用认知行为疗法对王某的心理问题进行了成因分析，并与王某共同寻求解决问题的方法，通过建立多个短期目标，对其问题进行渐进式的处理和解决。

短期目标如下：

1.确定导致其烦恼的社会应激源。主要通过两个手段进行解决。第一，对王某进行全面的社会心理评估。通过评估，使其认识到自身性格特点对其心理问题的影响。第二，通过让王某列举近期十件每天担心的事情，然后从中找出他能控制的事情，与不能控制的事情相比较，从而使其区分哪些事情可以通过自身的努力去解决。

2.描述身体上、情绪上和行为上表现出的烦恼症状。主要通过两个手段进行处理：第一，帮助王某确定他的烦恼症状以及在什么情景下会出现烦恼症状；第二，让其记录每天活动时体验到的烦恼反应，并在咨询时回顾这些活动时的烦恼体验。通过这个方法，使他对自身的情绪有了正确的认知，并增强了对烦恼的可控感。

3.确定已经存在的处置烦恼的策略并鼓励其更多地使用。通过让王某记录日常成功控制烦恼时所用的方法发现，王某在听音乐和锻炼身体的时候焦虑感会下降。鼓励其多使用这些方法去应对焦虑。

4.学习使用放松技术。向其教授渐进式肌肉放松方法和宁静场所想象技术，并要求其每天进行15分钟的练习。通过这种方法，使其学会控制躯体焦虑感，从而降低认知焦虑。

5.在王某能够在几分钟内做到心理放松的基础上，咨询师引导他进行自我暗示，联想自己过去成功的场景，试着体验当时的感觉，从而让其减少自卑感和挫败感，并让其从心里对自己说“我不比你们差，我会努力争取减刑的，我也会早早回家的。我能做到”，并最终大声说出来。逐步消除其自卑心理，重新树立其自信心。这种自我暗示方式旨在让服刑人员通过联想过去的成功，来补偿当前现实条件下无法获得的或者还未获得的成功感，从而削弱或消除其自卑感和挫败感。王某经过几次自我暗示后，自卑心理有了很大的改善。

6.确定导致焦虑的歪曲认知。王某觉得亏欠母亲和两个姐姐的太多了，人到中年，不仅不能尽到自己该尽的责任，反而给家里添了那么多的麻烦，尤其是难以面对年迈的母亲。王某对自己入狱给家庭带来的不良影响非常自责。通过教王某区分焦虑的强度和使用自动思维记录的方法，找出其错误的核心自动思维“家里没有我会更好”，并让其替换掉与焦虑有关的歪曲认知，慢慢转变为“家里有我会更好”。通过特殊的亲情帮教，安排王某与母亲团聚，王某双膝跪地为自己的母亲洗脚，亲耳聆听妈妈对儿子的呼唤，让他真实地感受到自己好好活着就是母亲的希望。最终王某放弃了想死的念头。

（三）第三阶段

巩固前一阶段的成果。

这一阶段主要是通过强化王某的自动思维分析，结合放松技术，使其认识到自身的各种情绪，从中区分出导致不良情绪的自动思维，通过调整自动思维和降低躯体焦虑来应对焦虑感。同时，与其一起寻求各种途径去建立良好的人际关系。鼓励其多参加监狱和分监区组织的各项文体活动，通过集体性的合作活动，建立有效的人际关系。

七、咨询效果

经过几次咨询，王某的心理压力得以缓解，烦恼情绪也基本得到缓解。他表示："近期看到别人也不再觉得不顺眼了，觉得别人也有很多优点。自己的人际关系也好转了，也愿意和同监舍的人交流，感觉大家对我也是挺友好的。母亲和姐姐也说我的气色好多了，我挺高兴，非常感谢这里的老师和警官。"

管教民警反映：王某最近开始和其他服刑人员交往，其他人也不再像以前那样排挤他。目前王某的改造积极性有了明显的提高，生产劳动效率也有很大的提升。

案例七

服刑人员攻击性人格问题的心理矫治

一、一般资料

（一）人口学资料

袁某，男，1992年2月24日出生，因故意伤害罪被判处无期徒刑，2014年11月19日在广东某监狱服刑，2015年11月调入湖北某监狱服刑，家住湖北，至今没有减刑。

（二）犯罪经历

2014年3月10日9时许，袁某在某公园管理处上班，本来就有矛盾的班长陈某要求他携带钢叉上岗，遭到袁某拒绝，随后二人发生争吵，在争吵过程中，该犯拿出随身携带的尖刀在陈某的面部、颈部、背部连刺数刀，致陈某当场死亡。

（三）服刑期间表现

袁某经常违反监规，不遵守服刑人员行为规范。2016年11月20日，袁某殴打服刑人员朱某。2017年5月5日，袁某突然离开机位，敲打监控探头。

袁某多次袭警，严重破坏监管秩序。2018年4月4日，袁某趁民警来车间巡查，突然用水杯砸向民警，并在跳上机台欲再次袭警时被制止，受到禁闭处分。2018年12月7日，袁某因殴打民警受到禁闭处分；禁闭期间，对民警进行拳脚袭击。

袁某劳动态度消极，经常完不成劳动任务，个人内务卫生极差。袁某不服从管理，不接受心理咨询和谈话教育，对民警极其戒备抵触。

（四）心理测试及人格特征

EPQ测试：袁某性格内向、敏感，行为孤僻怪异，冷酷残忍，缺乏同情心，感觉迟钝，对人充满敌意，不惧安危，喜欢恶作剧。见表36。

表36　袁某EPQ测试报告

维度名称	原始分	标准分
精神质（P）	12.0	70.0
内外向（E）	10.0	30.0
神经质（N）	13.0	55.0
掩饰程度（L）	11.0	50.0

（五）诊断评估

袁某情绪急躁易怒，存在无法自控的冲动和驱动力，行为表现出攻击鲁莽和盲动性。冲动的动机形成有时是有意识的，有时是无意识的，且行为反复无常。根据其心理行为表现，诊断为攻击性人格问题。

二、矫治的优势和难点

（一）矫治过程中的优势

袁某年轻，可塑性强，学习和接受能力较强，且有较好的家庭支持系统。

（二）矫治过程中的难点

袁某具有攻击性人格问题，改造信心缺失，自我放纵，不愿接受教育和改变。

三、矫治目标和方案

（一）近期目标

学会自我情绪表达和控制，消除攻击性行为，改善人际关系，自觉遵守服刑人员行为规范。

（二）长期目标

逐步完善自我人格，增强自信和适应能力，提升心理健康水平。

（三）矫治方案

主要运用精神分析和以人为中心疗法进行治疗。

四、心理矫治过程

（一）消除阻抗，化解敌意，建立良好的咨询关系

袁某在高戒备监区，心理咨询师主动找袁某咨询，通过共情、理解、支持、积极关注，营造温暖安全的咨询氛围，了解其在高戒备监区的改造情况。

袁某说："老师的关心让我很感动。"咨询师无条件的关注和接纳，消除了袁某的戒备和敌意，与袁某建立了良好的咨询关系，袁某表示回到监区会继续接受心理咨询师的咨询和帮助。

（二）运用自由联想，深入了解成长经历及心路历程

袁某自述摘要：

"母亲在我3岁时离家，父亲再婚。我有一个姐姐，小时候与姐姐关系较好，10岁时随父亲在四川生活一年，回家后，姐姐到深圳打工，过年也很少回来，后来关系渐淡。"

"对父亲的感情很复杂，爱恨交织。说到恨，杀死父亲的心都有，恨父亲没有给自己一个完整的家，从小失去母爱。恨父亲经常打我，还对小朋友们讲，打我打到喊救命。其他小朋友不和我玩，我经常独来独往，没有朋友。父亲变脸很快，前一秒还很慈祥，后一秒就变成凶狠的模样。"

"入狱后因打同改、袭击民警而被禁闭，已经是第五次了。别人不敢袭击民警我敢，明知道是错的，我想做的事，也要坚持。"

（三）释梦，帮助袁某了解自己的潜意识

咨询摘要：

袁某："我做了一个匪夷所思的梦，父亲被蜘蛛妖怪抓走了，我想过去救他，又不敢，最后鼓起勇气去救他，发现妖怪变成了父亲。父亲很慈祥地看着我，可是我还是很害怕，我立刻逃走了，逃到没有父亲管束的地方。"

咨询师："这个梦中，你心中有两个父亲的形象，一个是如蜘蛛怪物般的父亲，让你恐惧；还有一个是爱你的慈祥的父亲，你也爱他。"

袁某："确实是这样，小时候我经常缠着父亲玩，父亲怕我调皮捣蛋乱跑，怕我被车撞到。过年的时候父亲在家里准备年货，炸肉丸子、藕夹，这个情景在我脑海中很深刻。"

咨询师："尽管你爱父亲，但更多的是恨和恐惧，所以你没有选择面对，而是如梦中那样选择逃离，现在逃到监狱，父亲终于没有办法管束你，干预你的人生。你终于可以为所欲为，无所顾忌。这其实是你一直所希望的。"

袁某听了解释，沉思片刻说："现在，我也在思考，爱父亲多一点，还是恨父亲多一点，直接影响到我今后的路怎么走。我不想一直活在怨恨和恐惧之中，我不想再逃了。"

（四）探析人格形成原因及影响

通过列举袁某在狱内的系列违纪行为，分析解释其人格属于攻击性人格，进一步分析其人格形成的原因主要有两点：

一是家长不恰当的教育方式，这是导致袁某产生攻击性人格问题的最重要原因。童年时，父亲过于严厉，袁某不敢违背父亲的意志，不敢说出心中想说的话，行动上不敢越雷池半步。长到青年时，袁某就采取偏激的行为方式来与父亲和社会规范对着干。

二是袁某学习成绩差，老师、家长、同伴都瞧不起他，久而久之，袁某便产生了自卑心理和抵抗情绪，表现在行动上就易出现不合作、破坏欲强、懒惰散漫，甚至出现暴力攻击他人的行为。

袁某认可老师的分析和解释，领悟到自己的犯罪行为也可能是自

己的人格问题和不良的心理问题造成的。

（五）了解内心冲突，学习恰当有益的表达方式

袁某称，提起父亲的不是，总是比较阴暗的，比较不愿意提及父亲，不愿意带着怨恨和恐惧去生活。每天想着这些太痛苦了。父亲一直照顾我，很爱我，我入狱后，他都70岁了，还来照顾我，让我不敢对父亲说任何“不”。但是父亲对我的伤害，让我恨不得杀了他。

咨询师向袁某解释：他的“超我”是不允许自己对父亲有一丝的违抗，其“本我”则是不要伤害，要快乐自由。袁某的内心冲突是其内心压抑极其痛苦的根源。

采取角色扮演的方式，引导袁某用恰当的、有益的方式表达自己不愉快的情感体验。如果自己有不满和怨恨的情绪，就用语言表达出来，而不要采取只有他自己才清楚的、将事情越弄越糟的“宣泄”方式获得心理平衡。

（六）探寻袭警行为的背后原因，促进思考和领悟

咨询摘要：

咨询师：“你父亲管你，你敢怒不敢言。是否因为父亲的原因，一旦有人对你从严管理，你就会产生一种不愉快的体验呢？”

袁某：“可能是的，民警管我，我就很烦躁，也很害怕，担心他们如我父亲一般，可能会伤害到我，我不敢对抗父亲，但我可以对抗管我的民警。”

咨询师：“因为父亲带给你的恐惧，让你无法释怀，所以你把民警当作你的父亲去对抗。你对犯罪行为中的被害人，就是管你的班长，当时的感受和想法是否也是这样呢？”

袁某：“现在想想，我当时确实对他很反感。当时我内心非常自卑，因为有些事情总是做得不好，他就要求我，我感觉压力很大，很害怕。”

咨询师：“过分自卑，压力过大而又长期压抑的人，常常会因为

内心恐惧，反而先发制人，用暴力行为去攻击他人。”

袁某：“现在我终于知道了我变成现在这样的原因了。”

（七）体谅父亲，接受父亲的不完美

2019年8月，监区组织亲情进监帮教活动，监区通知袁某父亲进监帮教。帮教活动前，咨询师先与其父亲沟通，让其父知道自己过去的教育方式虽然是出于爱护孩子的心情，但是却严重伤害到了孩子。建议袁某父亲和孩子交流时不要采取强势的训斥态度，尽量和孩子平等交流，让孩子知道是因为自己没有文化，不懂教育方法，所以伤害了孩子而不自知。还要当着孩子的面，对孩子说声“对不起”。袁某父亲采纳了咨询师的建议。

亲情帮教结束后，袁某主动要求咨询，表达了三层意思：一是感谢咨询师对自己的关心和帮助；二是没有想到父亲变得这么和蔼，特别是当父亲说出“对不起”三个字时，自己所有的愤恨都没有了，现在能够接受父亲过去所做的事情，也原谅了父亲；三是要向曾经被自己袭击的警察道歉。当天晚上，袁某主动向监区长和分监区长道歉，表态今后不再动手殴打他人，不再袭击民警。

袁某与父亲和解，也与管理他的人和解，更是和陷入愤恨情绪难以自拔的自己和解。

（八）发展兴趣爱好，充实改造生活

监区根据袁某的兴趣爱好，让袁某参与独唱或合唱表演节目，专门找来电子琴和琴谱，让他练习弹琴，通过发展他的兴趣爱好充实其改造生活。袁某创编一首歌《再》，表达了不能继续再沦陷，要彻底蜕变、重新做人的强烈愿望。

五、咨询效果评估及体会

咨询师评估：袁某在后期的谈话中没有了对父亲的怨恨，能够和父亲进行良好的沟通，理解父亲的不易，情绪比较稳定，有感恩之心，他感谢咨询师让其不断成熟和成长。

民警反馈：袁某服从民警管理，自觉遵守行为规范，没有违规违纪行为，没有发生袭警和殴打他人的暴力攻击行为，积极参加集体活动，人际关系得到明显改善。

袁某的人格问题是长期形成的，矫治过程中容易反复，矫治难度较大。咨询师及民警必须始终坚持不抛弃不放弃，运用科学的方法和温暖的态度，为袁某营造良好的改造环境，帮助袁某完善人格，树立改造信心，促其稳定改造，积极改造。

案例八

服刑人员社交恐惧性问题的心理矫治

一、一般资料

（一）人口学资料

孙某，男，22岁，未婚，汉族，高中文化，性格内向。因犯盗窃罪被判刑7年，2010年9月入监。

（二）个人成长及家族史

自幼身体健康，无家族遗传病、传染病史。家住乡镇街道，有一姐，其父系乡卫生院内科医生，母亲待业。从小乖巧聪明，学习成绩优异，多次获奖或被表扬。但因孙某系超生，被计生部门罚款9000元。其姐长他4岁，怪罪弟弟把家罚穷了，经常趁父母不在打骂孙某，孙某经常被吓得躲到床底下。其父工资低加之被罚款，常在家中酗酒，因小事打骂他和母亲。孙某从高一开始成绩慢慢滑坡，变得不愿跟新同学交往，怕跟陌生人说话，也怕跟老师和同学们的眼神对视，跟人说话时感到脸红，生怕别人看穿了自己的内心世界。曾和父亲说过想休学，被父亲暴打。进入高二时虽喜爱理科，但因怕老师的目光不敢看黑板而选择文科。高考分数不佳，被一私立学院录取，因学费很高，生怕父亲责备。趁原初中未开学保安疏忽，盗走电脑2台及摄像机等物，被判刑7年。盗窃后回家躲在房间看书，很少出去活动，公安机关来抓孙某时家里人都很诧异。

二、主诉与个人陈述

（一）主诉

孤僻、反复请假不参加习艺两个月。

（二）个人陈述

“入监后就一直不敢对视管教干警、同改和陌生人的目光，生怕别人看透了自己罪恶的内心世界，不敢与人交往。看书或学习过程中发现，自己注意到脚时，脚就开始发抖。头有胀痛感1年有余，因此经常向管教民警请假不参加习艺。曾到医院就诊，未查出躯体病变或异常，所以担心管教民警认为我是装病不悔改。自觉问题已经严重影响了正常的学习改造生活。”

三、咨询师观察与他人反映

衣着整齐、貌龄相称。体格检查正常。和心理咨询师接触时不愿意抬头，更不愿和咨询师对视，偶尔转头注视别处。说话低声细语，语言较流畅，但表现出紧张拘泥。除敏感性关系妄想外未引出其他精神病性症状，有自知力。不适应监狱环境，学习和习艺略受影响，部分社会功能受损。

同改反映：孙某平常少跟人接触，有时个性有些强，说话时脸红，经常用小镜子照自己；孙某喜欢唱歌，但怕唱出声来。其他没看出什么来。

民警反映：孙某遵守监规，表现尚好，只是平常不爱说话，不爱与他犯交流，与管教民警对话少、怕抬头，问一句答一句。这两个月经常因头痛而请假不参加习艺，曾带去医院检查，未见异常。

四、评估与诊断

门诊心理测试显示：SAS测试标准分为63分，显示中度焦虑。SDS测试标准分为56分，显示轻度抑郁。SCL-90测试结果总分193分，其中恐惧因子分高，其次是人际关系、焦虑和强迫（表37）。

表37　孙某心理咨询前的SCL-90得分

因子	躯体化	强迫	人际关系敏感	抑郁	焦虑	敌对	恐惧	偏执	精神病性	其他
得分	1.58	2.10	2.56	1.69	2.30	2.17	3.14	1.83	1.60	1.29

根据ICD-10的标准，初步印象为社交恐惧。

孙某的社交恐惧可能与生理上正值青春期、生活环境改变以及幼年期经历有关。而且孙某性格脆弱、孤僻、腼腆爱面子，家教传统、暴力，人际交往欠缺，不善于表达内心情感。

五、咨询目标

（一）具体目标

1. 让孙某了解自身问题的性质、成因，改变自身“罪恶”“流氓”的错误观念。

2. 改变孙某认为他人从自己的目光中看出了自己很坏的形象，让其坚信自己的秘密只有自己知道，不必担心别人知道，从根本上消除对别人看穿自己内心世界的猜疑思想。

3. 消除孙某与他人对视时的紧张害怕。

4. 使孙某了解自身的生理解剖结构，悦纳自己，接纳自身发生的一切，消除头痛和焦虑、自卑、孤独的思想情绪。

（二）长期目标

通过澄清和社交调查，敢于主动与人接触交谈，主动与其他服刑人员正常交往。积极参加政治、文化、技术学习，积极参加文体活动，增强自信，学习集中精力，做到手脑并用，防止注意力分散，逐渐消除抖脚、头痛等身体不适，逐步适应今后的人际交往。

（三）最终目标

彻底消除社交恐惧，与人正常交往，完善人格，为今后的婚姻生活、就业谋生和全面适应社会打下坚实的、健康的、良好的心理基础。

六、咨询过程及要点

（一）第一阶段：建立咨询关系和完善资料阶段

初次咨询，用时80分钟。

通过倾听、共情、无条件关注、摄入式谈话法，进一步了解孙某的情况，同时也有疏导作用。孙某大约在6岁时一个炎热夏天的中午，他和同院子住的一个年龄与他相差不多的小女孩去屋后一小溪边，脱光了衣服下河洗澡打水仗，被这女孩的母亲拉起来打屁股，边打边说："男孩女孩在一起不穿衣服是流氓！"当时自己也觉得"不好"，后来连续几天看到那个女孩都很心慌。大约在小学四年级时，有次急着上学找爸妈拿零花钱，闯入爸妈的卧室，见爸爸把妈妈压在床上，妈妈好像很不愿意。咨询师给予支持，并向他解释了人的实际（历法）年龄、生理年龄、智力年龄、心理年龄、社会年龄的不同概念。让孙某思考幼年经历是否和症状有关联，并要求孙某将问题的经过、思考的结果、对年龄的个人理解和对今天的谈话体会写成书面材料，下次咨询的时候带来。

（二）第二阶段：分析症状的幼稚性阶段

第2次咨询，用时60分钟。

孙某写了书面材料，叙述了初次咨询时陈述的症状出现和发展过程，认为自己的问题是表情异常，深信如果与别人对视，对方一定能看出他内心的仍想为盗窃辩解、不悔罪的罪恶想法，担心民警会认为他不积极改造，担心他犯看出来会来性骚扰。材料表示理解咨询师对不同年龄概念的解释，但不觉得和他的问题有关联，他提到其问题可能与幼年时邻家女孩的妈妈打骂有关联。治疗师向他解释其行为的幼稚性，并鼓励他大胆向别人调查询问，用自己直接调查的结果来检验他的判断是否正确。治疗师赞赏了他认真完成家庭作业，对其中幼年期经历与自身问题相关联的思考进行了强化，并鼓励他进一步回忆幼年生活经历，联系自己的症状想想还有什么事让他不敢与人对视，并将调查结果和回忆写成书面材料。咨询师解释其问题是幼年期或青春期的负性情结产生的羞怯和恐惧心理的继续和发展。随着实际年龄的增长，其社会年龄、心理年龄也会逐渐成熟，这种羞怯和恐惧会自然消失。他的这种心理是情感发育不成熟或倒退到幼儿期的表现。

（三）第三阶段：分析幼稚的心理模式阶段

1.第3次咨询，用时60分钟。

孙某写了咨询的体会。材料中提到在高一的时候他暗恋班上的一个女生，但不敢表白，也不敢去看她。每次她出现在自己身边二三米内，或者感觉到她在看自己的时候就会兴奋、紧张和脸红。高一下学期的时候，班上有一次演讲比赛，他做了认真的准备。刚开始上台演讲的时候，他有点紧张就照着稿子念，但慢慢地他不紧张了，觉得自己能脱稿了。所以就像新闻联播的主播一样抬起头，脱稿演讲。可是刚讲了几句他突然发现他暗恋的那个女生正含情脉脉、双眼直勾勾地看着他。他随即紧张、脸红、心猿意马、支支吾吾了，他马上低头想去照稿子念，却一下子找不到讲到哪里了。他当时脑子一片迷惑和混乱。结果可想而知，在全班哄堂大笑中结束了演讲。材料还提示他调查了同监室的两名同犯，是开玩笑式的试探性地问起的。他问对方有没有看到他表情不自然或者心里在想什么。同改说："我又不是心理专家，怎么能看得出来呢？"他听到这样的回答虽然心里轻松了一些，但还是半信半疑，也不好意思再去调查了。治疗师鼓励了他积极配合治疗，进一步给予了解释，并用了"一朝被蛇咬，十年怕井绳"的成语进行类比，鼓励其继续检验调查。

2.第4次咨询，用时60分钟。

孙某提交的材料中说，三个星期以来，他思考咨询师的解释，认识到自己害怕与人对视的心理问题的幼稚性，可能真的和幼年期经历以及高一时的那次经历有关。现在都22岁了，应该成熟起来了。

（四）第四阶段：促使领悟和成熟阶段

1.第5—8次咨询，各用时60分钟。

孙某的这几次咨询表现较之前愉快，说咨询以来情况逐渐好转，心里也平静了，学习和习艺的时候注意力也较之前集中，和同改已经敢于对视了，甚至与民警也偶尔敢于对视了。经过几次咨询发现已经不太会出现头痛的现象了。治疗师继续强化和赞赏他的自我分析和思考，并鼓励他观察监内是否真有人会骚扰他。这几次咨询中，孙某已经敢于与咨询师对视了，他通过咨询师对青春期性知识的讲解，逐渐认为男女性爱的事情不是“流氓”行为了；通过自己的不断分析思考和自我教育，逐渐意识到自己确实是成年人了，逐渐放弃了以前幼稚的怕羞心理，认为自己应该和幼年和少年心理告别了。

2.第9次咨询，用时60分钟。

孙某的总结体会摘要为：“我的问题已经完全好了，这两个月以来，我越来越意识到自己行为的幼稚和可笑，我的问题也越来越轻。上个星期我还主动找管教民警谈了一次话，刚开始的时候我还有点紧张，但我马上想到估计又是我的幼年心理在作怪了。这样一想紧张感马上就消失了，在整个谈话过程中都没再紧张。下个月监区里有个歌唱比赛，我那天已经向管教民警报名参加了。”

七、咨询效果评估

（一）量表评估

咨询结束一个月后监区心理辅导站心理普查显示：SAS测试标准分由最初的63分，下降为42分，SDS测试标准分由56分下降为40分。SCL-90测试结果：躯体1.3分、强迫1.6分、人际关系敏感1.9分、焦虑2.0分、恐惧2.0分、其他1.0分。其中恐惧、人际关系敏感、偏执、强迫因子分下降明显，达到了正常值，实现了预期目标。SCL-90测试总分从193分下降到136分，减分率为30%，其减分率≥25%为有效，这说明孙某的社交恐惧得到了有效消除，效果明显。

（二）孙某自评

咨询一个月后随访，孙某称自觉问题均已解决。一年后随访，孙某称症状未再反复。

（三）民警评定

孙某明显变得活跃，在监区歌唱比赛中个人独唱获得了二等奖。

正在为他做减刑申报。

（四）咨询师评估

对照ICD-10标准，达到临床治愈。

八、启示

本案例采用认知领悟疗法在监狱环境中对社交恐惧服刑人员连续咨询9次，历时两个月，治疗过程中未使用药物，一个月和一年后的随访显示疗效持久、可靠。

案例九

服刑人员强迫性问题的心理矫治

一、一般资料

（一）人口学资料

服刑人员毛某，男，32岁，四川人，未婚，汉族。因犯贩毒罪被判刑八年半，2011年11月入监。

（二）个人成长及家族史

毛某自幼身体健康，无家族遗传病、传染病史，有吸毒史。父母健在，有一兄一姐，均身体健康。家住农村，在当地上学，成绩一般。高中毕业后到广州某超市打工。2006年在宁波开夜排档直到被逮捕。自述2010年（当时在吸毒）曾因幻觉、自认精神不正常在某医院拟“轻度抑郁”住院治疗半个月，治疗过程不详，好转后出院。

二、主诉与个人陈述

（一）主诉

人际关系差、控制不了脑子里的想法半年余。

（二）个人陈述

“半年前负责习艺产品质检工作，开始与同改关系紧张。无论谁犯了点小错误，就会想是不是关系到自己，同改会不会怀疑自己打小报告或幸灾乐祸。和小组长关系不好，会反复想小组长要我多记一些过错怎么办，反复想是不是同改认为我多记了。一次老乡负责分饭菜，小组长问我：‘不让这个人打菜了，好不好？’我便彻夜未眠，反复想这句话是什么意思。总是觉得同改会来找我的错误。比如，有次看到同改的腿黑，就担心对方认为我会说他腿黑；比如，同改在吃东西，就担心对方认为我想吃他的东西。已持续半年多，且最近越来越重。为此十分痛苦，影响了学习和习艺改造。知道反复想没有必要，试图控制但总不成功。很无奈，甚至有点崩溃，不知道该怎么办。”

三、咨询师观察与他人反映

衣着整齐、貌龄相称。体格检查正常。和心理咨询师接触时说话低声细语、情绪低落，但问答切题流畅。除指向自身的单纯的敏感性关系妄想（非真性妄想）外，未引出幻觉、妄想等精神病性症状，有自知力。学习和习艺改造略受影响，部分社会功能受损。

毛某同改反映：毛某平常少跟人接触，担任质检员之后更甚，总心事重重的样子。

管教民警反映：毛某遵守监规，表现好，近两个月来话少、不活泼，总像有什么心事，问他，他就支支吾吾，应答总不得要领。监区心理辅导站的咨询师曾找他聊过天，说他习艺改造压力大。

四、评估与诊断

（一）心理测试和诊断

心理测试显示：SAS为56分，轻度焦虑。SDS为61分，轻度抑郁。强迫性测试（Y-BOCS）为12分（单纯的强迫思维分），中等强迫。明尼苏达多项人格测试（MMPI）提示被试对别人的需求不敏感，但很注意自己行为的后果。常自己抱怨自己，经常犯错误而后又自责。表现行为进行期与自罪懊恼期反复交替（表38）。

表38　毛某的MMPI测试结果

Q	L	F	K	Hs	D	Hy	Pd	Mf-m	Pa	Pt	Sc	Ma	Si
43	63	46	54	68	50	55	78	49	52	73	67	60	47

（二）初步印象

根据ICD-10的标准，诊断毛某为强迫性问题（以强迫思维为主）。

五、咨询目标

（一）具体目标

消除毛某现时的焦虑、低落情绪。

（二）长期目标

与其他服刑人员正常交往，逐步适应今后的人际交往。

（三）最终目标

完善人格，为今后生活打下心理基础。

六、咨询过程及要点

（一）第一阶段：建立咨询关系和完善资料阶段

初次会见，用时80分。通过倾听、共情、无条件关注、摄入式谈话法，完善资料，确认诊断，疏导困惑情绪。咨询师解释了实际（历法）年龄、生理年龄、智力年龄、心理年龄、社会年龄的不同概念，并让其思考幼年经历是否和症状有关联。要求其写书面材料，下次带来。

（二）第二阶段：分析症状的幼稚性阶段

第2次会见，用时60分。咨询师指出幼年经历在他内心留下了创伤。他在服刑并突然担任质检员后不能适应，导致了不安全感。这和他当年摔下楼后的不安全感类似，并诱导他了解常有幼稚色彩的强迫思维。咨询师鼓励他大胆向别人调查，用调查结果来检验判断。32岁的人应有成年人的心理，不能一辈子受幼年创伤奴役。毛某赞同这一解释。咨询师嘱咐他续写材料。

咨询摘要：

毛某："当时我和好几个小伙伴在玩，阁楼上是堆杂物的，很乱。我们在玩躲猫猫。阁楼边上没有栏杆，我背对着他们坐在阁楼边，等他们藏好。后来我就摔下来了，不知道是我自己不小心还是有哪个小伙伴推了我一把，但我当时就觉得好像是有人推了我一把。”

咨询师：“嗯，后来呢？”

毛某：“后来我就满脸是血地躺在地上，话也说不出来。我看到那些小伙伴都没来救我，有几个还笑。街上有个40多岁的男人也没有来救我，后来我就晕过去了。”

咨询师：“嗯，听到这里，我很难过。你材料里说这之后你总觉得没有安全感，总是谨小慎微，是吗？”

毛某：“嗯，是的。这件事情对我触动太大了，我怕我一辈子也忘不了。”

咨询师：“听你这么一说，我突然想起来你现在的问题。你觉得你现在做质检员和当年扮演躲猫猫游戏中找人的那个角色有相似性吗？”

毛某：“……你是说我都在做检查的工作？”

咨询师：“那你再想想你当时觉得好像有人推了你一把，大家都不救你，还有人笑，这和你现在总担心别人会说你幸灾乐祸，会嘲笑对方有相似性吗？”

毛某：“……是的，有相似性。”

咨询师：“嗯，当初那些人因为什么那样做呢？”

毛某：“其实可能是我当时乱想的，可能并没有人推我。小伙伴笑可能是他们吓傻了或者不知道我摔得有多重。那个40多岁的人应该是没有看到吧。”

咨询师：“你看你现在的想法和你之前说的完全不一样了，这是因为什么呢？”

毛某：“……可能我当时没想这么多吧。”

咨询师：“对，你当时年龄还小，你的想法来源于你当时的心理年龄。而你现在都32岁了，想法成熟全面了，你刚才的想法是一个成年人的想法。”

毛某：“是这样的。是因为年龄小，才会去想别人推我，嘲笑我，不救我。”

咨询师：“嗯，很好。那我们回到现在，你现在已经32岁了，但在做质检员的时候，你反复担心别人会说你幸灾乐祸、嘲笑别人的缺点，会担心别人说你给小组长好处，是因为什么呢？也是因为你年龄小，不懂事吗？”

毛某：……（沉默10秒）“我明白了，我终于明白是怎么回事了。这就是你说的我现在还是幼年的心理。谢谢你，医生。”

（三）第三阶段：分析幼稚的心理模式阶段

第3次会见，60分钟。毛某认真进行思考并写了体会，意识到自己的很多问题原来都是成年心理和幼年心理打架的缘故，流露出是不是应随大流、做质检工作不要太认真的态度。咨询师解释，他觉得应该吊儿郎当和他幼年期或青少年期对服刑人员的印象和定性有关系。他现在的理解和定性已经变化，但还是不自觉地使用幼年的理解和印象。毛某表示理解，愿意回去继续思考和写体会。

（四）第四阶段（每周一次，共2次）：促使领悟和成熟阶段

第4—5次会见，各60分钟。两次体会显示他将成年心理和幼年心理的解释用到对服刑人员定性的思考中，逐渐不觉得与他犯格格不入了。主动和小组长进行谈话，发现小组长一直很认真地改造。在小组长帮助下制订了改造计划，能集中注意力，不再焦虑和痛苦了，感觉生活充满希望和阳光。只要那些想法一闪现，就想起咨询师的话，想起又是幼年心理在作怪。想到以前被那些想法纠缠觉得很可笑，很幼稚，像钻进了牛角尖一样。咨询师就他的问题按第2—3次咨询的方式进行了强化。咨询师询问他幼时对女性生殖器与性爱生活的想象和成年有了正常的性生活后有何不一样，并借此又一次说明他幼时对服刑人员的印象就像幼时对异性生殖器和性爱生活的想象一样幼稚。毛某能理解，并表示要彻底消除幼年创伤、幼年心理的影响。咨询师还就人际交往中的各类技能与他进行了讨论。

七、咨询效果评估

（一）量表评估

三个月后随访显示：SAS测试由56分降为46分，SDS测试由61

分降为51分，已无焦虑、抑郁。Y-BOCS测试由12分降至5分（单纯的强迫思维），减分率58.3%，显示痊愈（临床疗效评定标准减分率≥50%为痊愈）。

（二）毛某自评

自觉问题已解决。

（三）民警他评

最近他将咨询经历写成文章，在征文比赛中获奖并在《心理专刊》上刊登了。正在为他做减刑申报。

（四）咨询师评估

对照ICD-10标准，达到临床治愈。

八、启示

本个案为认知领悟疗法在临床工作中的推广应用又提供了一个很好的例证。监狱环境有其特殊性，服刑人员是强迫性问题的多发人群。认知领悟疗法除了具有灵活性大、疗效好、疗程短、易于来访者接受、能够确保安全监管等特点之外，还具有促进来访者的成长，增长其心理年龄、社会年龄的特点，从而达到降低服刑人员的重新犯罪率的效果。

后记

Postscript

我国监狱心理矫治工作回顾与展望[①]

一、我国监狱心理矫治工作回顾

（一）心理矫治已经隆重登上了我国监狱工作的历史大舞台

新中国服刑人员心理矫治工作的形成和发展，大致可以划分为三个基本阶段。

1.第一阶段：20世纪80年代以前。

这一时期的特点是：

（1）监狱机关没有对服刑人员心理矫治工作做出具体计划安排，只是部分具有心理学知识的监狱人民警察在工作中自发地运用心理学理论与方法改造服刑人员。

（2）这时期主要目标是配合思想教育工作的开展，矫正犯罪心理恶习，把绝大多数服刑人员改造成为真正改恶从善、自食其力的劳动者。这些自发的工作实践为后来我国在20世纪80年代编写《罪犯改造心理学》教材打下了坚实基础。如果没有这些实践，是很难编写教材的。

2.第二阶段：20世纪80年代初期至21世纪初期。

这一时期是我国监狱机关有组织地运用心理学理论和方法改造服刑人员的阶段，特点是：

---

① 叶扬：《〈监狱法〉对罪犯心理矫治工作发展的作用与建议》，载《犯罪与改造研究》2014年第7期，第16—19页。

（1）在全国监狱系统进行有组织的服刑人员心理矫治工作。1981年8月至9月召开的第八次全国劳改工作会议上，提出对服刑人员心理开展研究的要求；1989年在上海召开的全国监管改造工作会议明确提出，要解决服刑人员心理缺陷和心理障碍问题，开展心理咨询活动，建立服刑人员心理矫治工作制度；1994年底，司法部将开展心理矫治工作正式列为创建现代化文明监狱的验收标准，建立规制标准；同年，司法部组织了《中国罪犯心理测试量表》系列研究工作，我国服刑人员心理矫治工作进入快速发展阶段。

（2）这一时期有一批服刑人员心理学著作出版，监狱机关着手编写全国性服刑人员改造心理学教材，代表著作是司法部组织编写的《罪犯改造心理学》①。

（3）这一时期运用心理学改造服刑人员的工作目标主要是消除犯罪心理和犯罪恶习。把服刑人员改造成为拥护社会主义制度的守法公民和社会主义建设的有用之材。

监狱开始重视服刑人员心理健康教育、心理评估、心理咨询和心理治疗等方法的运用。

3.第三阶段：21世纪初以后。

这一时期是监狱运用心理学知识改造服刑人员的法制化和专业化阶段，特点是：

（1）从2003年8月1日开始施行的《监狱教育改造工作规定》（司法部令第79号）单列了第七章“心理矫治”，对心理矫治工作做出了具体规定，有了较为系统的心理矫治工作规则；2009年10月15日司法部监狱管理局下发了《关于进一步加强服刑人员心理健康指导中心规范化建设工作的通知》，对监狱心理矫治工作场所的建设规范和运行规范做出了具体规定，使我国服刑人员心理矫治工作在规范化和法制化更上一层楼。

（2）从2003年开始，部分省市监狱主管部门组织警察参加国家

① 《罪犯改造心理学》编写组：《罪犯改造心理学》，社会科学文献出版社1987年版，第1页。

心理咨询师职业资格认证工作，司法部于次年组织了全国监狱系统心理咨询师集中培训和认证工作，监狱心理咨询师队伍开始形成并不断发展壮大，心理矫治工作开始走向专业化和职业化。

（3）这一时期运用的心理学理论和方法，仍然以矫正犯罪心理恶习为主，将服刑人员改造成为守法公民（2012年修订的《监狱法》第3条明确规定“将罪犯改造成为守法公民”，这是目前我国改造服刑人员的法定目标）。

我国监狱系统已经形成了司法部、各省区监狱管理局和基层监狱三大层次的心理矫治工作规制。

根据调查，某监狱2003—2008年6年当中的新收服刑人员，心理不健康的人数比例平均为36.59%；[①]根据某省监狱管理局对全省监狱在押服刑人员心理健康状况普查的结果，心理健康的比例为58.64%，心理不健康的比例为41.36%[②]，将近一半服刑人员心理不健康。

服刑人员最明显的心理症状是强迫症状，究其原因首先是服刑人员不能及时从犯罪后被判处徒刑的挫折中醒悟过来，挫折感越强烈，对艰苦的服刑改造生活越不容易适应；其次是抑郁、躯体化、焦虑。从近年来国内监狱所发生的自杀、行凶、脱逃等严重事件分析，心理问题日益成为诱发狱内监管安全事件的重要因素，成为限制改造质量提高的“瓶颈”。

目前我国监狱系统建立了心理矫治专家队伍，在心理矫治工作中发挥着领军人物的作用；服刑人员心理健康教育普及率达100%，新入监服刑人员的心理测试率达90%以上。早在2010年，接受过心理咨询的服刑人员就逾25万人，近4万人接受过心理治疗。心理矫治工作在保障狱内安全稳定，提高改造质量方面发挥着重要作用。

服刑人员心理矫治工作在纠正错误认知、调适不良情绪、矫正恶习、加强心理建设等方面成绩斐然。在法治和人文的视角下，心理矫

① 叶扬：《罪犯心理疾病防控研究（上）》，载《犯罪与改造研究》2010年第7期。

② 广东省监狱管理局：《广东省监狱罪犯心理状况调研报告（上）》，载《犯罪与改造研究》2009年第3期，第13—22页。

治工作的各种活动，成为服刑人员心理保健事业的风景线，监狱的心理工作者在助人自助、共同成长时，同样在教育人、塑造人方面发挥修心养德的功能，与教育改造、医疗卫生手段异曲同工，在中国监狱史上写下了浓浓的一笔。

二、中国监狱心理矫治工作展望

（一）法治化展望

在《精神卫生法》和《监狱法》进一步修订完善的大背景下，监狱心理矫治工作内容，包括心理健康教育、心理测验、心理咨询、心理治疗、心理危机干预等方面的操作将更加严格、更加规范，并将与时俱进，行稳致远。

（二）科学化展望

在现代化的环境条件下，监狱心理健康指导中心和监区心理辅导站的软件硬件建设更注意心理科学的应用，更讲究以人为本理念，让服刑人员有条件得到高效的心理矫治。

在不远的将来，智能化矫治将在监狱心理矫治工作中大显身手，心理评估、心理咨询将更加科学化和人性化。

（三）社会化展望

2019年，《国务院关于实施健康中国行动的意见》（国发〔2019〕13号）颁布，成为新时代进一步推进心理健康事业发展的历史机遇，《健康中国行动（2019—2030）》文件提出了15个重大专项行动，其中，实施心理健康促进行动要求，到2022年和2030年，居民心理健康素养水平分别提升到20%和30%，心理相关疾病发生的上升趋势减缓，描绘了美好的努力前景。监狱就是特殊的社区，服刑人员就是特殊社区的公民，经过努力，这里的心理健康保障将更为有力。

社会化是新时期监狱工作发展的必然趋势，监狱心理矫治工作的社会化主要体现在三个方面：一是监狱充分利用时代发展成果作为开展服刑人员心理健康教育的良好资源，加快服刑人员心理再社会化的步伐；二是由社会的著名心理专家、教授、心理志愿者等，通过公益帮教形式，为服刑人员排忧解难，提高心理健康水平；三是随着监狱保障体系的不断完善，监狱通过购买社会服务的方式，让优质的社会心理服务组织为监狱心理矫治工作助力，促进服刑人员的心理健康。

总之，要不断提高心理矫治的质量，其一，服刑人员要认罪悔罪，端正改造态度，树立改造信心。俗话说：哀莫大于心死。所以，树立正确的改造目标和积极的人生态度，是消除不健康心理的重要基础，如果一个人心灰意冷，则许多心理问题都会跟着产生。

其二，服刑人员要正确认识矫正犯罪心理和犯罪恶习，与矫治一般性心理障碍是有区别与联系的，提倡对心理问题进行综合矫治。要了解服刑人员心理问题形成过程的特殊性，掌握针对性矫治方法，才能做到标本兼治。

其三，心理矫治是一门严格的学问，要求服刑人员认真学习，掌握心理矫治基础知识和自我矫治方法，有效地矫治心理，提高心理矫治质量，做心理健康、文明守法的公民。

图书在版编目(CIP)数据

中国服刑人员心理矫治教程 / 叶扬主编 . —北京：中国法制出版社，2021.7（2021.10 重印）

ISBN 978-7-5216-1869-3

Ⅰ . ①中…　Ⅱ . ①叶…　Ⅲ . ①犯罪分子－心理健康－健康教育－中国－教材　Ⅳ . ① D916.7

中国版本图书馆 CIP 数据核字（2021）第 090224 号

责任编辑：李　佳　　封面设计：汪要军

中国服刑人员心理矫治教程

ZHONGGUO FUXING RENYUAN XINLI JIAOZHI JIAOCHENG

主编 / 叶　扬

经销 / 新华书店

印刷 / 北京虎彩文化传播有限公司

开本 / 880 毫米 ×1230 毫米　32 开　　印张 / 12.5　字数 / 360 千

版次 / 2021 年 7 月第 1 版　　2021 年 10 月第 2 次印刷

中国法制出版社出版

书号 ISBN 978-7-5216-1869-3　　定价：68.00 元

北京市西城区西便门西里甲 16 号西便门办公区

邮政编码 100053　　传真：010-63141852

网址：http://www.zgfzs.com　　**编辑部电话：010-63141832**

市场营销部电话：010-63141612　　**印务部电话：010-63141606**

（如有印装质量问题，请与本社印务部联系。）